经济管理学术文库·经济类

东北地区实施"四化"
同步推进战略及联动效应研究

Research on the Implementation of "Four
Modernizations" Synchronous Promotion Strategy
and Linkage Effect in Northeast China

郭 振 等/著

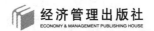
经济管理出版社
ECONOMY & MANAGEMENT PUBLISHING HOUSE

图书在版编目（CIP）数据

东北地区实施"四化"同步推进战略及联动效应研究/郭振等著. —北京：经济管理出版社，2018.10
ISBN 978-7-5096-6052-2

Ⅰ.①东… Ⅱ.①郭… Ⅲ.①四个现代化—发展战略—研究—东北地区 Ⅳ.①D673

中国版本图书馆 CIP 数据核字（2018）第 226449 号

组稿编辑：杨国强
责任编辑：杨国强　王　洋
责任印制：黄章平
责任校对：王纪慧

出版发行：经济管理出版社
　　　　　（北京市海淀区北蜂窝 8 号中雅大厦 A 座 11 层　　100038）
网　　址：www. E-mp. com. cn
电　　话：(010) 51915602
印　　刷：玉田县昊达印刷有限公司
经　　销：新华书店
开　　本：720mm×1000mm/16
印　　张：16.75
字　　数：301 千字
版　　次：2019 年 1 月第 1 版　　2019 年 1 月第 1 次印刷
书　　号：ISBN 978-7-5096-6052-2
定　　价：68.00 元

目　录

第1章　导　论 ⋯⋯⋯⋯⋯⋯⋯⋯⋯⋯⋯⋯⋯⋯⋯⋯⋯⋯ 001

1.1　问题的提出 ⋯⋯⋯⋯⋯⋯⋯⋯⋯⋯⋯⋯⋯⋯⋯⋯ 001

1.2　国内外研究现状 ⋯⋯⋯⋯⋯⋯⋯⋯⋯⋯⋯⋯⋯⋯ 002

1.3　研究目的和意义 ⋯⋯⋯⋯⋯⋯⋯⋯⋯⋯⋯⋯⋯⋯ 022

1.4　研究的基本思路和研究方法 ⋯⋯⋯⋯⋯⋯⋯⋯⋯ 023

1.5　结构安排 ⋯⋯⋯⋯⋯⋯⋯⋯⋯⋯⋯⋯⋯⋯⋯⋯⋯ 025

第2章　"四化"同步推进战略与产业结构优化升级的机理分析 ⋯⋯⋯⋯⋯⋯ 027

2.1　"新四化"的提出与"四化"同步推进战略 ⋯⋯⋯⋯⋯⋯⋯ 027

2.2　"四化"同步推进产业结构优化升级的机制分析 ⋯⋯⋯⋯⋯ 040

2.3　"四化"同步推进产业结构优化升级的联动效应分析 ⋯⋯⋯⋯ 045

第3章　东北地区"四化"同步推进的状况与存在的问题 ⋯⋯⋯⋯⋯⋯⋯⋯ 053

3.1　东北地区"四化"同步推进的状况 ⋯⋯⋯⋯⋯⋯⋯⋯⋯⋯ 053

3.2　东北地区产业结构调整存在的问题 ⋯⋯⋯⋯⋯⋯⋯⋯⋯⋯ 065

第4章　"四化"同步推进产业结构优化升级的联动效应评价体系的

构建 ⋯⋯⋯⋯⋯⋯⋯⋯⋯⋯⋯⋯⋯⋯⋯⋯⋯⋯⋯⋯⋯⋯⋯ 073

4.1　"四化"同步推进产业结构优化升级的联动效应评价体系的

构建依据及原则 ⋯⋯⋯⋯⋯⋯⋯⋯⋯⋯⋯⋯⋯⋯⋯⋯⋯ 074

4.2　"四化"同步推进产业结构优化升级的联动效应评价指标的

确定 ⋯⋯⋯⋯⋯⋯⋯⋯⋯⋯⋯⋯⋯⋯⋯⋯⋯⋯⋯⋯⋯⋯ 078

4.3　"四化"同步推进产业结构优化升级的联动效应评价指标体系 ⋯⋯⋯ 086

4.4 "四化"同步推进产业结构优化升级的综合水平测度指标体系 ······ 094

4.5 "四化"同步推进产业结构优化升级的联动效应综合测评模型 ······ 098

第5章 东北地区"四化"同步推进产业结构优化升级的联动效应实证分析 ······ 101

5.1 我国东、中、西部与东北地区"四化"子系统发展水平测算及评价 ······ 101

5.2 我国东、中、西部与东北地区"四化"综合发展水平测算及评价 ······ 108

5.3 我国东、中、西部与东北地区"四化"同步指数测算及评价 ······ 110

5.4 东北地区"四化"综合发展水平对产业结构优化升级的影响度分析 ······ 115

5.5 东北地区"四化"融合发展对产业结构优化升级的影响度分析 ······ 119

5.6 东北地区"四化"同步发展对产业结构优化升级的影响度分析 ······ 122

5.7 "四化"同步推进产业结构优化升级的联动效应综合分析 ······ 125

第6章 东北地区"四化"同步推进产业结构优化升级的影响因素分析 ······ 131

6.1 "四化"同步推进的影响因素分析 ······ 131

6.2 "四化"同步推进产业结构优化升级的影响因素分析 ······ 143

6.3 "四化"同步推进产业结构优化升级的联动效应影响因素分析 ······ 149

第7章 "四化"同步推进产业结构优化升级的国内外经验借鉴 ······ 153

7.1 国外"四化"同步推进产业结构优化升级的实践 ······ 153

7.2 国内"四化"同步推进产业结构优化升级的实践 ······ 162

第8章 东北地区"四化"同步推进县域产业结构优化升级的探索 ······ 177

8.1 县域经济在东北地区经济振兴中的重要性 ······ 177

8.2　东北地区县域产业结构存在的问题分析 ················ 181

8.3　东北地区县域经济在"四化"同步推进中存在的问题 ····· 184

8.4　"四化"同步推进县域产业结构优化升级的联动效应分析 ······· 188

8.5　促进东北地区县域"四化"同步推进的对策措施 ··········· 192

第9章　东北地区"四化"同步推进产业结构优化升级的实现路径 ········ 199

9.1　加快市场导向的体制机制改革，改善营商环境 ··········· 199

9.2　提升开放型经济水平，培育国际竞争新优势 ··········· 202

9.3　推动先进制造业和现代服务业加快发展 ··············· 203

9.4　全面加快信息化建设 ··············· 205

9.5　推进以人为核心的新型城镇化 ··············· 207

9.6　加快农业现代化进程 ··············· 211

9.7　构建支撑"新四化"的现代基础设施网络 ··········· 213

9.8　加大对资源型城市（地区）可持续发展支持力度 ········· 215

9.9　以政策创新为动力助推"四化"同步发展 ··········· 219

第10章　东北地区"四化"同步推进产业结构优化升级的对策 ············ 225

10.1　新型工业化与信息化深度融合推进产业结构优化升级的
　　　对策 ··············· 225

10.2　新型工业化与城镇化良性互动推进产业结构优化升级的
　　　对策 ··············· 232

10.3　城镇化与农业现代化相互协调推进产业结构优化升级对策 ··· 238

10.4　信息化与"两化"分别融合推进产业结构优化升级的对策 ······· 242

10.5　创新驱动模式下推进产业结构升级的对策 ··········· 245

参考文献 ·· 249

后　记 ·· 261

第1章 导 论

1.1 问题的提出

中国现处于深化改革关键时期，新一轮改革的内在要求是新型工业化、城镇化、农业现代化和信息化（以下简称"四化"）的协调发展。党的十八大报告指出，要坚持走中国特色新型工业化、信息化、城镇化和农业现代化道路，推动信息化和工业化深度融合、工业化和城镇化良性互动、城镇化和农业现代化相互协调，促进工业化、信息化、城镇化、农业现代化同步发展。[①]要坚持走新型工业化道路，把优化产业结构作为主攻方向，加快传统产业转型升级，推动战略性新兴产业和先进制造业健康发展，促进产业层次从低端走向中高端。[②]党的十九大报告进一步指出发展是解决我国一切问题的基础和关键，推动新型工业化、信息化、城镇化、农业现代化同步发展，主动参与和推动经济全球化进程，发展更高层次的开放经济，不断壮大我国经济实力和综合国力。[③]

本书的构思是在党的十八大报告提出的"坚持走中国特色新型工业化、信息化、城镇化、农业现代化道路"背景下提出的，结合东北地区在产业结构优化和产业转型升级存在的深层次问题，研究如何推进信息化与工业化的深度融合，信息化与城镇化、农业现代化的有机结合，工业化和城镇化的良性互动，城镇化和农业现代化的相互协调。党的十九大报告提出，"坚持发展新理念"，包含了推动

---

① 中国共产党第十八次全国代表大会文件汇编 [M].北京：人民出版社，2012：19。
② 党的十八大报告辅导读本 [M].北京：人民出版社，2012：21。
③ 中国共产党第十九次全国代表大会文件汇编 [M].北京：人民出版社，2012：17-18。

新型工业化、信息化、城镇化、农业现代化同步发展。要适应国内外经济形势新变化，加快形成新的经济发展方式，把推动发展的立足点转到提高质量和效益上来，使经济发展更多地依靠消费需求拉动，更多地依靠现代服务业和战略性新兴产业带动，更多地依靠科技进步、劳动者素质提高与创新驱动，更多地依靠节约资源和循环经济推动，更多地依靠城乡区域发展协调互动。坚持工业反哺农业、城市支持农村的方针，研究实现"四化"同步推进东北地区产业结构优化和产业转型升级的联动效应，建立起新型工业化道路下的现代产业新体系，找到强农惠农的农业现代化新途径，探索统筹城乡发展的生态城镇化新模式，形成在信息化和市场国际化下的区域开放新格局。

工业化、农业现代化和信息化发展的重要影响因素是城镇化，而且"新四化"建设的关键环节也是城镇化。目前，我国城镇化正处在快速发展时期，2017年我国城镇化水平达到58.52%，达到了发达国家预测的50%~70%的目标，2016年我国三大产业占 GDP 比例分别为8%、40%、52%。我国农业在 GDP 中的比重大幅度下降，34年间由28.2%下降到8%。可是"四化"之间已经表现出明显的不协调，一些矛盾开始显现。如工业化严重滞后于城镇化，城镇化发展速度快，导致农业转移人口在第二、第三产业就业困难。此外，信息化与工业化、城镇化的耦合度也不高，信息化建设存在的主要问题有体系不健全、信息共享缺失等，这些问题影响着城市管理水平的提高。如何处理好城镇化与三者之间的矛盾，建设一条以人为本、"四化"同步发展的中国特色新型城镇化道路成为深化改革的重大战略任务。因此，研究工业化、城镇化、农业现代化与信息化之间的良性互动关系，对于实现经济社会根本转型和国家现代化建设有重大的理论和实践意义。

1.2　国内外研究现状

1.2.1　国外研究现状

（1）关于产业结构转型升级研究。

Rothewell 等（1985）认为，"再工业化"是战后大量产业同时进入成熟期和产业饱和阶段所需要的转型，传统产业缺乏竞争力是由于面临需求模式和技术转换所造成的。克鲁格曼（1998）认为，无论通过"再工业化"重建工业部门的竞争力，还是通过"专业化"推动经济结构升级，都是在现有产业状态下对资源的重新配置。纳尔逊（2006）认为经济结构影响并决定着经济增长的质量、效率和可持续性，结构长期扭曲威胁经济增长质量与可持续发展，会使经济陷入"低水平均衡陷阱"。Xiaoyan Zhou 等（2013）利用 1995~2009 年的省级面板数据分析了中国产业结构转型与二氧化碳排放之间的关系，研究结果表明产业结构调整的一阶滞后有效地减少了排放；技术进步本身并没有减少排放，而是通过产业结构的升级和优化间接导致减排。外商直接投资和地方政府的干预减少了二氧化碳排放，但城镇化显著增加了排放。因此，产业结构调整是低碳经济发展的重要组成部分。在产业结构转型的背景下，减少区域二氧化碳排放的有效途径是通过技术进步促进产业结构的升级和优化。更严格的环境准入政策，选择性利用外商直接投资和提高能源效率有助于减少二氧化碳排放。[①] Tsun Se Cheong 等（2014）认为自经济改革开始以来，中国在经济增长方面取得了前所未有的成就。高增长可部分归结为经济结构转型的成功和制造业向高附加值产品的产业升级。然而，中国的地区不平等情形严重。因此，为了实现可持续的经济增长，必须研究结构转型和产业升级对区域不平等的影响。文章通过采用县级编制的数据库，对不同的空间分组进行分解，以便清楚地了解区域不平等的演变。此外，通过使用省级编制的另一个增值数据库，对主要行业对工业化不平等的贡献进行了研究。研究结果可能对制定全面和连贯的管理不平等战略，同时促进结构转型和产业升级具有重要的政策意义。[②] Wei Chen 等（2018）认为资源型城市的经济转型升级是技术进步和制度变迁引发的跨越式发展。传统模型没有全面评估资源型城市的发展水平。所以文章从经济调整、社会进步和环境改善三个方面建立了综合指标体系，采用改进的 TOPSIS 法和序列加权法对 2001~2015 年陕西省 6 个资源型城市的转型升级水平进行了评价。结果表明陕西省 6 个资源型城市经济调整、社会进步和环境有所改善。经济调整效应不明显，部分城市呈下降趋势。6 个资源型城市的社会发展水平显著提高。经济中的结构性矛盾尚未得到根本解决。环境改善的效

---

① Xiaoyan Zhou，Jie Zhang，Junpeng Li. Industrial structural transformation and carbon dioxide emissions in China［J］. Energy Policy，2013（57）.

② Tsun Se Cheong，Yanrui Wu. The impacts of structural transformation and industrial upgrading on regional inequality in China［J］. China Economic Review，2014（31）.

果显示出明显的增长趋势。环境改善的 6 个城市都实现了成功转型。[①] Mushtaq H. (2018) 认为结构转型需要提高生产力,并在价值日益提高的活动中实现竞争力。这个过程可能受到不同类型的知识差距的限制。编纂知识和实用技术或技能的重要性已得到公认。一个社会必须拥有具有组织能力的公司,用有竞争力的方式组织生产,才能使受过教育的技术人员能够获利。[②]

(2) 关于工业化与产业结构演变的研究进展。

X. Han 等 (2012) 认为城镇化和产业结构是两个相互影响和促进的经济发展体系。前者的快速发展将有助于后者的不断调整,而后者的升级和优化将不间断地刺激前者。文章首先分析了城镇化和产业结构演变的特点,表明城镇化进程与产业结构演变相互依存。其次从实证检验的角度,采用协整分析和误差修正模型的方法,研究了城镇化、工业化和第三产业发展的长期机制,以及三个因素之间的因果关系。实证结果表明,第三产业能够比第二产业更好地刺激城镇化,存在三个因素之间的长期稳定平衡关系。最后格兰杰因果关系检验表明,城镇化在第二产业发展中起着重要作用,但产业结构演变刺激城镇化的假设尚未得到支持。[③] Naoki Murakami (2015) 使用日本各州的"二战"后数据,实证分析了产业结构变化与城镇化之间的关系。回归分析的主要结果是:①在日本经济快速增长期间,工业化引发了其他县的人口流入,这种效应促进了这些县的城镇化。②同期,制造业比重较高的地区吸引了来自其他地区的许多移民,这种效应促进了城镇化进程。③进入经济停滞时期,在产业升级先进的地区,县内迁移活跃,城镇化也因此而发展。[④]

(3) 关于工业化与城镇化、农业现代化中"两化"的研究。

关于工业化与城镇化联动发展的研究。一是城镇化与工业化之间发展进程的 S 形特征。钱纳里等 (1975) 对工业化发展阶段的分析认为,工业化中期的城镇化速度逐步加快;城镇化率超过 30% 后进入加速阶段,直到达到 70% 以上开始

① Wei Chen, Yue Shen, Yanan Wang. Evaluation of economic transformation and upgrading of resource-based cities in Shaanxi province based on an improved TOPSIS method [J]. Sustainable Cities and Society, 2018 (37).

② Mushtaq H. Khan. Knowledge, skills and organizational capabilities for structural transformation [J]. Structural Change and Economic Dynamics, 2018.

③ X. Han, P.L. Wu, W.L. Dong. An analysis on interaction mechanism of urbanization and industrial structure evolution in Shandong, China [J]. Procedia Environmental Sciences, 2012 (13).

④ Naoki Murakami. Changes in Japanese industrial structure and urbanization: Evidence from prefectural data [J]. Journal of the Asia Pacific Economy, 2015, 20 (3).

平缓。[①] 二是世界银行发展报告认为工业化和城镇化间相互关系可分为四个类型。类型 1 为高—高型（工业化水平高，城镇化率>75%）；类型 2 为高—中型（工业化水平高，59%<城镇化率<70%）；类型 3 为中—高型（工业化水平处于中等水平，城镇化率>70%）；类型 4 为低—低型（工业化水平低，城镇化率低）。[②] 三是 Chenery 和 Syrquin（1975）研究了收入条件背景约束工业化与城镇化互动发展的效应。[③] 四是 Davis 等（2003）研究了产业结构、城镇化与工业化之间的内在机制。[④] 五是钱纳里等（1975）认为，城镇化具有产业结构调整，收入、就业、政策、财政等因素影响经济社会形态的分散发展过程特征。[⑤] 六是托达罗（1999）认为，人口可以解释没有工业化的城镇化发展模式。[⑥] 七是 Bruhart 和 Mathys（2008）基于对欧盟相关产业的数据分析，认为经济聚集显著促进城镇化，聚集和专业化是工业化和城镇化协调发展的基础。[⑦] Sukkoo Kim（2005）认为工业化和城镇化被视为现代经济发展的相互依存的过程。然而，它们的因果关系的确切性质仍然存在相当大的争议。文章使用 1850~1880 年十年一次人口普查手稿中的企业级数据来检验制造业在工业化进程中采用蒸汽机作为主要动力源是否有助于城镇化。结果表明，蒸汽动力企业更可能位于城市地区，但蒸汽机的采用并没有对城镇化做出实质性贡献。[⑧] Douglas 等（2016）观察了 1960~2010 年 116 个发展中国家样本中自然资源出口与城镇化之间的关系。研究表明在严重依赖资源出口的国家，城镇化似乎集中在"消费城市"，其中经济主要由非贸易服务组成。这与"生产城市"形成鲜明对比，"生产城市"更多地依赖于工业化国家的制造业。[⑨] Zhujun Jiang 等（2012）认为中国目前正处于工业化和城镇化的进程中，这是从

---

①⑤ 霍利斯·钱纳里，莫尔赛斯·赛尔昆. 发展的格局：1950~1970 [M]. 李小青译. 北京：中国财政经济出版社，1975.

② 洪名勇. 城镇化与工业化协调发展研究 [J]. 贵州大学学报（社会科学版），2011，29（6）：64-71.

③ Chenery H. B., Syrquin M., Elkington H. Patterns of development, 1950-1970 [M]. New York: Oxford University Press for the World Bank, 1975.

④ Davis J. C., Henderson J. V. Evidence on the political economy of the urbanization process[J]. Journal of Urban Economics, 2003 (53): 98-125.

⑥ 迈克尔·托达罗. 经济发展 [M]. 中国经济出版社，1999：1-753.

⑦ Bruhart, Mathys. Sectoral Agglomeration Economies in a Panel of European Regions [J]. Regional Science and Urban Economics, 2008.

⑧ Sukkoo Kim. Industrialization and urbanization: Did the steam engine contribute to the growth of cities in the United States? [J]. Explorations in Economic History, 2005, 42 (4).

⑨ Douglas Gollin, Remi Jedwab. Urbanization with and without industrialization [J]. Journal of Economic Growth, 2016, 21 (1): 35-70.

低收入国家向中等收入国家过渡的关键阶段,需要大量的能源。基于与发达国家的比较,文章报告了工业化和城镇化进程中的一些规则:①城镇化始终伴随着工业化。②经济增长越快,能源需求越高。③经济全球化可以缩短工业化时间,但过渡阶段越短,能源需求增长越快。④能源强度的变化表现为"倒U形"曲线,但其形状可以根据不同的能源政策而改变。上述规则对中国政府制定能源政策非常重要。[1] Na Zhang(2016)将城镇化、工业化和城乡收入差距建立在系统模型中,分析了城镇化、工业化与城乡收入差距的动态互动机制。基于 1997 年至 2013 年的面板数据,运用 Panel VAR 模型进行实证分析。研究表明,城镇化与城乡收入差距存在明显的非线性关系,但从长远来看,城镇化有利于缩小城乡收入差距;工业化与城乡收入差距存在良性循环互动关系;从长远来看,工业化和城镇化不利于彼此的发展。[2] Robert(2017)主要关注拉丁美洲的工业化进程,认为拉丁美洲的工业化和城镇化最初发展于 1985 年。文章将独特的工业化进程与拉丁美洲更广泛的城市和区域发展问题联系在一起,详细介绍了拉丁美洲工业化进程和拉美工业化的空间分布。研究结果表明,工业增长及其地理分布是拉美国家地区之间收入差距扩大的主要原因。[3]

工业化与农业现代化之间联动发展的研究。Jorgenson(1967)认为,农业剩余是工业化扩张的充要条件;[4] Blunch 和 Verner(1999)认为,农业与工业化之间具有反馈机制,是经济增长的重要因素;[5] Eswaran 和 Kotwal(2002)认为,高产出的农业加速工业化;[6] Bhaduri 和 Skarstein(2003)认为,农业与工业化会相互促进。[7] Eswaran 等(2002)认为工业化与农村发展具有正向关联特性,工业化

① Zhujun Jiang, Boqiang Lin. China's energy demand and its characteristics in the industrialization and urbanization process [J]. Energy Policy, 2012 (49).

② Na Zhang. Urbanization, industrialization and urban-rural income gap: Inspection by panel VAR based on the provincial panel data [J]. Studies in Sociology of Science, 2016, 7 (1).

③ Robert N. Gwynne. Industrialization and Urbanization in Latin America [M]. Taylor and Francis, 2017.

④ Jorgenson, Dale. Surplus agricultural labor and the development of a dual economy [J]. Oxford Economic Papers, 1967 (19): 288-312.

⑤ Blunch, Niels-Hugo, and Dorte Verner. Sector growth and the dual economy model: Evidence from Côt-eD'Ivoire, Ghana, and Zimbabwe [R]. World Bank Publications, 1999.

⑥ Eswaran, Mukesh and Ashok Kotwal. The role of service in the process of industrialization [J]. Journal of Development Economics, 2002 (68): 401-402.

⑦ Bhaduri, Amit and Rune Skarstein. Effective demand and the terms of trade in a dual economy: A Kaldori-anperspective [J]. Cambridge Journal of Economics, 2003 (27): 583-595.

滞后阻碍农业发展。[①]

（4）城镇化与农业现代化之间联动发展的研究。

刘易斯（1954）提出了农村与城市二元经济模型。[②] 迪克西特（1977）认为，农村劳动力素质和劳动生产率的提高，会促进农业技术进步和农业资本积累，缓解农村剩余劳动力问题、增加农村就业、提高农业生产水平。[③] Rondinelli（1983）认为，发展中国家要发展，必须加强城乡，特别是乡村与小城市、较小城镇与较大城市之间的联系。[④] Salehi-Isfahani（1993）认为，可依托农业集约化来调控农村剩余劳动力的吸纳。[⑤] Lynch（2004）认为，城乡联系复杂性需要从"生计战略"和"资源分配"两大视角进行研究。[⑥] Satterthwaite 等（2003）认为，乡村地区的中小城镇发展，会助推农村贫困的缓解以及农村区域经济的发展。[⑦]

（5）关于工业化、城镇化、农业现代化同步发展研究。

刘易斯（1954）的"二元经济结构模型"认为，工业部门只需相对较高的工资，就能从农业部门吸纳充足的劳动力，促使农业劳动力流动。工业、城镇和农业之间联系的依托和主要动力在于农村剩余劳动力转移。[⑧] Jie Li 等（2014）在对工业化、城镇化和农业现代化相关性的实证分析的基础上，分析了工业化、城镇化和农业现代化进程对粮食安全产生一定的影响。研究结果表明工业化和农业现代化对提高粮食安全水平有积极作用，而城镇化却恰恰相反。在这种情况下，作者提出要改善工业培育农业，通过工业化来科学促进农业，提升城镇化水平和农

① Eswaran, Mukesh and Ashok Kotwal. The role of service in the process of industrialization [J]. Journal of Development Economics, 2002 (68): 401-402.

② Lewis W. A Economic development with unlimited supplies of labor [J]. Marchester school of Economics and Social Studies, 1954, 22 (2): 139-191.

③ Dixit A. K., Stiglitz J. E. Monopolistic competition and optimum product diversity [J]. The American Economic Review, 1977: 297-308.

④ Rondinelli, Dennis A. Secondary cities in developing countries: Policies for diffusing urbanization [M]. Beverly Hills: Sage Publications, 1983.

⑤ Salehi-Isfahani, Djavad. Population pressure, intensification of agriculture, and rural-urban migration [J]. Journal of Development Economics, 1993 (40): 371-384.

⑥ Lynch, Kenneth Lynch. Rural—urban interaction in the developing world [M]. New York: Routledge, 2004.

⑦ Satterthwaite, David and Cecilia Tacoli. The urban part of rural development: The role of small andinter-mediate urban centers in rural and regional development and poverty reduction [EB/OL]. Human Settlements Working Paper, International Institute for Environment and Development, May 2003.

⑧ Lewis W. A. Economic development with unlimited supplies of labour [J]. The Manchester School, 1954, 22 (2): 139-191.

业现代化水平。[①] Hualou Long（2014）认为由于城乡发展长期存在的"双轨"结构以及不稳定的农村发展制度，新型工业化、城镇化和农业现代化战略的实施缺乏重要的载体和空间支撑平台、机制。要通过土地整理重构农村生产生活空间，为农业建设实现城乡一体化发展搭建新平台。文章提出了农村空间结构调整的概念和内涵，基于工业化和城镇化对农村生产生活空间的影响分析，探讨了实施土地整理推进农村空间结构调整的机制。[②] Weiwei 等（2017）认为近年来中国快速的城镇化和工业化对国家农业水资源保障提出了严峻挑战。文章选择了中国的 4 个地区，每个地区都有不同的水资源和社会发展条件。利用城镇化率和第二、第三产业增加值占中国国内生产总值的比例，分析了城镇化进程与工业化进程和近期农业用水的关系。分析表明，随着城镇化和工业化进程的进行，中国农业用水总量下降。黄淮海和西北地区的农业用水量减少，是因为水资源短缺。由于东北和南部地区水资源丰富，这些地区的工业化和城镇化对农业用水量影响较小；然而，这些农业用水占总用水量的比例，随着工业化、城镇化的发展有所下降。这些结果反映了城镇化和工业化对农业用水的影响，特别是在这些过程如何改变人口结构、产业结构和比较效益方面。[③]

（6）关于工业化、城镇化、农业现代化与信息化同步发展。

S. Mills（1989）认为伴随着制造业在城市比重的下降，城镇化水平增长缓慢，甚至下降，即所谓的高度工业化引起的逆城镇化趋势，这是发达国家工业化与城镇化关系上表现出的新特征。保罗·贝罗克（1991）认为发展中国家城镇化当中的普遍问题是"没有工业化的城镇化"，而中国是工业化程度比较高，城镇化发展受到控制。弗罗登伯格（1990）指出，旧的农业生产模式下，农业的高速发展与生态环境的破坏密切相关，他提出了"再生农业"的概念。关于工业化和农业现代化的关系，汤姆·肯普（1985）认为工业化包含着改变生产方法和生活方式的技术和组织。在 20 世纪 80 年代，Romer（1987）[④] 和 Lucas

① Jie Li, Hui Zeng. The research of urbanization, industrialization and agricultural modernization's effect on food security [J]. Studies in Sociology of Science, 2014, 5 (3).

② Hualou Long. Land consolidation: An indispensable way of spatial restructuring in rural China [J]. Journal of Geographical Sciences, 2014, 24 (2): 211–225.

③ Weiwei Shao, Zuhao Zhou, Jiahong Liu, Guiyu Yang, Jianhua Wang, Chenyao Xiang, Xiaolei Cao, Haizhen Liu. Changing mechanisms of agricultural water use in the urbanization and industrialization of China [J]. Water Policy, 2017, 19 (5).

④ Romer, P. M. Growth based on increasing returns due to specialization [J]. The American Economic Review, 1987, 77 (2): 56–62.

(1988)[①] 就分别指出技术进步对经济增长的作用。地区或者国家经济要想获得长远的进步，信息化是必不可少的。信息化的过程是整个信息技术的革新与使用过程，信息化的实施需要与工业化、城镇化以及农业现代化相互融合。Gaspar 和 Glaeser（1998）指出，信息技术是一种能够有效降低人们交易成本的手段，这种手段是一种面对面交流的替代，但同时也会促进交流频率的增加。从而，信息化能够促进企业的集聚，增加城市的集聚功能。[②] Audirac（2005）认为信息化对城市的作用除了集聚之外，也可能存在分散的作用。[③] Yurui Li（2014）认为工业化、信息化、城镇化和农业现代化（以下简称"四化"）的协调发展，不仅是实际需要，而且是近年来城乡发展与区域发展相结合的重要战略方向，也是确定问题区域和区域问题的重要前景，以改善区域政策。[④] Yin Zhang 等（2014）认为人口城镇是新型城镇化进程中优化分配的重要组成部分。文章采用定性和定量的方法分析了人口的数量、结构、迁移和空间分布的状况。该研究发现，老龄化问题长期存在，劳动力资源可能短缺，移民劳动力增加，从长远来看，当地人口教育水平低将影响发展模式的转变。因此，在城镇化进程中，一方面应该优先考虑合理的人口流入西部和城市地区的战略，另一方面应改善人口结构、提高劳动力素质，农业人口应按计划转移，应根据人口特征优化城市体系和产业布局，促进农业现代化与工业化、信息化、城镇化的同步发展。[⑤] Wang Yang 等（2016）认为随着工业化和城镇化进程的快速推进，培育新的农业企业实体成为农业转型和农业现代化建设的必然选择。[⑥] Remi Jedwab 等（2015）认为发展中国家自 1950 年以来迅速城镇化，为了解释城镇化，标准模型强调农村—城市移民，侧重于农

① Lucas, R. E. On the Mechanics of Economic Development [J]. Journal of Monetary Economics, 1988, 22 (1): 3-42.

② Gaspar, J. and E. L. Glaeser. Information technology and the future of cities [J]. Journal of urban economics, 1998, 43 (1): 136-156.

③ Audirac, I. Information technology and urban form: Challenges to smart growth [J]. International Regional Science Review, 2005, 28 (2): 119-145.

④ Yurui Li, Jing Wang, Yansui Liu, Hualou Long. Problem regions and regional problems of socioeconomic development in China: A perspective from the coordinated development of industrialization, informatization, urbanization and agricultural modernization [J]. Journal of Geographical Sciences, 2014, 24 (6): 1115-1130.

⑤ Yin Zhang, Gang Yang. A brief analysis on the development strategies for new-type urbanization simulated by demographic factors: Based on real evidence in Chongqing [J]. Canadian Social Science, 2014, 10 (5).

⑥ Wang Yang, Wang Yan. Analysis on function orientation and development countermeasures of new agricultural business entities [J]. Journal of Northeast Agricultural University (English edition), 2016, 23 (2).

村推动因素（农业现代化和农村贫困）和城市拉动因素（工业化和城市偏向政策）。文章利用 2 个欧洲国家（1800~1910 年）和 35 个发展中国家（1960~2010年）的 37 个国家的城市出生率和死亡率的新历史数据进行研究，认为发展中国家快速城市增长和城镇化的一个不可忽视的部分可能与人口因素有关，即快速的城市内部人口增长或城市推动。[1] Yuanyuan Yang 等（2018）认为随着城镇化、信息化、工业化和农业现代化的发展，城乡发展转型进入了关键时期。量化城市扩展的时空模式对于监测和评估城镇化进程至关重要，并为农村结构调整和景观动态提供理论依据。[2] Yansui Liu 等（2014）认为中国的改革开放政策给中国带来了巨大的发展机遇。经济的高速增长不仅使中国进入了工业化、城镇化、信息化和农业现代化的时期，而且加剧了城乡二元结构的形势。在对现有研究进行综述的基础上，文章首先采用层次分析法（AHP），通过 1996~2012 年人口转换指数、土地改造指数、产业转型指数和社会转型指数对城乡发展和转型水平进行了评价。其次，基于每个指标的结果，使用探索性空间数据分析（ESDA）方法，使用 Global Moran 的 I 指数和 Local 来研究 16 年间城乡发展转型指数变化的空间自相关性。最后，总结了五个影响县级城乡发展转型指标的变化机制的主要因素：①周边大城市的辐射。②城镇化进程的加速。③产业结构升级。④宏观发展战略和区域政策的出台和实施。⑤拓扑结构等自然因素。[3] Qian Forrest Zhang 等（2015）认为自 20 年代中期以来，中国的农村发展和政治进入了一个新的阶段，围绕着中央政府提出的"农业现代化"，改变曾经占主导地位的小农户，以家庭农场为基础的农业已成为政府农村复兴计划的重点，城镇化和工业化也带来了一系列经济变革。[4]

　　尽管国外大量文献研究了信息化和技术进步的作用，但对于"四化"同步发展进行的相关研究还不多。"四化"同步发展是我国在党的十八大上提出的，相关的研究更多是具有中国特色的理论，在下文国内的研究进展中会着重介绍。

---

① Remi Jedwab, Luc Christiaensen, Marina Gindelsky. Demography, urbanization and development: Rural push, urban pull and···urban push? [J]. Journal of Urban Economics, 2015.

② Yuanyuan Yang, Yansui Liu, Yurui Li, Guoming Du. Quantifying spatio-temporal patterns of urban expansion in Beijing during 1985–2013 with rural–urban development transformation [J]. Land Use Policy, 2018 (74).

③ Yansui Liu, Zhichao Hu, Yuheng Li. Process and cause of urban–rural development transformation in the Bohai Rim Region, China, Journal of Geographical Sciences, 2014, 24 (6): 1147–1160.

④ Qian Forrest Zhang, Carlos Oya, Jingzhong Ye. Bringing agriculture back in: The central place of agrarian change in rural China studies [J]. Journal of Agrarian Change, 2015, 15 (3).

1.2.2　国内研究现状

（1）关于产业结构转型升级问题产生的原因与解决对策。

关于产业结构转型升级问题产生的原因。张捷（2008）认为，在二元经济结构下外向型工业化模式会产生失衡效应和加速效应，从而使刘易斯拐点提前到来。[①] 王保安（2010）认为我国经济结构长期失衡与矮化的根本原因在于经济发展的体制、机制障碍，要从根本上解决结构失衡问题，需要创新和完善促进科学发展的制度环境与体制保障。[②] 吴敬琏（2011）认为靠投资驱动的经济增长模式的一个重大缺陷是最终需求不足。[③] 方竹正（2011）从需求结构视角深入分析了经济结构失衡与发展方式不合理的突出表现及成因。[④] 李沙等（2015）通过对曲靖市 1993~2012 年的国民生产总值、工业生产总值、工业产值占 GDP 的比重、工业产值的增速、轻工业产值和重工业产值的对比分析，结合改革开放以来曲靖市工业发展历史及现状，发现在 1993~2012 年，国民生产总值、工业生产总值占 GDP 的比重总体呈现上升趋势；重工业产值在 2003~2007 年缓慢上升；轻工业产值在 2003~2004 年有所下降，2005 年后开始上升。曲靖市在工业化进程中，总体呈现出良好的态势，但是也存在工业基础落后，高新技术产业比重低；增长方式粗放，环保问题严重；抗风险能力低，结构不合理等问题。作者针对曲靖市工业结构现状中存在的问题，提出了有效实际的措施及建议。[⑤]

张杰（2016）认为当前中国产业结构调整过程中遇到的重大障碍主要有：实体经济部门遭受了"高债务—高税负—通缩"三种叠加效应带来的负面冲击；第二产业中制造业的自主创新能力相对较差；当前以政府财政资金补贴为主的产业结构调整政策模式，严重滞后于产业结构转型升级和自主创新能力提升的现实需求，造成"专利泡沫"和"创新假象"等现象的盛行；房地产部门以及房地产驱动下的城镇化成为阻碍中国产业结构优化升级的突出因素；第二产业和第三产业的发展出现了脱离现象，突出表现为以制造业为主的实体经济部门的转型升级和

---

① 张捷. 外向型工业化与二元经济结构的转变——对珠三角产业结构转型的思考 [J]. 学术研究，2008（7）：69-75+160.

② 王保安. 中国经济结构失衡：基本特征、深层原因与对策建议 [J]. 财贸经济，2010（7）：8-12+136.

③ 吴敬琏. 加快增长模式转型是我国彻底走出危机的必由之路 [J]. 中国流通经济，2011，25（1）：4-7.

④ 方竹正. 积极推进经济结构调整与发展方式转变——基于我国需求结构视角的思考 [J]. 管理学刊，2011，24（4）：28-33+107.

⑤ 李沙，王凤兰，李贵平. 曲靖工业结构现状及其调整研究 [J]. 城镇化与集约用地，2015，3（4）.

自主创新能力的提升与金融体系出现了脱节和不兼容现象。① 李旭芳（2016）认为产业结构升级存在的主要问题有各区域经济发展差异较大、产业结构不相协调、相关的产业发展政策不到位、落后产业难以得到有效的转变、缺乏企业的大力参与。②

（2）关于产业结构转型升级的对策研究。

朱光华（2008）认为，转变经济发展方式必须在需求结构、产业结构、要素投入结构、城乡结构、区域结构、国民收入分配结构等方面进行经济结构调整。③ 宋玉祥、满强（2008）认为，东北地区资源型城市经济结构转型必须破解三大难题，即产业结构调整、劳动力就业、生态环境整治。④ 唐清泉等（2011）认为宏观经济政策应该引导社会投资投入到第三产业，加快发展第三产业的规模，同时还应加快和引导第二产业，尤其是大中型工业企业继续增大 R&D 投入，以奠定产业转型升级的核心技术来源和基础，实现不同产业的均衡发展。⑤ 杨玉春等（2013）认为应该正确处理好农业内部、工业内部及农业和工业发展的比例关系，同时大力发展第三产业，尤其是要加快现代服务业发展，以自主创新为第一推动力，促进产业升级，建设低碳经济发展模式。⑥ 丁春玲等（2014）提出廊坊市产业结构转型升级中金融支持存在的问题，进而提出以金融体系改革创新、金融市场创新、金融产品创新和金融制度创新等金融创新手段来促进廊坊市产业结构转型升级。⑦ 李晓钟（2014）提出了我国企业从微笑曲线的底部向两端攀升的对策建议，以期为进一步 FDI 推动我国产业转型升级提供有益的对策思路。⑧ 何要武（2014）认为产业结构转型升级的对策有：产业结构的政策方向需要由结构性政策为主向支持关键环节的功能性政策与结构性政策并重转换；强化企业的自主

---

① 张杰. 中国产业结构转型升级中的障碍、困局与改革展望 [J]. 中国人民大学学报，2016，30（5）：29-37.

② 李旭芳. 供给侧结构性改革背景下我国区域产业结构升级问题研究 [J]. 现代营销（下旬刊），2016（3）：155.

③ 朱光华. 转变经济发展方式与调整经济结构 [J]. 南开大学学报（哲学社会科学版），2008（1）：77-79.

④ 宋玉祥，满强. 东北地区资源型城市经济结构转型研究 [J]. 世界地理研究，2008，17（4）：91-97.

⑤ 唐清泉，李海威. 我国产业结构转型升级的内在机制研究——基于广东 R&D 投入与产业结构的实证分析 [J]. 中山大学学报（社会科学版），2011，51（5）：191-199.

⑥ 杨玉春，吴春雷. 加快我国产业结构转型升级的理论基础与路径导向——基于马克思再生产理论的视角 [J]. 山东社会科学，2013（7）：52-56.

⑦ 丁春玲，刘静，史晓娟. 金融创新促进产业结构转型升级研究 [J]. 山西财经大学学报，2014，36（1）：31-32.

⑧ 李晓钟. FDI 对我国产业结构转型升级的影响 [J]. 社会科学家，2014（9）：6-12.

创新能力，提升产业的国际竞争力；重视教育与人才的培育，提升产业转型升级的高级要素；强化基础产业的发展，加快战略性新兴产业的培育；等等。[1] 刘德权（2016）将东北地区产业结构转型升级问题与"一带一路"建设结合起来，在分析东北地区产业结构特征的基础上，提出了促进产业结构转型升级的路径：提升进出口结构，转移过剩产能，积极引入国际投资，发展绿色产业完善市场机制，优化企业经营环境借力供给侧改革，破解体制机制障碍，等等。[2] 陈芳（2016）认为推动产业结构转型升级的对策包括：优化产业总体结构，化解产能过剩优化产业技术结构，淘汰落后产能优化产业区域布局，优化产业组织结构，推动各类企业发展优化产业转型升级的要素支撑。[3] 吴国琴（2016）建议加大第一产业对 FDI 的优惠力度，降低第三产业对 FDI 的进入壁垒，同时改变第二产业对 FDI 的吸收策略。[4]

（3）城镇化、工业化与农业现代化中关于"两化"之间的关系研究。

工业化与城镇化关系研究。Lu Zheng 等（2007）认为"十五"期间，中国工业化和城镇化的发展趋势良好。在第九个五年计划期间，中国的工业化进程从第一阶段发展到第二阶段（中期工业化）。与工业化相比，中国的城镇化发展得更快。未来，中国的工业化和城镇化将面临许多问题，包括缺乏工业技术自主创新的能力，自然资源开发面临的约束，就业和农业人口向非农业部门转移的沉重压力，地区之间的发展不平衡，城镇化发展质量和数量不平衡，城镇化和工业化协调不足，乡镇企业大量员工"等待城镇化"等。[5] 袁海等（2008）认为工业化与城镇化协调发展是中国社会经济发展的必然要求。文章首先规范工业化与城镇化衡量指标，运用面板数据模型，对 1985 年以来中国工业化与城镇化协调发展的时空规律进行实证分析。[6] 朱海玲等（2010）采用多元回归或滞后分布回归分析的方法，分别构建了中国工业化与城镇化共同决定人均 GDP、经济增长、经济结构和就业结构的经济计量模型，以及工业化和城镇化互动的经济计量模型，有效

① 何要武. 我国产业结构的转型升级：难点、重点与对策 [J]. 时代金融，2014（3）：23-24.

② 刘德权，邢玉升. "一带一路"战略下东北地区产业结构转型升级研究 [J]. 求是学刊，2016，43（3）：60-66.

③ 陈芳. 新形势下产业结构转型升级的路径研究 [J]. 新经济，2016（11）：8-9.

④ 吴国琴. FDI 影响我国产业结构转型升级的机制与对策分析 [J]. 统计与决策，2016（18）：151-154.

⑤ Lu Zheng, Huang Qunhui, Lu Tie, Zhou Weifu. The process and problems of industrialization and urbanization in China: The status of the Tenth Five-Year Plan and recommendations for the Eleventh Five-Year Plan [J]. Chinese Economy, 2007, 40（1）.

⑥ 袁海，周晓唯. 中国工业化与城镇化协调分析 [J]. 统计与决策，2008（20）：122-124.

地揭示了在现代化进程中,工业化与城镇化联动和互动的数量关系和规律。[①]李霞等(2012)通过对改革开放以来中国城乡二元体制的变迁及工业化与城镇化发展的协调性与一致性的实证分析,论证了城乡二元体制是影响工业化与城镇化协调发展的重要因素;并通过成都市以统筹城乡改革推进工业化与城镇化协调发展的案例分析,表明打破城乡二元体制,推进人口等生产要素在城乡间自由流动,有助于促进工业化与城镇化协调发展。[②]李刚等(2013)通过构建完美市场和不完美市场条件下的工业化和城镇化协调发展模型,分析了中国工业化和城镇化发展协调程度较低的形成机理。作者通过计量分析发现,在影响中国工业化和城镇化协调发展程度的因素中,第三产业占GDP的比重和基础设施投资对促进中国工业化和城镇化协调发展的贡献较大,农业劳动力生产率、城市社会保障支出、劳动力流动规模等因素对促进中国工业化和城镇化协调发展有正向作用,但是其作用小于第三产业和城市基础设施改善的作用,而工业化和城镇化独立发展形成的偏离度则有负向作用。[③]陈耀等(2014)基于产值和就业结构建立反映工业化内涵的综合指标,测度2000~2012年全国"四大板块"及各省(市、区)工业化和城镇化的总体水平,进而通过耦合协调模型考察工业化和城镇化的协调度,并检验协调度的影响因素。分析结果表明:在观察期内,我国工业化和城镇化发展存在较强的互动关系,且协调度呈不断上升趋势,但总体水平还不高。各省"两化"协调度存在一定差异。东部地区协调发展水平最高,其次是东北地区、中部地区和西部地区。[④]向鹏成等(2014)首先通过构建工业化评价指标体系和工业化水平测度模型,对重庆市工业化水平进行测度。其次运用价值工程理论构建了工业化与城镇化协调度测度模型及分类判断标准。最后应用该模型对重庆工业化与城镇化协调发展状态进行了测度。结果表明,自1996年以来,重庆市工业化与城镇化协调发展可以分为两类四个阶段。[⑤]

(4)工业化与农业现代化之间联动发展研究。

郭其友(2003)认为由于工业化与农业现代化客观存在一种相互联动的发展

① 朱海玲,龚曙明.中国工业化与城镇化联动和互动的研究[J].统计与决策,2010(13):112-114.
② 李霞,朱艳婷.城乡二元体制下工业化与城镇化协调发展研究[J].四川大学学报(哲学社会科学版),2012(3):109-115.
③ 李刚,魏佩瑶.中国工业化与城镇化协调关系研究[J].经济问题探索,2013(5):72-79.
④ 陈耀,周洪霞.中国工业化与城镇化协调性测度分析[J].经济纵横,2014(6):43-49.
⑤ 向鹏成,廖宗义,罗芸.工业化与城镇化协调发展测度研究——以重庆市为例[J].城市发展研究,2014,21(7):16-22.

关系，新型工业化战略的实施在加快我国工业化进程的同时，也势必给农业开辟了广阔的发展前景，农业部门应充分利用这一发展机遇，加快农业现代化的发展步伐。[1] 杨世箐（2013）通过对我国新型工业化和农业现代化的测度指标体系的构建和应用，量化考察两者的互动发展状况。分析结果显示，近年来我国新型工业化和农业现代化呈现出同步发展的势头，同时两者在系统层和要素层均表现出较强的互动支撑能力。[2] 付宇（2014）通过 SPSS 软件，对湖南省近 13 年来工业化和农业现代化的数据进行综合衡量，得出以下结论：①湖南省新型工业化的发展高于全国的平均水平。②湖南省农业现代化的发展稍稍落后全国的平均水平。③湖南省的新型工业化及农业现代化发展协调性整体向好的方面发展，在 2005 年之后，属于基本协调发展的年份。[3] 胡志全等（2016）基于生产的基本三要素角度，对我国农业和工业的劳动生产率、土地产出率、资本利用率等因素进行分析，得出以下结论：农业与工业生产率的差距年限为 17 年，农业土地产出率远低于工业，易造成土地要素的流失；农业资本利用率低，农业难以获得足够的资本要素。[4] 江省身（2017）认为由于区域经济发展水平不均衡等原因，当前我国新型城镇化背景下的工业化和农业现代化互动发展也存在一定问题，例如工业经济效益有待提升，城乡差距大，工业反哺农业力度不足等，应当通过加强科技创新提高投入产出比，缩小城乡二元差距以及加大工业反哺农业力度，实现新型城镇化背景下我国工业化与农业现代化之间的良性互动，更好地实现我国经济整体水平的提升和发展。[5]

（5）城镇化与农业现代化。

郭剑雄（2003）认为技术进步、结构转变和制度变迁是农业现代化的基本决定因素，而这些因素的成长对城镇化存在着很高的依赖性。城镇化的合理推进是中国农业实现现代化的基本前提。[6] 孙云霞等（2009）根据区域城镇化与农业现代化协调性的内涵，通过构建指标体系，以我国 31 个省份为例，对其协调性进

---

[1] 郭其友. 新型工业化与农业现代化 [J]. 科学咨询，2003（11）：12.

[2] 杨世箐. 新型工业化与农业现代化互动发展测度指标体系的构建 [J]. 统计与决策，2013（22）：67-70.

[3] 付宇. 湖南省新型工业化与农业现代化发展水平测度及协调性分析 [D]. 湘潭：湘潭大学硕士学位论文，2014.

[4] 胡志全，朱殿霄，侯丽薇，王东阳. 实现我国工业化与农业现代化协调发展的探讨——基于生产三要素的比较 [J]. 农业经济问题，2016，37（7）：74-81+111.

[5] 江省身. 新型城镇化背景下我国工业化与农业现代化的互动发展 [J]. 社会科学家，2017（6）：85-89.

[6] 郭剑雄. 城镇化与中国农业的现代化 [J]. 经济问题，2003（11）：48-50.

行实证评估。评估结果显示,我国区域城镇化与农业现代化的协调发展水平总体上不高,区域差异性显著。根据协调度的大小,结合区域城镇化与农业现代化发展指数的排名,把我国 31 个省份划归为 6 类 12 种基本类型,同时进一步阐述了这些类型的基本特点、未来发展趋势和工作重点。[①] 尚欣(2012)构建了吉林省农村城镇化和农业现代化指标体系,采用距离协调度模型分析了两者的协调性。分析表明,2001~2010 年吉林省农村城镇化和农业现代化两个子系统呈上升发展态势,两者协调发展度以年平均 10.84% 的速度上升,但是,2005 年和 2010 年受农业税减免和自然灾害影响,农村城镇化发展度下降很多,导致这两年农村城镇化和农业现代化之间的协调度发展度下降。[②] 曾超等(2013)从"新四化"之间的联系出发,通过年度数据对比,对新型城镇化的相关理论探讨以及利用 VAR 模型、脉冲响应和方差分解等实证研究方法的分析,揭示了农业现代化和城镇化两者之间相互促进、互动发展的关系,并提出了实现两者协调发展的若干建议。[③] 韩国明等(2015)基于协同论分析新型城镇化与农业现代化协调发展作用机理,建立新型城镇化与农业现代化协调复合系统评价指标体系,运用耦合协调度模型,测度 2005~2012 年我国 31 个省份新型城镇化与农业现代化协调度,分析"两化"协调发展的空间格局分布特征和区域差异演化趋势。研究发现,我国"两化"协调发展的空间格局呈现出"东部高、中部低、西部最低"的逆地势阶梯分布状态,优质协调发展地区仍未出现。[④] 汪晓文等(2015)在分析城镇化与农业现代化协调发展的内在机理的基础上,通过对城镇化与农业现代化协调度概念的界定,建立"二化"协调发展评价指标体系,选择基于隶属度的模糊综合评价方法对中国 2000~2011 年城镇化和农业现代化协调发展进行考察和测量。研究结果显示,进入 21 世纪以来,中国城镇化与农业现代化协调发展经历了"严重失调—初级失调—低度协调—中度协调"的进程。[⑤]

---

① 孙云霞,叶金国.我国区域城镇化与农业现代化协调性评价研究 [J].社会科学论坛(学术研究卷),2009(5):87-90.

② 尚欣.吉林省 2001~2010 年农村城镇化和农业现代化协调分析 [J].长春理工大学学报(社会科学版),2012,25(5):67-69.

③ 曾超,钱晓颖.我国农业现代化与新型城镇化发展关系研究 [J].农村金融研究,2013(12):68-72.

④ 韩国明,张恒铭.我国新型城镇化与农业现代化协调发展空间分布差异研究 [J].吉林大学社会科学学报,2015,55(5):36-46+172.

⑤ 汪晓文,杜欣.中国城镇化与农业现代化协调发展的测度 [J].统计与决策,2015(8):121-124.

（6）关于工业化、城镇化、农业现代化协调发展问题。

韩长赋（2011）认为加快推进农业现代化是实现工业化、城镇化、农业现代化同步发展的重大任务。[①]王贝（2011）对我国 1995~2009 年工业化、城镇化和农业现代化动态关系进行的研究表明，三者之间存在长期的协整关系。农业现代化与工业化、城镇化呈反向变动趋势；工业化和城镇化不是农业现代化的格兰杰（Granger）原因，而农业现代化是工业化和城镇化的 Granger 原因；长期均衡对农业现代化水平调整的幅度较小；工业化和城镇化发展对农业现代化的冲击总体上并不显著。[②]严立冬等（2012）应用协整分析、Granger 因果关系检验以及脉冲函数对中国 1984~2010 年城镇化、工业化、农业现代化与经济增长之间关系的动态研究表明："三化"发展与经济增长之间存在长期均衡关系且影响效果差异明显；在不同滞后期存在单项关系，不具有因果关系。[③]夏春萍等（2012）结合我国 1978~2009 年的样本数据，在建立 VAR 模型的基础之上，采用协整分析、脉冲响应、方差分解等方法对三者之间的关系进行了实证分析。结果表明，农业现代化、城镇化和工业化三者之间具有长期均衡关系。总体而言，三者之间存在明显的相互促进作用：从长期来看，城镇化对农业现代化的促进作用要大于工业化；农业现代化同样对城镇化具有正效应，对工业化的影响会受到户籍政策、工业内部结构与农业的不相匹配和均衡、工业发展模式的落后以及资源约束等问题的影响出现负向作用。[④]贾云赟（2012）应用协整分析、Granger 因果关系检验以及脉冲函数对中国 1984~2010 年城镇化、工业化、农业现代化与经济增长之间关系的动态研究表明：城镇化、工业化、农业现代化的发展与经济增长之间存在长期均衡关系且影响效果差异明显；在不同滞后期存在单项关系，不具有因果关系。[⑤]杨曙辉等（2012）论述了工业化与城镇化在发展理念、市场空间、生产方式、科学技术和资金保障等方面给农业现代化带来的显著积极的推动作用；同时分析指出，工业化、城镇化侵吞或掠夺土地、淡水、劳动力、资本等农业自然与

[①] 韩长赋. 加快推进农业现代化努力实现"三化"同步发展 [J]. 农业经济问题，2011，32（11）：4-7+110.

[②] 王贝. 中国工业化、城镇化和农业现代化关系实证研究 [J]. 城市问题，2011（9）：21-25.

[③] 严立冬，马期茂. "三化"发展与中国经济增长的实证研究 [J]. 统计与决策，2012（9）：131-134.

[④] 夏春萍，刘文清. 农业现代化与城镇化、工业化协调发展关系的实证研究——基于 VAR 模型的计量分析 [J]. 农业技术经济，2012（5）：79-85.

[⑤] 贾云赟. 城镇化、工业化、农业现代化与经济增长关系研究 [J]. 城市发展研究，2012，19（12）：27-32+71.

社会资源，影响农业农村生态环境与农产食品质量安全等，从而对农业农村现代化建设产生多层面的明显消极影响。[①] 梁树广（2013）应用计量方法检验了广东、江苏、山东和浙江四省的工业化、城镇化和农业现代化演进的进程、相关关系和因果关系。结果表明，四省的城镇化发展迅速，工业化达到高级阶段，农业现代化呈下降趋势，工业化和城镇化呈正相关关系，工业化和城镇化与农业现代化呈负相关关系。[②] 贺翀等（2015）在考察中部六省工业化、城镇化、农业现代化综合发展水平的基础上，构建了"三化"协调发展评价模型，测度出中部六省12年来的"三化"发展水平及"三化"协调发展度进程。研究表明，我国中部六省12年来"三化"发展水平进程虽然都是稳步向前的，但"三化"协调发展程度却呈现逐年递减趋势，且"三化"协调发展的程度仍较低，都处于初级协调发展类型。[③] 李宾等（2016）通过构建指标体系，采用主成分分析法确定了工业化水平、城镇化水平与农业现代化水平的变量数值，并通过序列平稳性检验、协整检验、向量误差修正模型、向量自回归模型等分析了工业化水平、城镇化水平与农业现代化水平之间的关系。研究结果表明：我国的城镇化水平和农业现代化水平之间存在长期稳定的均衡关系，城镇化水平的提高能够促进农业现代化水平的提高；我国的工业化水平与农业现代化水平之间也具有很强的相关性，前期的工业化水平对当期的农业现代化水平产生了正向影响。[④] 毛婷等（2016）依据江西省1978~2013年城镇化、工业化与农业现代化相关数据，采用向量自回归模型（VAR）进行实证分析。研究结果显示：江西省实证分析结果与理论分析结果存在着相悖之处，城镇化的推进抑制了农业现代化水平的提高；工业化的发展阻碍了城镇化的推进；工业化与农业现代化之间并未实现相互促进的关系。作者认为相悖原因主要可能来源于江西省独特的省情。[⑤]

（7）关于工业化、城镇化、农业现代化与信息化同步发展。

董梅生等（2014）采用因子分析法，获得"四化"的综合评价值，并构建了

① 杨曙辉，宋天庆，陈怀军，欧阳作富.工业化与城镇化对农业现代化建设的影响 [J].中国人口·资源与环境，2012，22（1）：398-403.
② 梁树广.工业化、城镇化和农业现代化互动关系的实证研究 [J].经济论坛，2013（11）：156-162.
③ 贺翀，肖功为.中部六省工业化、城镇化和农业现代化协调发展测度研究 [J].南通大学学报（社会科学版），2015，31（3）：16-22.
④ 李宾，孔祥智.工业化、城镇化对农业现代化的拉动作用研究 [J].经济学家，2016（8）：55-64.
⑤ 毛婷，童鑫.城镇化、工业化与农业现代化互动关系研究——以江西省为例 [J].淮阴师范学院学报（自然科学版），2016，15（1）：57-63.

VAR 模型。分析发现，长期内城镇化、工业化和信息化都能提升农业现代化水平；短期内只有农业现代化、工业化和信息化是引起城镇化的原因，除城镇化外，其他"三化"不存在这种因果关系；滞后一期的"四化"虽然都能有效提升当期"一化"水平，但是对自身的影响最大。所以，虽然"四化"还存在融合不够、互动不足、协调不力的问题，但是它们之间相互影响，互为支撑，缺一不可，必须依靠自身同步发展。①王新利等（2015）通过建立农业现代化、城镇化、工业化与信息化协调发展评价指标体系和协调度模型，测算农业现代化、城镇化、工业化与信息化中各子系统的发展指数及系统间协调发展度，进而判断其总体是否协调发展。研究结果表明：农业现代化、城镇化、工业化与信息化大系统的协调发展与其子系统的协调发展相互依赖，农业现代化与工业化、信息化之间的协调发展至关重要。②黄安胜等（2013）通过构建工业化、信息化、城镇化、农业现代化（"新四化"）发展水平的评价指标体系，基于熵值法，运用统计数据，对全国各省域"新四化"发展水平进行综合评价，并且对评价结果进行聚类分析和离散系数分析。研究表明：总体来说，"新四化"高度协调发展的省份还很少，而且均分布在东部沿海发达地区；从"新四化"协调同步发展的角度来看，包括东部地区在内的绝大多数省份在"新四化"同步发展方面都存在一些不足之处。③张兰婷等（2013）基于向量自回归模型对我国信息化与工业化、城镇化及农业现代化之间关系的实证分析发现，信息化分别与工业化、城镇化及农业现代化之间存在稳定的均衡关系；信息化与工业化、农业现代化存在长期稳定的正相关关系；短期内信息化对城镇化产生负向影响，从长期看信息化的发展对城镇化水平的带动作用非常显著。④俞立平等（2009）基于向量自回归模型对工业化与信息化的关系进行了分析。结果表明，信息化是工业化的 Granger 原因，但工业化不是信息化的 Granger 原因。信息化水平与工业化水平存在着长期稳定的动态关系，信息化的发展能够带动工业化的发展。信息化波动是影响工业化波动

① 董梅生，杨德才.工业化、信息化、城镇化和农业现代化互动关系研究——基于 VAR 模型 [J].农业技术经济，2014（4）：14-24.
② 王新利，肖艳雪.农业现代化、城镇化、工业化、信息化协调发展评价研究——以黑龙江农垦为例 [J].农业技术经济，2015（6）：91-98.
③ 黄安胜，许佳贤.工业化、信息化、城镇化、农业现代化发展水平评价研究 [J].福州大学学报（哲学社会科学版），2013，27（6）：28-33.
④ 张兰婷，洪功翔.信息化推动工业化城镇化农业现代化发展实证研究 [J].安徽工业大学学报（社会科学版），2013，30（3）：3-6.

的主要原因，但工业化的波动不是影响信息化波动的主要原因。工业化对信息化的影响速度要大于信息化对工业化的影响速度，并且工业化对信息化的影响更为稳定。[①] 姜爱林（2002）认为工业化是信息化的前提和基础，信息化是工业化的延伸和发展；城镇化是信息化的空间形式，信息化是城镇化的经济内容；工业化是近现代经济发展的主旋律，城镇化是近现代社会发展的主旋律；后工业化是信息化的特殊表征，信息化是工业化之后的一个新的发展阶段。[②] 张林等（2015）认为农业现代化是工业化、信息化、城镇化发展的基础和保障。文章首先分析了农业现代化与工业化、信息化、城镇化的协调发展机理，然后构建了复合系统耦合协同度测度模型进行了实证分析。结果表明，考察期内我国农业现代化、工业化、信息化和城镇化都得到了快速发展，但系统间的耦合互动效应不明显，长期处于颉颃阶段。[③] 徐维祥等（2015）在对中国287个地级及以上城市的"四化"协调发展程度进行测算的基础上，运用空间计量分析方法对我国"四化"协调发展的时空特征与发展格局进行初步探索，并进一步采用非参数核密度估计和重心曲线演变的方法对其动态演化进行了分析。结果表明，我国的"四化"发展水平总体上扬，但地区差异明显，"四化"协调发展水平存在较强的空间自相关性，发展水平相似区集聚明显；"东高西低"态势依然显著，但南北发展逐渐趋于平衡，在此过程中低级别重心逐渐向西南方向移动，高级别重心较为明显地由南向北移动。[④] 秦伟平等（2017）认为深入推进供给侧结构性改革，全面实施创新驱动发展战略，加快新旧动能接续转换，着力振兴实体经济，必须坚持"新四化"同步发展。从中华人民共和国成立初期的四个现代化，转向小康社会，继而提出两化融合，再到三化同步，党的十八大又进一步明确四化同步，这一政策演变的历史过程，记载着中国现代化建设的客观规律，浓缩着理论到实践的成果结晶。文章从政策演进视角对四个现代化向"新四化"同步发展的政策演进进行分析，在深入了解我国经济发展基本现状，解构社会主义市场经济体制基础上，建构基

---

① 俞立平，潘云涛，武夷山. 工业化与信息化互动关系的实证研究 [J]. 中国软科学，2009（1）：34–40.

② 姜爱林. 城镇化、工业化与信息化的互动关系研究 [J]. 经济纵横，2002（8）：32–37.

③ 张林，冉光和，郑强. 农业现代化与工业化、信息化、城镇化的耦合协调发展研究 [J]. 农村经济，2015（8）：89–93.

④ 徐维祥，舒季君，唐根年. 中国工业化、信息化、城镇化和农业现代化协调发展的时空格局与动态演进 [J]. 经济学动态，2015（1）：76–85.

于"新四化"同步发展的创新驱动战略。[①]

1.2.3　国内外研究现状评述

国外对"四化同步"的研究较多地集中在产业、就业、结构等方面，以及对城镇化与工业化之间互动关系的研究，很少涉及"四化同步"四个层面之间的同步性、协调性与互动作用机理的分析。国外学者在与"四化同步"相关的工业、信息、城镇及农业等层面的研究发展方面，所构建的演进理论、农业现代化理论、工农关系、城乡统筹发展关系等，作为系统的理论体系，为本书的研究提供了经验借鉴和理论参考。但是国外学者对产业结构的变动影响决定着经济增长质量、效率和可持续性进行了较深入的研究，对于中国这种赶超型国家如何避免经济陷入"中等收入陷阱"并没有具体的论述。

国内学者对经济结构转型问题产生的原因与解决路径进行了广泛的研究。在现阶段，对于如何推进经济结构转型，一般都从需求结构、产业结构、城乡和区域结构、要素投入结构和收入分配结构五个方面提出推动经济结构战略性调整，以实现经济结构的转型，尚未进行系统深入研究。本书提出"四化"同步推进战略，"四化"即把工业化、信息化、城镇化、农业现代化之间相互促进的关系有机统一起来同步推进产业结构优化和转型升级。在"四化"同步推进中，它们之间的作用机制产生的联动效应是什么，如何进行评价，"四化"同步推进中体现的客观规律是什么，在同步推进"四化"过程中，产业结构优化和转型升级的实现机制是什么，产业结构优化和转型升级如何促进扩内需、惠民生、促发展，这些方面的研究空间很大，目前国内外学者尚未进行系统深入研究。很显然，目前的研究需要在现有体制或制度框架下，探讨"四化"发展之间的关系，研究制约"四化同步"发展的深层次制度或体制问题。探讨认识在现有体制或制度框架下，"四化同步"发展的可能性和持续性，需要深入全面调查研究中国的"四化同步"发展目标，解决制度性或体制性制约问题。

---

① 秦伟平，李晋. 建构新四化同步发展的创新驱动战略——基于政策演进的视角［J］. 社会科学前沿，2017，6（8）.

1.3　研究目的和意义

1.3.1　研究目的

基于实现东北地区产业结构和产业转型升级，增强东北老工业基地核心竞争力的目的，研究东北地区传统产业转型升级、优化现代产业体系、发展现代农业和服务业、推进新型城镇化与全面提升信息化水平等方面对经济和社会系统、生态环境系统的相互影响，探索"四化"同步推进产业结构优化升级的实现程度，增强"四化"同步推进的协同力，减少相互间负效应。为充分发挥其联动效应，应深入分析"四化"同步推进产业结构转型升级的作用机制、实现机制与实现路径提出相应对策，从理论和实践上为推进东北地区产业结构优化和发展模式创新提供理论支持，也有助于正确评价政府在调结构、促转型升级中的公共政策效应，为消除体制性、结构性矛盾，积极促进民营经济发展，健全体制机制，改善营商环境，进行制度创新提供决策参考。

1.3.2　研究意义

通过产业结构优化实现产业转型升级则是加快形成新的经济发展方式的重要途径。实现产业结构优化和产业转型升级，能够提高产业创新能力和技术水平，改变产品附加值低、产能过剩、高端产品供给不足的状况，提升产业整体素质，进而成为促进消费结构升级的重要动力，引领和创造新的消费需求，扩大消费市场。实现产业结构优化和产业转型升级，能够提高资源利用效率，促进产业发展模式向绿色低碳、清洁安全转变，提升在全球产业分工中的地位，打造新优势，增强地区产业的核心竞争力和国际竞争力。优化产业结构也是促进区域协调发展的重要支撑，通过建立现代产业体系、优化产业布局促进产业集聚发展，促进城镇化和农业现代化，进而推进城乡发展一体化和全面建成小康社会。

东北地区作为国家粮食安全的战略基地和全面振兴的老工业基地，面临着如何大力发展现代农业和实现工业的转型升级的难题。如何通过建立"四化"同步推进的机制，促进三次产业融合发展是东北地区产业转型升级的关键。东北地区的工业发展潜力关键在于农业和服务业的支撑能力。抓住农业现代化和新型城镇化的有利机遇，建立城镇化与工业化、信息化、农业现代化的良性互动机制，形成以工促农、工农融合、信息化与工业化深度融合、信息化与农业现代和城镇化的有机结合，积极构建对外开放体系，利用两种资源和两个市场，培育促进开放型经济和技术创新协作的市场环境，在城镇化进程中打造产业园区，构建现代产业体系，实现产业的转型升级与跨越发展。

本书为推动区域产业结构优化，构建现代产业体系，提高区域生态文明水平与对外开放水平，深化改革与制度创新提供理论依据与实证研究成果。分析东北地区"四化"推进的联动效应，有助于分析评价政府的公共政策及效应，为完善政府的服务与社会管理，进一步完善政策体系及相应的内外部发展环境提供有益的参考。

1.4 研究的基本思路和研究方法

1.4.1 研究的基本思路

本书遵循提出问题、分析问题和解决问题的思路，围绕"四化"同步推进实现东北地区产业结构优化升级，着力推进结构调整，着力完善体制机制，以实现东北地区经济振兴发展目标而展开研究。研究的基本框架见图1-1。

1.4.2 研究方法

（1）采用理论与实践相结合，宏观分析与微观分析相结合的方法，深入研究"四化"同步推进与产业结构优化和转型升级的互动关系，运用综合评分法对"四化"同步推进与产业结构优化和转型升级实现程度进行评估。

（2）运用计量分析、数值模拟技术、VAR模型与脉冲响应函数等方法，从定量的角度研究"四化"同步推进与产业结构优化和转型升级中的作用机制产生的联动效应的影响关系与相互间产生的协同力，为实践模式和政策支持体系提供理论支持。

（3）运用调查分析和比较分析等方法，建立考核"四化"协同推进城乡经济

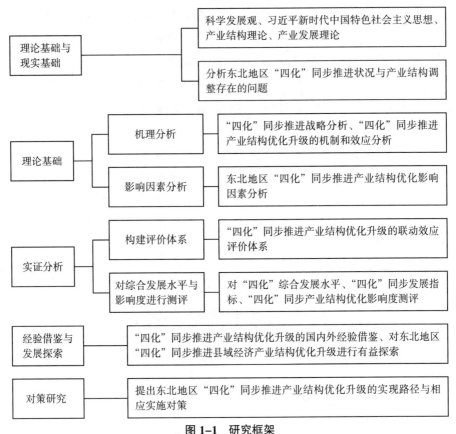

图 1-1 研究框架

结构转型的实现程度的评价指标和评价模型。采用锡尔指数分析、AHP 层次分析方法及相应的统计软件对所建立的评价模型进行模糊综合评价。

（4）借助于空间统计分析与 CIS 方法对工业化与信息化融合度、工业化与城镇化良性互动程度、城镇化与农业现代化相互协调程度以及"四化"同步推进下创新驱动发展、绿色低碳发展、实现经济发展与生态环境承载力相适应等方面进行研究，提出东北地区实施"四化"同步推进战略的实践模式与相应的政策支持体系。

1.5　结构安排

全书由 10 章组成。

第 1 章作为全书的导论。首先是问题的提出，党的十八大和十九大报告都强调了发展是解决我国一切问题的基础和关键，要推动新型工业化、信息化、城镇化、农业现代化同步发展，结合东北地区在产业结构优化和产业转型升级上存在的深层次问题，提出了"四化"同步推进东北地区产业结构优化和转型升级的命题。本章对国外相关研究的学术动态进行了梳理，阐释了本书的研究目的和意义、研究的基本思路和研究方法以及结构安排。

第 2 章主要对"四化"同步推进战略与产业结构优化升级之间的机理进行了分析。首先，对"新四化"的内涵进行了界定，对"四化"同步推进战略的战略目标、战略思想、战略任务进行了理论分析。其次，对"四化"同步推进产业结构优化升级进行了机制分析，包括"四化"同步的关联互动机制，"四化"同步推进产业结构优化升级的作用机制和实现机制。最后，对"四化"同步推进产业结构优化升级的联动效应进行了分析，包括"四化"同步推进所产生的循环积累效应和协调效应。

第 3 章主要对东北地区"四化"同步推进的状况与产业结构调整存在的问题进行分析。东北地区作为老工业基地，传统工业亟待转型升级，城镇化水平较高，但产业兴城方面较差，农业机械化水平较高，但农业产业化程度低，农产品加工能力不足。只有认真梳理东北地区在经济结构转型和产业结构优化升级存在的深层次问题，才能更好地通过"四化"同步推进产业结构优化升级，以大力推动东北地区经济振兴。

第 4 章构建起本书实证分析的方法论体系。确立了"四化"同步推进产业结构优化升级的联动效应评价体系的构建依据和原则，建立评价指标体系的理论依据及各项评价指标的预处理，以确保各指标的客观性、科学性，并建立起"四化"同步推进产业结构优化升级的综合水平测度指标体系与联动效应综合测评模型。

第 5 章运用"四化"同步推进东北地区产业结构优化升级的联动效应综合测

评模型,对东北地区"四化"子系统发展水平、"四化"综合发展水平进行测评;对东北地区"四化"综合水平推进产业结构优化升级的影响因素,以及"四化"融合发展和"四化"同步发展对产业结构优化升级的影响进行了测评。

第6章通过第3章对东北地区"四化"同步推进状况与产业结构调整存在问题分析,以及第5章对东北地区"四化"同步推进产业结构优化升级的联动效应实证分析,对东北地区"四化"同步推进产业结构优化升级的影响因素就有了明晰的掌握。该章主要分析了"四化"同步推进的影响因素,"四化"同步推进产业结构优化升级的影响因素,以及"四化"同步推进产业结构优化升级的联动效应影响因素。本章的影响因素分析为后几章的对策研究提供理论支撑。

第7章对国内外"四化"同步推进产业结构优化升级的实践与经验及启示进行了总结与借鉴,包括日本、美国、巴西等国外的经验借鉴,国内的湖北省、浙江省的经验借鉴。

第8章对"四化"同步推进东北地区县域产业结构优化升级进行了探索。县域是推动我国经济增长的重要力量,是维持我国经济健康发展的基础。东北地区县域工业化水平低,产业结构单一。"四化"同步推进县域产业结构优化升级,是整个东北地区产业结构优化升级的基础,只有县域经济发展了,才有利于促进东北地区产业结构优化升级,进而实现东北地区经济振兴。

第9章提出了东北地区"四化"同步推进产业结构优化升级的实现路径。从加快市场取向的体制机制改革,提升开放型经济发展水平,推动先进制造业和现代服务业加快发展,全面加快信息化建设,推进以人为核心的新型城镇化,加快农业现代化进程,构建支撑"新四化"的现代基础设施网络,加大对资源型城市(地区)可持续发展支持力度8个方面展开了论述。

第10章是东北地区"四化"同步推进产业结构优化升级的对策研究。主要从新型工业化与信息化深度融合、工业化与城镇化良性互动,城镇化与农业现代化相互协调、信息化与城镇化和农业现代化融合以及创新驱动模式下5个方面推进东北地区产业结构优化升级的对策进行了较深入的阐述。该章能够为中央政府和地方政府制定东北地区振兴的发展政策提供决策参考。

第 2 章　"四化"同步推进战略与产业结构优化升级的机理分析

2.1　"新四化"的提出与"四化"同步推进战略

新型工业化、信息化、城镇化、农业现代化同步发展，是我国现代化建设的核心内容。"四化"同步推进协调发展日益成为我国社会经济发展的基本战略，孕育着广阔的增长空间。新型工业化是产业结构优化升级的发展动力和基本支柱；农业现代化是产业结构优化升级的重要基础；新型城镇化是产业结构优化升级的载体和平台，也是其升级的助推器；信息化对产业结构优化升级具有不可替代的融合作用。坚持中国特色新型工业化、信息化、城镇化和农业现代化同步发展，构筑产业结构优化升级的新路径。

2.1.1　"新四化"的提出

（1）新型工业化。

传统的观点认为工业化完成或实现的标志是制造业、采掘业、能源产业等工业部门占据国民经济的主导地位。具体表现为：工业取代农业，重工业取代轻工业在国民经济中占据主导地位，所以实现工业化就是要大力发展制造业或重化工业，提高其在 GDP 中的比重。这个观点现在看来是片面的，工业化并不等于一个国家工业增加值占 GDP 比重最大。工业化是一种特殊的组织生产过程，是国民经济中一系列基本要素的生产函数（或生产要素组合方式）连续发展从中低级向高级的突破性变化或变革的过程。① 工业化实质是工业生产方式、工业组织方式成为社会所有生产领域如服务业、农业中主导的生产方式与组织方式，甚至成为整个社会，包括我们生活诸多方面的资源配置与组织方式。②

工业化通过生产技术变革引导了生产方式变革，这种新的生产方式使生产力极大提高。随着工业化的推进，这种新的生产方式也逐渐进入到农业与服务业，成为主导生产方式。③ 随着经济全球化和国际分工体系的演进，生产组织方式也呈现出"集中生产、全球分销"的特征。工业化进程推动了城镇化进程，随着工业与服务业的发展，相应的就业结构也向非农业产业倾斜，也会把越来越多的人口吸引、集聚到城镇中来。工业化更重要的是导致人类生化方式、思想观念等方面发生巨大变化。

改革开放以来的中国特色社会主义工业化道路十分成功，而当中国生产规模迅速扩张，技术模仿取得普遍成效，成为全世界制造业规模最大的国家之后，科学技术的作用将变得越来越具有决定性，技术模仿的空间越来越窄，技术创新的作用就越来越突出。所以，当前自主技术创新尤其是核心技术上的突破和自主知识产权的积累成为推进中国新型工业化越来越重要的决定性因素。走新型工业化道路，就是要完成从依靠要素驱动到实施创新驱动战略的转变，使工业化能够实现绿色化、精致化、高端化、信息化、服务化。④

绿色化。工业化的本质不仅仅是物质生产过程中的技术进步，更不是人类对自然的掠夺，而是一个文明的进程。工业生产过程的节约、清洁、安全即绿色化，这是工业文明的内在要求。实现工业的绿色化，不仅是先进工业发展的要求，而且是工业文明的本质回归。在人类人口快速增长、面临巨大自然资源和生态环境压力的条件下，建立发达的工业也是实现资源节约、环境改善的技术条件和物质基础。

精致化。新型工业化要求精致化，这是工业制造文明的实质体现。技术精湛、工艺和产品精致化是工业生产者和工业化国家获得持续竞争力的关键。精致化不只是一个技术性准则，更是显著地区别于农耕文明、游牧文明和采掘文明的一种文化特质的行为方式。一个国家如果只是利用自己具有的资源优势和比较成

---

① 张培刚. 农业与工业化 [M]. 武汉：华中工学院出版社，1984：5.
②③ 芮明杰. 第三次工业革命与中国选择 [M]. 上海：上海辞书出版社，2013：8.
④ 金碚. 全球竞争格局与中国产业发展趋势 [J]. 中国工业经济，2012（5）：8-9.

本优势去形成工业生产规模，却没有专注于向精致化方向实现产业升级，实质上就未得到工业文明之道，难以成为工业强国。

高端化。新型工业化要求实现高端化，这是工业进取精神的体现。高端化的意义不只是具有获得高盈利的机会，而且并不是进入高端产业就一定会有高盈利的回报。从经济学意义上来说，"高端"和"高科技"并不是高盈利的同义词。产生高盈利的经济学根源在于"我会做而其他人不会"或者"我做得比其他人更好"。无论居于产业的"高端"还是"低端"，即使是同在"高端产业"或者"高新技术产业"，如果比其他人会做甚至做得更好，你照样能有高盈利。所以，高端化的实质是通过技术创新和商业模式创新而进入更具独特优势的产业领域，不论是高技术产业还是传统产业，只要善于运用科学发现和技术发明以及在工艺改进上争取先行之势，并且以不断进取的精神和方式持续保持技术领先地位，就能够实现高端化。

信息化。工业化和信息化的深度融合是新型工业化的基本方向。信息化不仅可以促进工业生产更快地提高效率，实现绿色化和精致化，而且将导致工业生产方式和竞争方式的根本性变化。例如，可以更高水平地实现工业设备的数控化，从标准化生产和标准化产品向柔性化生产转变，进而实现智能制造。随着信息化融入工业化进程，先进和发达的信息系统有可能改变产品的经济性质，使其变为信息"公共品"。企业不采取"保密方式"，而是通过生产过程信息的最大程度公开化，才能获得客户尤其是消费者的信赖，从而增强企业的竞争力。可见信息的公开将成为比信息保密更强大的市场竞争方式。

服务化。制造业服务化在不断深化，服务业在三次产业结构中比重的提高，是工业特别是制造业产业链的分解分工向服务业的延伸，本质上是制造文明的深度化和扩展。现代服务业尤其是生产性服务业本质是"工业"，可以称之为工业化服务业，工业的产品设计、职能分工、生产线的构造、流程再造、组织控制、技术运用、成本核算、分销服务、售后服务等都会在生产性服务业发展中体现。服务业包括生活性服务业和生产性服务业两类。生产性服务业以中间服务投入形式为工业产品（设备）和工业技术等活动提供全方位服务活动，而且以工业文化为基因，实质上是工业流程的分解和专业化。可以说，没有发达的制造文明，就不会有发达的现代服务业，而发达的制造业必然会孕育着发达的现代服务业。

（2）信息化。

从信息化角度看，电子信息产业在实现自身信息化的同时，主动将业务与服务向工业、农业、服务业延伸，充分发挥网络技术、通信技术和信息服务的作用，积极参与到各行各业企业的业务流程和经营管理主要环节中，利用信息技术提高劳动生产率水平，进而为其开发新的信息化制造设备和运输工具，同时也为电子信息工业提供了丰富而广阔的市场。企业信息化重点是企业的采购、生产、经营管理、市场销售等的信息化；行业信息化重点是产品研发、设计的信息化，工业生产的自动化到智能化，农产品生产、流通和市场的信息化。国家在大力推进电子商务（含跨境电商）、电子政务，促进电信、广播电视和计算机三网融合，推动农业和农村信息化。IT 咨询、IT 解决方案、系统集成、软件外包、软件测试、网络服务、动漫游戏等软件新行业构成了现代信息服务业。

我国信息化的发展趋势：抓住信息产业持续引导经济社会创新发展的历史性机遇，紧跟现代信息技术发展步伐，把发展新一代信息技术产业作为产业结构优化升级的重要战略基点。推动制造业加速向数字化、网络化、智能化方向延伸拓展，发挥软件定义、数字驱动、平台支撑、服务增值、智能主导方面的优势，突出智能主导的特征，做好信息化与工业化深度融合这篇大文章，努力抢占新一轮产业竞争制高点。加快构建新一代国家信息基础设施，推动新一代移动通信、下一代互联网、物联网、大数据、云计算、人工智能等领域的发展，建设数字中国，积极培育网络化协同、个性化定制、在线增值服务、分享制造等"互联网+制造业"新模式，实施工业互联网创新发展战略，打造网络、平台、安全三大体系，抢占数字经济发展主动权和话语权。

（3）新型城镇化。

从已有的文献看，"城镇化"的界定主要从人口角度展开，大致可分为三种：一是随着经济的发展和工业化的推进，人口也不断地从农村向城镇地区流动并聚集的过程。[①] 主要表现为城镇居住人口的增加，通常用城镇人口占总人口的比重来表示城镇化率。在我国有两个指标：2015 年我国常住人口城镇化率为 56.1%，而户籍人口城镇化率为 39.9%。两个指标相差 16.2 个百分点的原因是我国有 2 亿多农民工进入了城市，其中进入农民工最多的北上广深，还有各省会城市和其他副省级城市都很难落户，我国的户籍制度使户籍人口城镇化率低于实际的常住人口城镇化率。二是指从事农业生产人口减少的过程。表现为从事农业生产劳动力人口减少的同时，从事工业和服务业等非农产业生产活动的劳动力人口的增加。

---

① 辜胜阻.非农化与城镇化研究 [M].杭州：浙江人民出版社，1991.

三是指农业转移人口的生产方式、生活方式、社会经济活动，以及人口素质都发生了根本变化。可以认为，城镇化是在人口向城镇聚集的基础上，劳动力人口脱离了直接的农业生产，工业文明不断扩展，人口素质进一步提高，生活方式也由传统的农村生活方式转向现代城镇的生活方式。

城镇化是现代化的必由之路，是最大的内需潜力所在，是经济发展的重要动力，也是一项重要的民生工程。党中央国务院高度重视新型城镇化工作，总的要求是，坚持以人为核心的城镇化，以城市群为主体形态，以城市综合承载能力为支撑，以体制机制创新为保障，加快新型城镇化步伐，辐射带动新农村建设和发展，努力缩小城乡发展差距，推进城乡一体化。并在"十三五"期间印发《国家新型城镇化规划（2014~2020 年）》，明确了新型城镇化的发展路径、主要目标和战略任务，2016 年 2 月国务院印发《关于深入推进新型城镇化建设的若干意见》，为进一步做好新型城镇化工作指明了方向，做出了部署。

从市场经济供需双方的角度来说，工业化可以被比作创造供给的过程，而城镇化的主要作用是创造了需求。如果我们将扩大内需与推进新型城镇化进程紧密结合起来，则可以实现经济发展与内需持续扩大的良性互动，这是当前扩内需促增长的有效途径。推进以人为核心的新型城镇化，就应从不断满足城乡居民日益增长的美好生活需要出发，以最大限度满足城乡居民的消费结构从"吃、穿、用"向"住、行、学"升级。新型城镇化以满足城乡居民消费结构从"吃、穿、用"向"住、行、学"升级为基本导向，才能有效推进城乡一体化发展，也为我国经济社会的可持续发展和实现全面小康奠定坚实的基础。

（4）农业现代化。

农业现代化首先是建立在农业持续发展的基础上，通过加速农业产业和生产率的增长，使其与现代化的国民经济其他部门相一致。这种增长可以通过技术创新来实现，包括生物技术和机械化、自动化技术的应用。[①]农业现代化的内涵还包括：发展高效生态农业，提高农业发展质量效益和竞争力，走产出高效、产品安全、资源节约、环境友好的中国特色农业现代化道路。习总书记强调，没有农业现代化，国家的现代化是不完整、不全面、不牢固的。党的十九大报告指出：确保到 2020 年农业现代化取得明显进展，力争到 2035 年农业现代化基本实现，

---

① 速水佑次郎，弗皮·拉坦. 农业发展的国际分析 [M]. 郭熙保译. 北京：社会科学出版社，1991.

到新中国成立 100 周年时进入世界农业现代化强国行列。[1]

进入 21 世纪以来，农业现代化的内涵也在不断扩展。黄国祯（2001）认为，农业现代化包括三方面的内容：第一，农业产业的现代化，即作为物质生产部门，农业本身的现代化，即在发展模式上是可持续发展的；农业内部产业结构是合理的，并不断优化升级。第二，农业环境的现代化，实质是农村的现代化，即空间环境、政策、体制环境和文化环境都有提升，实现生态宜居、乡风文明、治理有效、生活富裕。第三，农业主体的现代化，即农民的现代化，要求农民具有现代价值观、现代文化素质、生产技能，让农民成为有吸引力的职业。[2]

目前学术界基本达成共识，农业现代化和现代农业两个概念是从不同角度表达的统一问题。农业现代化反映的是农业发展的动态和趋势，现代农业反映的是农业发展的状况和水平，现代农业是农业现代化发展的结果和具体体现。曹俊杰、高峰（2013）总结出农业现代化应体现科学化、企业化、标准化、集约化、社会化（产业化）、多功能化、生态化、信息化、市场化和国际化等特征，并且"十化"之间存在着相互联系、相互制约的互动机制。[3]

第一，科学化是农业现代化的基本特征，表现为：①现代农业的高技术化、农业机械化和电气化水平越来越高，特别是信息技术、生物技术、计算机技术、激光技术、遥感技术、原子能技术等现代高新技术在农业中的广泛应用。②现代农业的知识化，农业生产者和经营者的文化技术素质不断得到提高，知识型、技能型劳动者将取代传统经验型—体力型劳动者。③现代农业组织管理的科学化，农业经营规模的扩大，产业链的延长，社会分工和协作的日益深化，推动着现代农业经营模式的改变和管理水平的提高。

第二，企业化经营是农业现代化的普遍经营模式。通过合同、契约等法律手段使土地、劳动力、资本、技术等生产要素在企业化制度平台上进行市场化运作，使农业在机械化、电气化之后，进一步实现企业化和工厂化经营。

第三，标准化经营与监管是农业现代化的重要标志之一。加速农业标准化建设是应对国际竞争和提高农民收入的有效手段，也是提高农产品质量安全水平的保障。建立农业标准化体系，强化产地安全管理，实行产地准出和市场准入制

---

① 党的十九大报告辅导读本 [M].北京：人民出版社，2017：213.
② 黄国祯."农业现代化"再界定 [J].农业现代化研究，2001（1）：40–50.
③ 曹俊杰，高峰.工业化和城镇化背景下的农业现代化问题研究 [M].北京：中国财政经济出版社，2013.

度，建立全程可追溯、互联共享的农产品质量安全信息平台，健全从农田到餐桌的农产品质量安全全过程监管体系。

第四，集约化经营。通过在一定面积的土地上投入较多生产要素和劳动，采用先进技术装备和技术手段来提高单位土地面积产出率，获得较高经济和生态效益。

第五，现代农业的社会化（产业化）。产业体系、生产体系、经营体系是现代农业"三大支柱"。构建现代农业产业体系，促进种植业、林业、高收益渔业、农产品加工流通业、农业服务业转型升级和融合发展。构建现代农业生产体系，用现代物质装备农业，用现代高新技术服务农业，用现代生产方式改造农业，大力推进农业科技创新和成果应用。构建现代农业经营体系，大力培育新型职业农民和新型经营主体，健全现代农业经营体系，积极培育家庭农场、种养大户、合作社、农业企业等多种经营主体。

第六，现代农业多功能化。农业除了为社会提供更多绿色优质农产品外，还能满足其他多种社会功能，包括保证食品安全、涵养水源、水土保持、净化环境、乡村休闲、养老、乡村旅游、保护历史文化等社会与生态功能。

第七，农业生态化。现代农业具有安全、环保、节水、低能耗和高效等显著特点，优化农业生产结构与生态系统结构，实现农业可持续发展目标。

第八，农业信息化。通过信息化与农业现代化的融合，不断提升现代农业的层次和水平，发展信息农业，实现农业基础装备信息化，农业生产经营、管理信息网络化。

第九，农业的市场化。加快构建新型农业经营体系，使市场在农业资源配置中起决定性作用，通过市场竞争机制，推动农业技术水平和农产品质量的提高，完善农产品和农业生产要素市场体系。

第十，农业国际化。现代农业是开放型国际化农业，通过提高我国农业国际竞争力，能够参与国际市场竞争，更好地利用国内国际两种农业资源和国内国际两个市场。

2.1.2 "四化"同步推进战略的理论分析

21世纪以来，尤其是"十一五"规划以来，我国在经历了工业化、城镇化快速推进的同时，由于工业化、城镇化、农业现代化相互之间未能形成良性互动关系，进而在产业结构优化升级过程中出现诸多瓶颈制约，为破解这一难题，

"十二五"规划中明确提出,在工业化、城镇化深入发展中同步推进农业现代化是一次重大战略任务。此后,由于信息化已经成为从传统工业化向新型工业化,从传统城镇化向新型城镇化,从传统农业向现代化农业转型升级的重要驱动力,党的十八大和十九大都明确指出,推进新型工业化、信息化、城镇化和农业现代化同步发展。"十三五"规划也把推进"四化"同步发展作为发展理念与战略思想。具体包括以下五方面:

(1)推进新型工业化与信息化深度融合。

新型工业化与信息化深度融合,是以工业技术与现代信息技术的相互渗透为基础,通过信息技术与工业产品融合,促进产业融合、新产业衍生的过程。深层次高水平的"两化"融合是推动工业结构优化升级的有效途径。"两化"融合发展,一是能有效地配置工业内部稀缺资源,二是能降低各产业内或产业间交易成本,三是能提高产业内或产业间贸易的效率,四是能提高企业的知识处理与分配效率,形成产业竞争优势,最终提升产业竞争力。

为实现《中国制造2025》规划目标,以提高制造业创新能力和基础能力为重点,推进信息技术与制造技术深度融合,培育制造业竞争新优势,是我国加快向世界经济强国迈进的重大战略选择。"两化"深度融合的主要任务有:

1)全面提升工业基础能力。长期以来,我国核心基础零部件、关键基础材料严重依赖进口,遭遇"锁喉"之痛,如"中兴事件";先进基础工艺应用少、推广慢,产业技术水平薄弱等问题十分突出。工业"四基"(核心基础零部件、关键基础材料、先进基础工艺、产业技术基础)发展严重滞后,使我国制造业长期处于全球制造产业链的中低端,也影响我国经济与产业的自主性与安全性。要通过"两化"融合提升工业创新能力,突破"四基"瓶颈。一是要广泛采用数字化研发工具,提高企业研发效率。建立企业数字化研发平台,实现产品模型、分析数据的集成与共享;通过数字化研发工具,组织相关领域开展工程化、产业化突破。二是突破一批基础关键技术,建设一批产业技术基础平台,开展质量可靠性试验验证、标准检验、计量检测、认证认可、综合分析等基础关键技术研究。三是通过应用产业信息网络,发挥公共创新服务平台作用,发挥其技术转移、技术研发、资源共享、孵化企业等功能提高创新资源利用效率。四是选择一批核心基础零部件产品,集中开展该产品相关的专用材料开发、先进工艺开发、实验检测平台建设、应用示范和推广。

2)加快发展新型制造能力。一是智能制造,将新一代信息技术贯穿于设计、生产、管理、服务等制造活动各个环节，使其具有信息深度自感知、智慧优化自决策、精准控制自执行等功能的先进制造过程。实施智能制造工程的主要任务是，培育智能制造新模式，推进重点领域智能制造成套装备集成应用，持续推动传统制造业智能转型，为建设制造业强国奠定扎实的基础。二是绿色制造，要广泛地应用信息技术促进工业企业节能减排，加快实施传统行业绿色改造升级，积极引领新兴产业高起点绿色发展，推进资源高效循环利用，积极构建绿色制造体系。三是工业互联网，这是互联网和新一代信息技术与工业系统全方位深度融合所形成的产业和应用生态，是工业智能化发展的关键信息基础设施。通过发展嵌入式终端、信息通信设备、智能控制系统以及广泛应用的智能产品连接而成的基础网络，实现产业链上下游企业、终端产品和消费者人机交互，促进企业与企业之间在生产组织上的高度协同、企业与消费者之间在信息交流上的实时高效。

3）加强质量品牌建设。一是实施质量强国战略，运用信息技术完善社会信用体系，将侵权行为信息纳入社会信用记录。加快建设知识产权维权援助体系，采用市场化运作模式，发展一批品牌培育和运营的专业服务机构。鼓励优势企业以多种方式"走出去"，在更大范围、更广空间、更高层次上打造我国制造业产业链和价值链。二是开展质量品牌提升行动，广泛运用信息技术建设一批研发设计品牌营销等公共服务平台，选择若干重点领域，加强检验检测认证服务体系建设，提高产品质量和可靠性。三是支持企业提高产品全生命周期质量追溯能力。将综合运用互联网标识、网络通信、数据分析技术追踪和追溯工业制成品的生产、加工、流通、销售等各个阶段的责任主体及质量安全相关信息，做到第一时间发现、第一时间干预，确保产品质量安全。

（2）推进新型工业化与新型城镇化的良性互动。

改革开放以来，我国工业化进程全面加速，同时城镇化率也在不断提高。工业化和城镇化（简称"两化"）成为中国经济主要增长点和动力源。工业化是城镇化的经济支撑，城镇化是工业化的空间载体，通过"两化"良性互动发展，一方面，工业化可以提高社会劳动生产率，通过产业园区集聚企业和劳动力，带来社会生产规模的扩张，为城镇化提供良好的物质基础和发展动能；另一方面，城镇化作为工业化空间载体，带来人口规模的扩大，不断增加对工业和服务产品的消费需求，对工业化具有集聚和支撑效应，而且有利于服务业尤其是生产性服务业的发展。以发展生产性服务业为突破口，着力强化城镇对工业发展的配套服务功能，推进工业和服务业融合发展，不仅可以有效提升城镇化对工业化的集聚和承载能力,更能够在深层次上打破限制城镇发展的根本束缚,为城镇化进程开辟更大的拓展空间。推动新型工业化与新型城镇化良性互动发展,应突出以城促产、以产兴城、产城融合、城乡统筹发展理念,推动产业选择与城镇定位相衔接,产业集聚与人口集聚相同步,产业功能与社会功能相协调,处理好产业空间布局与城镇体系空间结构的关系,促进现代产业体系构建与现代城镇发展互为依托,互相促进,新型城镇化水平的提高和产业结构优化升级[①](王玲杰,2014)。"两化"良性互动发展的任务:①深化体制机制改革,消除城乡一体化的制度障碍。要深化户籍制度改革,促进有能力在城镇稳定就业和生活的农业转移人口举家进城落户,与城镇居民享有同等权利和义务,全面实施居住证制度,健全促进农业转移人口市民化的机制。②加快产业结构优化升级,培育壮大主导产业,带动区域相关产业发展。③构建以城市群为主体的城镇化体系,推进以大中城市为核心的大中小城市和小城镇协调发展的城镇格局。中心城市要加快产业转型升级,延伸面向腹地的产业和服务链,充分发挥规模效益和辐射带动作用。适度增加中小城市数量,夯实产业基础,完善市政基础设施,推动优质公共服务资源向中小城市和小城镇配置,提升产业人口承载力。④通过"两化"良性互动发展,提升县域工业化、城镇化水平。以县城为中心,以建制镇为支点,引导农村二三产业向县城和重点镇及产业园区集中,发展以产业为先导,具有完备基础设施和公共服务功能的新兴产业新城,使其具有产业支撑、人口适度集聚和空间合理开发的区域发展载体,加快县域工业化和城镇化进程,形成真正意义上的产城融合,实现强国富民的目标。

(3)推进新型城镇化与农业现代化相互协调发展。

新型城镇化与农业现代化相辅相成,密不可分,新型城镇化是坚持以人的城镇化为核心,把农业人口转化为非农业人口,乡村生活生产方式转化为城镇生活生产方式的过程。这个过程不能回避农业现代化,只有实现了农业现代化,才能把更多的农民从土地上解放出来,从而走向真正的城镇化。农村现代化要求实现农村土地经营产业化,流程规模化,发展现代化。农业现代化有利于解放农业生产力,提高农业综合生产能力和抗风险能力,保障国家粮食安全和重要农产品有效供给,推动农村一二三产业融合发展,才能使更多农村人口进入城镇,以人口转移促进农业现代化发展,实现新型城镇化与农业现代化相互协调发展的战略任

---

① 王玲杰. 新型城镇化的综合测度与协调推进 [M]. 北京:经济管理出版社,2014.

务。具体包括：

在城乡两个方面推进体制机制创新。主要包括农民工市民化的制度创新，农村土地规模化流转的制度创新，探索"三权分置"多种实现形式，真正让农户承包权稳下去，经营权活起来。深化农村集体产权制度改革，提高农村各类资源要素的配置和利用效率，多途径壮大农村集体经济。要实现农村现代化，关键在于"一个出来，两个进去"。"一个出来"是指富余农业劳动力从农村出来，将他们占用的土地"腾出来"，流转给农业种植大户实现规模化经营。"两个进去"，一是资本进去，推动农业产业化、规模化，构建起产业体系、生产体系、经营体系。二是知识进去，通过农业组织化程度提高，吸引有知识、有技能的年轻人进入农业领域，提升农业生产科技含量、信息含量和知识含量，提高农业经营管理水平。

实现县域经济与农业现代化同步发展。县域经济既是城镇经济与农村经济的结合部，又是工业经济与农业经济的融合体。粮食安全是工业化、城镇化的根本保障，目前我国重要粮食生产基地和产粮大县人均收入低，县域工业化、城镇化水平低，农业劳动生产率水平也低。提升县域经济工业化、城镇化水平，实现县域经济与农业现代化同步发展成为一个关键问题。可以从以下方面考虑战略思路：第一，以建设国家现代农业示范区为引领，发展县域现代农业；第二，以促进产业集聚为依托，通过发展产业新城，推进县域工业化进程；第三，以实施主体功能区战略为契机，转变县域经济发展方式，加强农业基础地位，统筹规划县域、中心镇与新农村建设，在县域工业化进程中，要发展低碳经济、绿色经济与循环经济。

在城镇化进程中发展农村现代服务业。把乡村振兴战略与小城镇建设紧密结合起来，把小城镇建设与发展配套的生产性服务业和医疗卫生、文化教育事业紧密结合起来，使县域经济真正成为城乡发展一体化的具体体现。城镇化进程为农村现代服务业带来了发展机遇。一是小城镇发展为农村现代服务业打造了平台。二是加强县城和中心镇基础设施建设，有利于完善农村生产服务体系，能够为现代农业提供技术和社会化服务。三是县域城镇化发展能够吸引高素质劳动力返乡创业，在农村和小城镇开创各类服务型企业，以加快农村现代服务业发展。

（4）推进信息化与新型城镇化和农业现代化的相互融合。

第一，推进信息化与新型城镇化的相互融合。根据大数据时代信息服务发展新趋势、新技术、新要求,立足于新型城镇化与智慧城市建设,要做到:在各类城市要构建现代化通信骨干网络,提升高速传送、灵活调度和智能适配能力。建设高速光通信传输系统。物联网广泛应用推广。建设物联网应用基础设施和服务平台,推进物联网重大应用示范工程建设,广泛开展物联网技术集成应用和模式创新。支持公共云服务平台建设,布局云计算和大数据中心,提升云计算解决方案的提供能力。推动制造业、金融业、物流业、民生服务和医疗等重点领域云应用服务。开展"互联网+"行动,推动"互联网+"创新创业、协同制造、智慧能源、普惠金融、益民服务、高效物流、电子商务、便捷交通、绿色生态、人工智能以及电子税务、便民司法、教育培训、地理信息、信用体系、文化旅游等行动,不断拓展融合领域。大数据应用。建设统一开放平台、实现公共数据开放、鼓励企业发掘利用,推动政府依法行政、公共服务、产业发展、技术研发等领域大数据创新应用。加快国家统一电子政务网络建设应用,完善审批监管、信用信息、公共资源交易、价格举报信息等平台建设。网络安全保障。提高关键信息基础设施、重要信息系统和涉密信息系统安全保障及产业化支撑水平。

第二,推进信息化与农业现代化的相互融合。信息化与农业现代化相互融合,主要包括以下方面:推进农业信息化建设。推动信息技术与农业生产管理、经营管理、市场流通、资源环境等融合。实施农业物联网区域试验工程,推进农业互联网应用,提高农业智能化和精准化水平。推进农业大数据应用,增强农业综合信息服务能力。鼓励互联网企业建立产销衔接的农业服务平台,加快发展涉农电子商务。发展智慧农业。实施"互联网+"现代农业,对大田种植、畜禽养殖、渔业生产等进行互联网改造,支持农业信息检测分析预警体系,包括农业气象预警系统、农业病虫害预警系统、农产品市场预警系统、农业生产资料预警系统等。实现农业生产数字化管理和产品质量安全可溯源监控保障。运用数字化技术推进农产品生产农药化肥使用减量化,为发展无公害农产品、绿色食品、有机农产品和地理标志农产品提供安全保障。建立农副产品质量安全监管追溯信息系统,如进超市的猪肉可以追溯到圈栏,其他来源的在批发流通环节或冷库的猪肉可以追溯到批次。实现各类追溯平台互联互通和监管信息共享。

第三,推进信息化与城乡经济社会全面融合。通过提升信息化服务水平与完善公共服务平台,为城乡经济与社会发展打造良好环境。提升信息化服务水平。立足于新型城镇化与智慧城市建设,农业现代化与智慧农业等建设的发展需求,以云计算、云服务平台为支撑,整合城乡经济社会发展领域与信息化密切相关的国土资源、水文气象、产业发展、政务综合、医疗卫生、公共服务、科技文献、生态环境保护、疫情灾害控制、应急服务体系等相关领域的数据信息，建设综合信息服务数据库，全面提升信息采集、储存、处理、传递等的综合服务能力和水平，为城乡经济社会一体化发展提供信息服务支撑保障。运用综合信息服务数据库，完善公共服务平台。为促进基本公共服务均等化，通过完善公共平台，以增强政府职责提高公共服务共建能力和共享水平。主要包括：以科技创新公共服务平台、人力资源服务平台、产业和企业公共服务平台、"三农"公共服务信息平台、市场化信息服务平台、政府云服务平台、电子商务云服务平台等八大平台为重要内容，以资源开放共享和合理流动为基础，全面提升新型城镇化发展水平、农业现代化水平，提高城乡居民生活质量。[①]

（5）推进新型工业化与农业现代化协同发展。

中华人民共和国成立初期，我国作为一个一穷二白的农业大国，面临国际敌对势力的全面封锁，用 28 年时间通过自力更生、艰苦奋斗，初步奠定了全面工业化基础，形成了比较完备的现代工业体系。但是也付出了一定代价，使农业发展能力不足，轻工业发展长期滞后，人民消费水平低下。改革开放以来，我国工业化得到快速发展，已经成为现代化工业大国，"三农"问题得到党中央和国务院高度重视，坚持工业反哺农业，城市支持农村的发展方略和"多予少取放活方针"，持续加大强农、惠农和富农政策力度，提高了农业综合生产能力和物质技术装备水平，加快了农业现代化进程。新时期推进工业化与农业现代化协同发展的关键在于提高县域工业化水平，进而更好地发挥县域城镇功能转移和带动乡村发展，发挥生产性服务业对现代农业发展的促进作用。农业现代化与农村工业化是相辅相成的。没有农村工业化水平的提高，农业现代化的进程就会受到影响，也难以推动传统农业文明与现代工业文明融合以及小生产农业向现代化大农业演进。将功能导向因地制宜有机结合起来，充分利用本地区资源、区位、政策等优势重点发展加工制造业。包括：发展农林水产品深加工业和特色轻纺工业，中西部地区可适度有序发展新型煤化工产业，重点发展一批"专、精、特"的中小企业，提高大中城市与县域小城镇企业之间专业化协作水平，积极发展农业生产性服务业，发展观光农业、体验农业、创意农业等新业态，加快发展都市现代农业。通过完善中小城镇产业体系为县域工业化发展提供平台。促进县域城镇各类

---

① 王玲杰.新型城镇化的综合测度与协调推进 [M].北京：经济管理出版社，2014.

加工企业向产业新城或产业园区聚集，发展循环经济。政府要加大对县域工业发展循环经济的财税政策支持力度，发展县域工业决不能影响农业生态环境，因而要健全和完善循环经济的法律和制度，把产业新城（产业园区）建设成生态产业城。

2.2 "四化"同步推进产业结构优化升级的机制分析

"机制"一词来源于希腊文，其原意是指机器运转过程中各个零部件之间的互动因果的联结关系及运转方式。机制从一般意义而言是指事物各要素之间的相互联系、相互制约、协调互动关系。[①]"四化"同步推进产业结构优化升级，有着特定的机制发挥其功能与作用。主要有"四化"之间的关联互动机制，"四化"同步推进产业结构优化升级的作用机制与实现机制，这些机制共同推动了"四化"同步发展与产业结构的优化升级。

2.2.1 "四化"同步推进的关联互动机制

前文已经指出，新型工业化、信息化、新型城镇化、农业现代化（简称"四化"），"四化"是一个整体，相互关联、相互促进。在同步推进产业结构优化升级过程中，新型工业化是发展动力和基本支柱，农业现代化是产业结构优化升级的重要基础，新型城镇化是产业结构优化升级的载体和平台，信息化是产业结构优化升级的助推器，各自具有不可替代的融合作用，使其他"三化"在创新驱动中得到发展，与信息化一起形成一种协同新动能，推进产业结构的优化升级。"四化"同步推进的关联互动机制是一种发挥其功能的目标导向机制，其关联互动关系见图2-1。

按照共生系统理论的观点，一切事物都是共生在一个大系统中，既相互关联、相互影响，又相互作用、相互转化。实现产业结构优化升级，城乡产业结构的协调发展是前提。城市和乡村之间是关联互动的关系，两者之间既包容又排斥，既共生又竞争。长期以来，由于城乡被割裂开来，造成了我国城乡二元结构

---

① 刘卫平. 统筹城乡发展社会协同治理机制研究 [M]. 成都：西南财经大学出版社，2016.

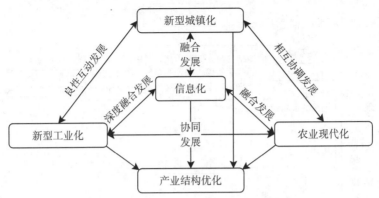

图 2-1 "四化"同步推进的关联互动机制

的存在,也造成了城乡差距的扩大。从城乡对立走向城乡融合,通过"四化"同步推进能够实现城乡产业结构从整体上的协调发展和优化升级。工业化不断提高的过程也是经济要素不断聚集的过程,工业化也是促进劳动力就业,提高居民生活水平和消费水平的重要手段,工业化本身能够带来城镇的繁荣和县域经济发展,通过以工补农,提高农业技术装备水平,促进乡村振兴。在工业化与城镇化良性互动发展、工业化与农业现代化协同发展中,工业化成为城乡产业结构协调发展的最基本支柱。农业现代化是国家现代化的基础,在城镇化与农业现代化相互协调发展中,要做到以城带乡,城镇支援农村,最终实现城乡一体化发展。"三化"协调发展是产业结构协调的基础。信息化与其他"三化"之间存在着重要的关联互动关系,融合是其核心与关键,信息化与工业化的深度融合是新型工业化的根本要求,信息化与城镇化的融合是新型城镇化的发展导向,信息化与农业现代化的融合是新型农业现代化的路径选择(王玲杰,2014)。"四化"的同步推进能够产生协同创新力,创新引起了附加值、产值规模和产业影响力在不同产业间的变化,这种变化推动了产业结构高度化即产业结构升级。

2.2.2 "四化"同步推进产业结构优化升级的作用机制

"四化"同步推进产业结构优化升级的作用机制,是一种为实现既定目标而提出具体战略任务的运行机制。通过实施"四化"同步推进战略,对促进产业结构转型升级的具体作用表述如下(见图 2-2):

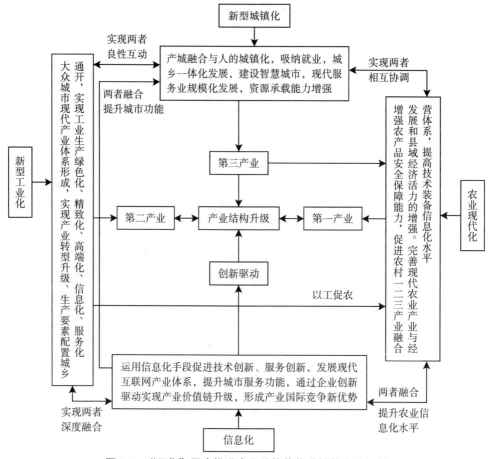

图 2-2 "四化"同步推进产业结构优化升级的作用机制

第一，新型工业化与信息化的深度融合，新型工业化与新型城镇化的良性互动，通过以工促农，加速推进县域工业化进程，有力促进了大中小城市各具特色的现代产业体系的形成，实现了产业转型升级；生产要素配置城乡通开，县域工业化进程加快，实现工业生产绿色化、精致化、高端化、信息化与服务化。"两化"深度融合也为第二产业的结构优化和产业升级提出了具体任务和要求。

第二，通过新型工业化与新型城镇化的良性互动，新型城镇化与农业现代化相互协调发展，进一步完善了产城融合，真正体现人的城镇化，充分吸纳就业，完善社会保障功能，以实现城乡经济一体化。信息化与新型城镇化的融合发展为提升城市功能，建设智慧城市提供了保障。通过加快农业转移人口市民化，建设和谐宜居城市，优化城镇布局和形态，增强资源环境承载能力。这些都为第三产业的结构优化和产业升级提出了具体任务和要求。

通过新型城镇化与农业现代化相互协调，新型工业化向县域的推进，实现以工促农；信息化与农业现代化的融合，增强了农产品安全保障能力，提高了农业技术装备和信息化水平，促进了县域工业化发展壮大，县域经济活力的增强，促进了农村一二三产业融合发展，完善了现代农业产业体系、生产体系和经营体系。这些都为缩小城乡收入差距，走上产业高效、产品安全、资源节约、环境友好的农业现代化道路，为第一产业的结构优化和产业升级提出了具体任务和要求。

信息化是产业结构优化升级的助推器，具有不可替代的融合作用，提高了三次产业的国际竞争力。运用信息化手段促进了工业和农业的技术创新、促进了服务创新，发展了现代互联网产业体系，进而促进大众创业与万众创新。信息化与"三化"融合，通过创新驱动实现了产业价值链升级，运用跨境电子商务开拓国际市场，形成了产业国际竞争新优势，为三次产业提升国际竞争力提出了具体任务和要求。

2.2.3 "四化"同步推进产业结构优化升级的实现机制

实施"四化"同步推进战略，要把促进产业结构优化升级的基点放在创新驱动上，以科技创新为核心，以人才发展为支撑，推动科技创新与大众创业、万众创新有机结合，鼓励各类主体开发新技术、新产品、新业态、新模式，打造经济增长新引擎。创新驱动产业结构优化升级的实现机制见图 2-3。[①]

创新是经济增长的源泉和不竭动力，"四化"同步发展是我国现代化建设的核心内容，孕育着广阔的增长空间，实现收入水平不断提高，促进消费结构不断升级，增强城乡居民消费能力，通过扩大居民消费需求，增强消费拉动经济的基础作用。"四化"同步推进经济发展，企业经济效益得到极大提升，加大了企业资本积累和人力资本投资，包括吸引各类高端人才，提高员工的业务素质和技能。企业将更多资金用于扩大再生产，政府也投入更多财力，加大对公共产品和公共服务的投资力度，增强发展后劲的投资，为优化要素供给结构提供了保障。

---

① 李博. 产业结构优化升级的综合测评和动态检测研究［M］. 武汉：华中科技大学出版社，2013.

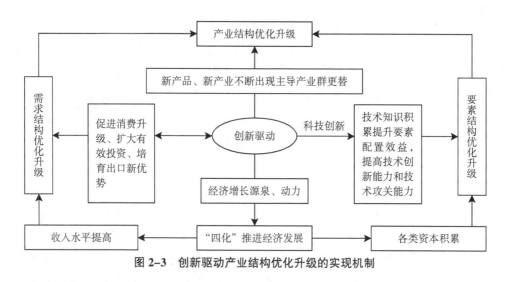

图 2-3 创新驱动产业结构优化升级的实现机制

在创新驱动引领下,以供给的改善和创新更好地满足消费者需求,还通过不断创造新的消费需求,如信息、绿色、时尚、品质等新型消费,实施消费品质与质量提升工程,强化消费者权益保护,积极引导海外消费回流,从供给侧为消费需求结构优化提供了保障。在创新驱动作用下,着力提高投资效率,围绕有效需求扩大有效投资,优化需求结构。在"四化"同步推进下,能够激励民间资本和企业投资,激发民间资本的活力和潜能,更好发挥外资积极作用。为适应国际市场的需求变化,通过创新驱动,转变外贸发展方式,培育以技术、标准、品牌、质量、服务为核心的出口竞争新优势,提高中高端商品出口比例,扩大服务出口,提升我国产业在全球价值链中的地位。

要实现要素结构优化升级,必须以科技创新为核心,促进人才优化配置,更多依靠创新驱动,更多发挥先发优势,增强自主创新能力。通过技术知识积累,提升要素配置效益,提高基础创新和技术攻关能力,引导创新要素聚集流动,构建跨区域创新网络,还要强化企业创新主体的地位和主导作用,构建产学研用一体的创新体系,用全球视野配置各类要素,积极参与全球产业分工和产业价值链重构,在国际产能合作上取得突破性进展,更好地利用国际资源和国际市场。

由于创新驱动引起了产业附加值、产值规模和产业影响力在不同产业间的变化,这种变化推动了产业结构升级。随着时间的推移,由于新产业间的更迭,形成一个连续变动的过程。当原有高增长产业因创新减缓而减速,便会为新的创新型产业所取代,在随后递进的发展过程中,潜在的高增长产业又会转化为现实高增长产业, 以代替原来高增长产业位置。因此, 产业结构升级是通过产业间优势地位的更迭实现的。[①]

2.3 "四化" 同步推进产业结构优化升级的联动效应分析

"四化" 同步推进作为一种发展理念和战略思想, 通过关联互动机制、作用机制、实现机制等的共同作用能够保障 "四化" 同步推进产业结构优化升级的战略目标与战略任务的贯彻实施, 同时也能产生良好的联动效应, 包括加速产业结构升级的循环累积效应和实现产业结构优化的协调效应。

2.3.1 "四化" 同步推进产业结构升级的循环累积效应

新型工业化和农业现代化是产业结构升级最重要的两个组成部分。我国农业现代化基础薄弱, 是产业结构中的短板, 国家始终强调农业是全面建成小康社会和实现现代化的基础, 坚持工业反哺农业、城市支持农村的发展方略, 只有通过工业化才能提高农业技术装备水平, 提高农业生产率, 在保障国家农产品供给安全的同时, 加速农业剩余劳动力转移, 提高农民收入, 促进乡村振兴。随着信息化与新型工业化、农业现代化以及新型城镇化的融合, 带来了全面、动态、优化的资源配置方式以及城市功能提升为代表的城镇化质量的提高, 促进了现代服务业迅猛发展, 将对新型工业化和农业现代化起到强劲的推动作用。[②] 通过 "四化" 同步推进协调发展, 可以化解各自发展面临的制约, 形成循环积累效应。新型工业化与新型城镇化的良性互动, 促进了各种生产要素在城镇的集聚。产业的兴起与发展, 有利于降低城镇建设各种基础设施的成本与企业承担的分摊成本, 有利于提高城镇的生产服务和生活服务质量, 促进服务业的发展, 服务业的发展又会促进各类生产要素在城镇的集聚。信息化与工业化融合, 推进了工业生产率的提高和工业转型升级。信息化与新型城镇化融合, 在城市建设与综合治理、推进创

---

① 西蒙·库兹涅茨. 各国经济的增长 [M]. 北京: 商务印书馆, 1985.
② 中国社会科学院工经所. 中国县域经济推动产业升级实践 [M]. 北京: 社会科学文献出版社, 2013.

新城市、智慧城市建设方面起到强大的推进作用。信息化为提高农业生产率和促进智慧农业的发展提供了支撑。"四化"同步推进产业的循环积累效应,通过产业链效应、收入效应和需求效应、技术支撑融合效应,形成了一个正反馈系统,促进了"四化"同步发展,进而加速推进了产业结构升级。在这个正反馈系统中,创造需求和集聚要素发挥了放大器的作用,"四化"同步推进有效地创造了需求,并从生产要素的供给和需求两方面共同促进了优势要素在城镇的集聚(见图 2-4)。

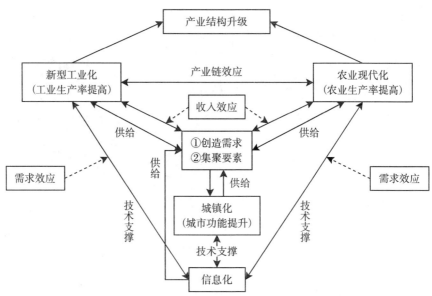

图 2-4 "四化"同步推进产业结构优化升级的循环累积效应

（1）新型工业化与农业现代化之间的产业链效应。

农业现代化使农业生产方式从传统型向更多应用现代工业、现代科学技术和现代经营管理方法和提高信息化水平的现代农业生产方式转变。因而现代农业与现代工业形成了复杂的产业链关系。工业为农业提供了各种农业生产资料和机械设备,工业化的推进极大提高了农业技术装备水平和农业劳动生产率。发展现代农业必须采用工业化生产方式与经营管理方式,必须发展县域工业化,发展农产品精深加工是推进农业产业链和价值链建设,促进工业化与农业现代化协同发展的重要纽带。农产品精深加工要求工业生产与农业生产以及与市场需求的对接。工业化生产对农产品的质量、规格提出严格要求,为降低交易成本和打造质量品牌也要求农业生产组织方式与工业化流程和农业现代化之间形成的产业链效应有利于实现工业反哺农业，发展县域经济，提高县、乡镇的财政收入，加大对农业基础设施建设，为美丽乡村建设提供支撑。

（2）新型工业化、农业现代化与新型城镇化之间的收入效应。

新型工业化和农业现代化能够为城乡居民带来收入水平的提高。收入水平的提高将激发更多、更广泛的消费需求，包括对广大的农产品、工业制成品和各类服务的需求。对绿色生态有机农产品、对精深加工农产品的需求增长，将进一步拉动农业现代化进程，以提供更好品质、更多选择、各具特色的农产品。而对工业产品和服务的需求则将随着制造业服务化、智能化辐射到国外市场，并通过对城乡工业化全面推进，通过产业链效应推进了县域工业化进程，而各县域也通过本地工业化的推进实现了"富民强县"的目标。城乡经济在"两化"协同发展中，对生活性服务业的发展需求将随着城乡居民收入提高呈爆发式增长，如教育、医疗、公共设施等的配套提出了更多的需求，而生产性服务业也将迅速发展起来。城镇是各类服务业发展的载体，随着服务业的发展，城镇化格局更加优化，城镇功能得到不断提升，从第一和第二产业转移出来的劳动力更多地向城镇各类服务业就业，拓展了就业范围，增加了城乡居民收入，推动了以人为核心的新型城镇化进程，并进一步增强了城镇对优势要素的凝聚力。

（3）新型工业化、农业现代化与新型城镇化之间的需求效应。

新型工业化和农业现代化的协同推进，提高了城乡居民收入水平，间接带来了消费需求的增长，同时"两化"的推进对资金、技术、高素质劳动力等优势生产要素的直接需求也不断上升。这种对生产要素的需求，由于得到城镇化带来的要素聚集作用而获得不断响应，则会形成新型工业化、农业现代化与新型城镇化之间由需求效应驱动的正反馈效果，使"四化"在同步推进中不断走向深化。

而随着城镇规模的扩大和城镇化质量的提升，城镇化自身也激发出对消费的需求效应，在"四化"同步推进下，城乡居民、各类产业进入共同创造需求的新阶段。但是，城镇化形成的需求是衍生性需求，必须以城乡居民收入增长为支撑。因此，以新型城镇化推动内需必须满足一定的前提条件，只有满足农业生产率持续提高，农业转移人口进城后的劳动收入持续增长，城乡社会保障制度不断完善，在全面实施居住证制度下，真正落实居者有其房，城镇基本公共服务向城镇常住人口全覆盖，提高公共就业、创业和职业培训的能力，实施就业优先战略等一系列条件，才能实现以城镇化拉动内需，特别是拉动消费需求的目的。

信息化对新型工业化、农业现代化与新型城镇化的技术支撑融合效应，同时也产生了需求效应。信息化是"四化"同步推进的助推器，也是产业结构升级的重要依托平台，信息技术的广泛渗透和运用提高了社会经济的运行效率。信息化创新了工业生产和设计的手段和流程，使生产方式向柔性化、智能化、数字化和精细化转变。信息化改善物流运输效率，发展了现代物流业，创新了商业模式，普及了电子商务，发展了跨境电商这个新型贸易方式。信息化使资源配置的方式更加动态化，优化了现代产业体系，加快了服务业优质高效发展。通过推进农业信息化建设，能够更好传播知识、技术和文化，提升农民综合素质，为在农业生产中应用先进的种植技术，提高农业生产率，改造传统农业，加大对农业资源和生态环境的保护力度，发展智慧农业，培育各类新型农业经营主体，完善农村市场体系提供了技术支撑，在市政建设、综合治理、人口管理、电子政务等方面都提供了技术支撑，也是推进新型城镇化的重要着力点。

2.3.2 "四化"同步推进产业结构优化的协调效应

产业结构协调性是产业结构优化的中心内容，产业结构的协调是指产业之间协调能力加强和关联水平的提高。产业结构的协调也是指产业之间有较强的互补和谐关系和相互转换能力。只有强化产业之间的协调，才能提高其结构的聚合质量，从而提高产业结构的整体效果。产业结构的升级是指产业结构高度化，盲目追求高度化而不注重产业结构的协调性即合理化，是一种"虚高度化"，产业结构的高度化必须建立在更高层次的合理化基础上。产业结构必须在协调基础上才能实现优化，进而实现产业结构升级。在"四化"同步推进中，必须要关注产业结构优化的协调效应。

（1）新型工业化与农业现代化的协调效应。

在推进新型工业化与农业现代化协同发展中，工业化与农业现代化相互协调发展，既包括彼此之间的规模，也包括彼此之间的发展速度、彼此之间的利益分配和产业间劳动生产率的差异。第一，两大产业之间发展的规模和结构比例是否协调。对于农业而言，农业的规模必须满足谷物基本自给、口粮绝对安全，调整优化农业结构，增强农产品安全保障能力。如果农业规模不断缩小就会对工业发展和经济增长构成制约。同样，工业化进程不能消化吸收农业剩余劳动力，不能以工促农，提高农业技术装备和信息化水平，将给农业带来沉重负担，从而制约农业的发展。第二，工农两大产业发展速度是否协调。由于产业的异质性，工业增长速度往往要快于农业,但是若工业快速增长,而农业则缓慢增长甚至停滞不前,说明工农业发展速度尚不协调。根据世界各国发展经验,工农业两部门增长速度比率,在工业化初期阶段为 3:1~3.5:1,工业化中期阶段为 2:1~2.5:1,工业化后期阶段为 1.5:1~2:1。这种速度比率是否合适还要根据各地区具体情况来确定。第三,工农业两部门利益分配关系是否适当。计划经济时代强调农业支援工业,工农业之间产品价格剪刀差造成城乡二元结构。工业不能剥夺农业,而应支援农业,显著缩小城乡差别,让农业成为最有奔头的产业,让农民成为有吸引力的职业才是两大产业实现高度协调的表现。第四,缩小工农业劳动生产率差异。要提高农业劳动生产率水平,就要减少农民,提高农业质量效益和竞争力,转变农业发展方式,加速推进农业现代化进程。

(2)新型城镇化与农业现代化的协调效应。

城镇化的推进与农业现代化的发展之间存在着合理的协调度,最理想的状态是城镇化与农业现代化发展整体保持最优,即城镇化与农业现代化综合水平都保持在一个合理区间,城市和乡村实现了和谐发展,优化程度高。若出现城镇化进行过快,农业现代化滞后,城市扩张过快,乡村落后等,则意味着两者协调度较低。我国在城镇化快速推进过程中存在着耕地过度挤占,城镇空间分布不均衡,环境资源超负荷承载等难题。要发挥新型城镇化与农业现代化的协调效应,第一,要树立以城带乡,城市支持乡村,实现城乡经济社会一体化发展的理念。增强中心城市辐射带动功能,强化与周边城镇特别是县城和人口较多的中心镇高效通勤和打造1小时都市圈。大中城市延伸面向腹地的产业和服务链,形成带动城乡一体化发展的增长节点。第二,要完善小城市和县城的城市功能,以提升县域经济的支撑辐射能力,促进公共资源在城乡间均衡配置,拓展农村发展空间。着力提升县域经济承接城市功能转移和辐射带动乡村农业现代化发展的能力。依托资源优势,促进农产品精深加工、农村服务业及劳动密集型产业发展。第三,新型工业化、新型城镇化与农业现代化协调发展,从产业层面要体现农村一二三产业融合发展。引导农村二三产业向县城、重点乡镇及产业园区集中,积极发展面向农业的生产性服务业。发挥城镇服务功能,推进农业与旅游休闲、教育文化、健康养老等深度融合,发展观光农业、体验农业、创意农业等新业态。第四,农业现代化的实现区域在农村,主体是农民。农业现代化不仅包括农业生产现代化,还包括农民生活现代化,城乡社会服务一体化,提高乡村文明化程度等。因此从政府角度看,着力点放在提供基本公共服务均等化和保障城乡居民基本生活上。城市应为农村配置更优的教育、文化、卫生资源，逐步消除待遇差距。社会公共服务也存在东部地区好于中西部地区的现象，而这种区域间的差距也不利于"两化"之间的协调。

（3）新型工业化与新型城镇化的协调效应。

由于我国城乡二元结构的长期存在，使得工业化与农业现代化，城镇化与农业现代化之间协调效应都比以前要好。在工业化进程中，由于其自身发展规律驱使，人类与资本不断向城镇聚集，工业化加速了城镇化发展，即以产业兴城，而城镇化是工业化的载体和发展平台，能够集聚优势资源，促进工业化升级。工业化创造了供给，而城镇化则创造了需求，"两化"的良性互动则促进了经济的持续增长。我国"两化"协调效应分析，可以从三个方面看：第一，改革开放前26年（1952~1978年）。受中国当时国际经济环境所决定，中国选择了重工业优先发展道路，在一个落后农业大国直接发展重工业，建立起较为完备的重工业体系，在世界经济体系中保持了自立自强。重工业化的超前发展，使城市没有资金进行建设，城市基础设施差、功能不强，也使农业、轻工业长期得不到发展，人民生活水平长期得不到改善，城乡差距也不断扩大，使工业化与城镇化之间协调程度差。第二，改革开放40年来，市场化改革激发了我国广大人民的创造性和活力，改革开放以来发展最快的产业是传统体制下受压制的产业，它们依次是农业、轻工业、家电产业和服务业。我国工业化迅猛发展，尤其是外向型加工业的发展，使我国工业能够更好地利用国际资源和国际市场，为国家积累了大量发展城市的资金，大中城市得到快速发展，城市功能不断完善，尤其是生产性服务业和生活性服务业得到极大发展。第三产业在GDP结构中占到较大比重，消费促进经济增长的贡献已超过投资与出口。我国目前新型工业化与新型城镇化的协调效应总体上是良好的，使我国产业结构呈现出一些新特征。表现为：产业结构服务化，即不仅第三产业增加值超过一二产业，而且一二产业内部服务量也不断扩大。产业结构高技术化，突出表现在用高技术改造传统工业上，使整个工业日益呈现高技术化。产业结构融合化，即"产业边界模糊化"，知识的高度渗透使产业迅速分化，形成诸多新兴产业，原有产业之间也渗透融合为一个跨界产业，如观光农业、创意农业、工业旅游、电子商务、互联网产业等。产业结构国际化，即产业结构无疆界化，通过产业构成核心要素的国际流动，实现了国际产业转移。第三，县域内"两化"的良性互动发展相对于大中城市来说，还有很大的提升空间，尤其是广大中西部地区发展不足。我国截至2016年底的行政区划统计表，县级单位（含 360 个县级市）有 1895 个，其中至少有近 80%的县域城镇化质量亟待提高，城镇功能不健全，难以发挥对经济发展的聚集作用。广大中等发展水平和欠发达县域，因地制宜发展产业新城，产业新城即依托产业园区，在工业和相关产业集聚基础上发展起来的新型城区（镇）。产业新城能够实现工业发展和城镇功能高度集聚，[①] 能够实现城乡要素的有序流动，产城互动融合，使县域工业化与城镇化实现良性互动发展。

---

① 中国社科院工经所. 中国县域经济推动产业升级实践 ［M］. 北京：社会科学文献出版社，2013.

第3章　东北地区"四化"同步推进的状况与存在的问题

东北地区是新中国工业的摇篮，现在仍有一批关系国民经济命脉和国家安全的战略性产业、资源、科教、人才、基础设施等支撑能力较强，有很大发展空间和潜力。2003年以来党中央国务院做出实施东北地区等老工业基地振兴战略的重大决策，采取了一系列支持、帮助、推动产业结构调整振兴发展的措施。东北地区尤其是黑龙江、吉林两省是我国粮食主产区，粮食生产在全国具有战略地位。东北地区目前面临的矛盾和问题是体制机制问题，是产业结构、经济结构问题。只有全面了解东北地区"四化"同步推进的状况如何，东北地区产业结构调整存在哪些问题，才能找到"四化"同步推进东北地区产业结构优化升级的路径与对策。

3.1　东北地区"四化"同步推进的状况

3.1.1　新型工业化与信息化深度融合的状况

在科学发展观指导下，新兴工业化与信息化深度融合不断深入。党的十八大以来，到"十三五"时期，"两化"融合的战略义务是：①推动工业结构优化。第一，两化融合要从产品构成、工业设计、生产过程控制、物流与供应链等方面改革和提升东北地区传统工业部门。第二，"两化"融合要从市场需求和技术供给等方面促进新兴产业衍生发展。一方面，通过促进"两化融合"形成对信息产品和信息服务的巨大市场需求，涌现出一批网络化、智能化、服务化、协同化的产业发展新兴态；另一方面，通过"两化"融合将信息产品和信息服务高度嵌入工业领域，形成工业自主创新能力，为东北老工业基地振兴提供充分的技术保障。②提升工业自主创新能力。第一，广泛采用数字化研发工具，提高企业研发效率，建立企业数字化研发平台，通过数字化研发工具和网上订购系统实现模块化设计和个性化定制，增强企业研发活动针对性，提高研发效率。第二，广泛应用产业信息网络，发挥公共创新服务平台作用，发挥技术转移、技术研发资源共享、孵化企业等功能，有效提高创新资源利用效率。③提高工业经济效率，加快传统优势产业的优化升级。第一，通过"两化"融合有效促进生产过程控制和经营管理集成应用，优化生产过程，降低生产成本。第二，通过"两化"融合促进企业整合优化业务流程，变革管理模式，降低营运成本。④加快发展新型制造能力。第一，智能制造，培育智能制造新模式，推动重点领域智能制造成套装备集成应用，持续推动传统制造业智能转型。第二，绿色制造，广泛应用信息技术促进工业企业节能减排，积极引领新兴产业高起点绿色发展，推进资源高效循环利用，构建绿色制造体系。第三，广泛应用工业互联网，实现产业链上下游企业、终端产品和消费者人机交互，促进企业之间在生产组织上的高度协同、企业与消费者之间在信息交流上的实时高效。

（1）"两化融合"向纵深发展。

世界多数发达国家是在完成工业化任务后才推进信息化的。当今中国不必重走这条老路，东北地区虽然处在工业化中后期阶段，仍然要充分利用人类的共同财富和智慧，将信息产业摆在优先发展的战略地位，不失时机地推进信息化，使高新技术渗透到工业领域的各个产业中。东北地区是全国老工业基地，在传统产业优化升级进程中一直发展缓慢，如今真正的新型工业化是在信息化基础上发展起来的智能工业。新型工业化的高级阶段是建立资源高效循环利用的绿色制造体系。由此可见，当今新型工业化将同时向智能、绿色化两个目标迈进。那些没有智能化、不能实现资源高效循环利用的工业是传统工业，不是新型工业。东北地区在新型工业化与信息化深度融合的同时不断淘汰提升传统工业，推进新型工业化发展，从而将工业化推向更高水平。一方面，将东北地区工业通过信息化融合推向世界经济领先地位，提升产业国际竞争力。另一方面，将不利于资源环境改善的传统工业提升为资源高效循环利用的绿色工业。

新型工业化建立在产业结构优化的基础上。世界不少发展中国家在经济高速成长阶段，有可能保持长达十几年、二十几年甚至几十年的持续快速增长，增长的潜力主要来自经济结构的调整、转换、优化和升级。改革开放以来，我国经济在持续近 40 年高速增长后，到 2020 年实现 GDP 较 2000 年翻两番的奋斗目标是完全可能的。在工业化进程中，工业增长和发展将一直居主导地位。当今世界信息技术的广泛推广应用，极大地丰富并拓展了工业化的内涵。东北地区走新型工业化道路，要以制造业为支撑，特别是振兴装备制造业，这既是改造提升传统产业的工作重点，又是加快实现工业化的强大基础。东北地区比较重视传统产业的发展，信息产业发展速度较慢，尤其是发展高新技术产业、战略性新兴产业方面步伐不大，亟须利用高新技术和先进适用技术改造提升传统产业。东北地区企业是工业化发展主体，也是信息化主体，但是以信息化带动工业化，以工业化促进信息化相互融合深度不够，信息基础设施建设和信息资源的开发利用没有被挖掘，加快国民经济和社会信息化步伐进程不快。由此可见，东北地区工业化与信息化融合整体上仍处于以局部应用为主的阶段，不同行业水平差异较大，对产业结构优化升级产生影响还需要一段时间。

（2）"两化融合"改变工业生产方式。

随着信息技术的产生和应用，传统的生产方式和商业模式正在不可避免地发生着变化。中国工程院院士邬贺铨认为，"随着信息技术与各行各业结合得更加紧密，未来工业的生产方式，也将发生显著的改变"，[①] 因此，在第三次工业革命背景下，需要更深层次地推动信息技术和其他产业的融合，以引领颠覆性创新技术的研发，成功实现中国制造向"中国智造"转型。

提及"中国智造"的技术核心——信息技术，邬贺铨认为，"信息相当于延伸了大脑的智力，使我们做到以前难以想象的事情"，[②] 大数据是数字经济时代企业转型的金钥匙，例如，原来谈到网络，只是指通信，现在则远远不仅如此，由此产业物联网、大数据、信息管理、信息挖掘，下一代互联网、移动网，实际上也是在原有生产技术之上，利用信息技术升级而来。同样拓展人类发展体验的还有 4G 宽带的出现，它不但使网速更快，还凸显出强大的信息处理能力。未来，这种新的智能制造技术，将会改变现在的生产模式，从大规模的制造转变为个性化的制造。东北地区大部分城市和县域目前还主要利用廉价劳动力、无区别化生产为主的传统工业，对于个性化制造的出现，将对自身传统生产模式产生巨大挑

---

① 中国工程院院士邬贺铨：大数据时代的中国创新战略，凤凰网，http://biz.ifeng.com/tech/special/lenovo-service/xinhua/detail_2015_01/10/3408263_0.html.

② 邬贺铨院士：大数据是数字经济时代企业转型的"金钥匙"，凤凰网财经，http://finance.ifeng.com/a/20180425/16204185_0.shtml.

战。因此，东北地区要在自主创新、转变发展模式、降低劳动力成本等方面占据主动，更深层次地推动信息化与工业领域各个产业实现全面的融合。

（3）"两化融合"需要系统创新。

调查显示，在新工业革命来临之际，我国78.1%的制造业中小企业已经主动开始谋求由中国制造向"中国智造"转变。这不仅需要应用信息化来优化加工生产流程，对于生产中的经营管理、体制模式也是一种创新挑战。[①]《从中国制造走向中国智造》白皮书指出，当前中国的制造企业，或通过配套加工、外包等方式，或凭借价廉、优质的产品，通过跨国零售企业的全球采购体系进入全球产业链。而"中国智造"的核心，就是在中国自主研发能力不强却拥有广阔市场的情况下，通过与国际接轨整合产业链的方式，活跃和提升中国企业在全球商业体系链条中的角色。

目前，中国已经发展成为全球最大的制造中心，有172类制造业产品产量居于世界首位，成为了多个制造产品领域的隐形冠军。例如，集装箱产量占据全球的80%、电池80%、玩具70%、自行车60%、电话机50%、鞋50%、个人电脑40%……但由于缺乏核心技术与自主品牌，中国制造仍缺乏核心话语权。以风靡全球的芭比娃娃为例，在我国生产价值仅1美元的芭比娃娃，在美国的售价高达9.99美元。事实证明，中国企业只有向产业价值链两端延伸，加快自主品牌建设，才能立于不败之地。但如果缺乏成熟的管理、体制创新模式支撑，想要进入到科技研发与市场营销环节，建立起自身品牌优势，成功转型升级谈何容易？中国制造转向"中国智造"，其实是一个系统性课题，运用新型工业化与信息化深度融合，从而对创新理念、管理模式、体制机制作相应的深入思考、调整与创新。

东北地区目前在系统创新与体制机制创新方面仍存在很多问题，不利于"两化融合"。首先，应该进一步优化教育体制。尤其是我国大学教育对人才的培养，要从应试教育转为素质教育，拓宽专业领域，进行学科交叉，开阔学生思维，真正激发学生的探索创新积极性，培养出大批时代急需的复合型人才。在科研管理方面，可以集中经费进行重点项目研究，形成科研合力，减少因为项目同质化而造成的资金浪费。其次，对重点项目应有意识地进行布局，例如，美国材料基因组、合成生物等，列入了自己的国家计划。构建产学研用一体的创新网络，促进

---

① 2010年6月由中国ICT产业权威的市场研究和咨询机构计世资讯研究发布。

科技与教育融合,科技与经济结合的技术创新体系尚不完善。东北地区高校科研实力雄厚,除一部分大学专注研究外,多数大学应面向企业,真正做到产学联动,创造出更多的经济价值。更关注其创新和发明专利对实体产业的贡献,激发科研人员将专利发明转移到实际应用上的动力。

(4)"两化融合"彼此交融。

党的十七大提出"大力推进信息化与工业化融合,促进工业由大变强"战略部署,经过十年来的持续推动,中国制造企业两化融合的程度更加深入,覆盖范围更加广泛,融合效益更加显著,有效促进了产业转型升级和发展方式转变。为此,党的十八大又提出了两化深度融合的新目标,其具体是指信息化与工业化在更大的范围、更细的行业、更广的领域、更高的层次、更深的应用、更多的智能方面实现彼此交融。

目前东北地区在汽车、机械、电子科技等众多行业企业的信息化单项应用已经比较成熟,正逐步由单项向集成过渡。信息技术在制造业生产研发设计、生产制造、经营管理等领域的深化应用、渗透和融合,不仅催生了新型的工业产品,还形成了大规模定制、产品全生命周期管理、异地协同研制等新型业务模式。信息化建设是企业转型发展和工业结构优化升级的助推器,企业要推动信息化建设需先行一步。主要面向制造企业车间级信息化建设,通过信息技术,加速东北地区工业产业结构从区域布局、发展重点、产品价值提升、价值链重构等方面逐步实现转型升级。且伴随着产业结构的调整,生物制药产业、新材料产业、能源产业、航空航天产业等一批新兴产业应运而生,而信息通信技术则成为它们快速演进的基础条件。生产要素信息资源互相整合,实现企业集成创新与"两化融合"交融发展尚需向东部发达地区学习借鉴。

3.1.2　新型工业化与城镇化良性互动的状况

工业化是城镇化的经济支撑,城镇化是工业化的空间载体,通过两化良性互动,一方面,工业化通过各种生产要素在城镇集聚,带来社会生产规模的扩张,为城镇化提供良好的物质基础和发展动能;另一方面,城镇化作为工业化空间载体,带来人口规模扩大,不断增加对工业和服务产品的消费需求,对工业化具有集聚和支撑效应,有利于生产性服务业的发展,有利于强化城镇对工业发展的配套功能,推进工业与服务业融合发展,提升城镇化对工业化集聚和承载能力,为城镇化进程开辟更大的拓展空间。两者良性互动发展,能够突出以产兴城,以城

促产,产城融合,城乡统筹的发展理念。目前东北地区"两化"良性互动发展的状况表现为:

(1)城镇化水平虚高,工业化与城镇化互动性不强。

东北地区城镇化率在"十五"与"十一五"时期就高达53%~56%,但是存在城镇化的质量与城镇化的速度不同步、不匹配问题。工业化率在一些地区要滞后于城镇化率。如哈尔滨市作为省会城市2011年GPP已达到4243亿元,但是加上所管辖的九县(市)以后,工业率仅为28.2%,作为老工业基地和全省经济中心,第二产业比重仅为37.78%,呈现"产业空心化"现象。究其原因,哈尔滨市所管辖九县(市)绝大多数是纯农业县,县城工业化水平低,县城工业化与城镇化脱节。同样,作为地级市的绥化市,其工业化率很低,第二产业比重为24.74%,下属九县(市),属于小马拉大车,难以形成经济中心,对周边县(市)也发挥不了辐射作用。

(2)工业化与服务业融合发展存在瓶颈。

由于工业化与城镇化互动性不强,服务业发展缺乏有效的区域分工协作机制。各城市之间互设壁垒,低效率同质化竞争的制度化基础并未改变,产业结构同构化比较严重,城市之间并未有效开展生产性服务业区域分工和协作,并未建立起紧密型产业链条与有效的区域一体化合作机制。东北地区城镇化进程对服务经济的支撑能力有限,说明其工业化率大大滞后于其城镇化率。作为"两化"良性互动发展水平较高的浙江省,除了杭州是一个大城市外,其他地方规模并不大,但是浙江省县城工业化水平高,真正做到了以产兴城,以城促产,产城融合。

(3)工业化与城镇化的脱节。

目前东北地区除了少数全国百强县以外,绝大部分县城的工业都与城镇化脱节,突出表现为,各地为了加快城镇化进程,通过变更行政区,将靠近城市边缘已经非农化的区域划入城市市区,将地级市附近的县(市)改为区,把乡改为镇。为了加快产业化进程,在远离城市的地方建造一批产业园区,从而提高工业化水平。这样的结果导致了工业化与城镇化脱节,以及产业园区与现有城镇脱节。县城工业化与城镇化脱节也导致诸多弊端。一是产业园区没有人气,就难以形成产业集群式发展;二是不能形成产业集群,也难以发展产业融合,不利于产业园区内企业的创新;三是不利于发展集聚经济效益。对于县域经济而言,分散、规模较小的城镇也不利于建设高等级城镇基础设施,而城镇基础设施和城镇功能不完善的少数欠发达水平县域,要因地制宜发展产业新城(产业园区),要在工业和相关产业集聚基础上发展新型城区（镇），实现城乡要素的有序流动，产城相互融合，使县域工业化与城镇化实现良性互动发展。

3.1.3　城镇化与农业现代化相互协调的状况

农业是 "四化同步" 的短腿，农村是全面建成小康社会的短板，党的十九大明确提出要坚持农业农村优先发展，乡村振兴，农民的小康，也需要以实现农业现代化为全面建成小康社会提供物质基础。没有农民的城镇化就没有农业的现代化，反之亦然，没有农业的现代化就没有人的城镇化，也就没有农民的城镇化。城市工作必须同 "三农" 工作一起推动，形成城乡发展一体化的新格局才可以称为新型城镇化。"十三五" 时期农业农村工作要坚持创新、协调、绿色、开放、共享的发展理念，牢固树立强烈的短板意识，坚持问题导向，切实拉长农业这条 "四化同步" 的短腿、补齐农村这块全面小康的短板。由于受自然条件的影响大，又要从外部导入现代要素，农业现代化的制约因素多，过程复杂，是现代化中的 "慢变量"，更是 "关键变量"。

（1）农业现代化与城镇化发展状况。

目前看我国农业发展经历了三个阶段。第一阶段是解决温饱的问题，在这个阶段家庭承包制的效果很明显。第二个阶段是解决农民收入的问题，主要靠的是农产量增长和农民外出务工，今天来看，农民的收入已明显提高，而且从 2009 年之后城乡收入差距也在缩小。但仔细分析农民的收入构成会发现，2012 年农户纯收入中有 65.6% 与农业无关，而在当年增长的收入中，这类收入的贡献更高达 78.5%。也就是说，农民不是靠农业增加收入的，这与农民没有从农业彻底转出有关。如果我们不能建立有效率、有规模的现代农业产业体系、生产体系、经营体系，就不能保证农民从农业中获得足够、稳定、持续增长的收入，就解决不了 "三农" 问题。所以，只有提高农业质量效益和竞争力才能有一个现代化的农业生产方式。

新型城镇化指在传统城镇化的基础上，更加注重城乡统筹实现城乡经济社会发展一体化，不以牺牲农业与粮食、生态与环境为代价，加快经济社会的可持续发展与共同富裕的步伐；[①] 农业现代化指由传统农业转变为现代农业的过程与手段，实现农业机械化、农业产业化、农业信息化、农业发展可持续化及生产技术

---

① 袁中许. 新型城镇化与城乡一体化的内在关系 [J]. 社会科学研究，2018（4）.

的科学化；① 城镇化与农业现代化的相互协调发展分别是党的十七大报告中"三化"与党的十八大报告中"四化"发展战略的重要组成部分，新型城镇化与农业现代化的互动协调发展对于开创中国城乡经济社会发展一体化的新格局至关重要。我国的劳动力已越来越短缺，农业中资本替代劳动、机器替代人的现象已很明显。近些年农业的机械化大幅度增加，机械化拖拉机和牵引农具的增长速度都是两位数，但由于农业经营规模较小，导致投入到农业的资本和各种补贴形成边际递减效应。据统计，我国农业由于经营规模的限制，资本报酬已经出现递减现象，在这个趋势下是很难建立一个现代化农业生产方式的。因此，必须通过城镇化和农业现代化的良性互动，通过赢得改革红利，实现我国未来的经济增长。其中要特别关注以下三个因素：一是农业经营规模。只有规模经济才能确保农业成为支撑农民收入增长的主要源泉。二是劳动生产率。没有稳定的农民工市民化，劳动力的稳定供给就得不到保障，因此，必须加快提高户籍人口城镇化率。三是全要素生产率。清除体制障碍，继续保持农业劳动力向非农产业的转移，实现资源重新配置的效率，为提高农业全要素生产率做出贡献。

（2）东北地区城镇化与农业现代化协调发展水平。

目前，学术界关于城镇化与农业现代化的研究颇多，多数学者将研究基调定在"三化""四化"等协调性研究，关于城镇化与农业现代化的研究也相对较多，而新型城镇化与农业现代化作为"四化"同步推进战略的重要核心内容，其相关的研究相对较少；以往研究尺度跨越性相对较大，中国、地区、省域、市域、城市功能区的地域尺度均有涉及，东北地区为新中国的建设做出历史性的突出贡献，是东北亚最先进的工业基地，黑吉辽均为中国农业大省，随着东北老工业基地振兴战略的实施，黑龙江"两大平原"现代农业改革试验方案的颁布，哈尔滨、长春、吉林、齐齐哈尔、牡丹江等成为中国首批新型城镇化试点，但目前东北地区新型城镇化与农业现代化的协调发展水平仍然不理想，未能实现相互促进。

目前东北地区从新型城镇化程度排序为：辽宁>吉林>黑龙江；从农业现代化程度排序为：黑龙江>辽宁>吉林。目前辽宁与吉林两省的新型城镇化发展均超前于农业现代化，黑龙江省的农业现代化超前于新型城镇化；东北三省 34 个地级城市，新型城镇化超前于农业现代化的城市比重为 55.88%，农业现代化超前于新型城镇化的城市比重为 44.12%，两者相对持衡。黑龙江省运用创新农业生产

---

① 张明斗. 新型城镇化的内生机制建设及路径优化研究［J］. 社会科学研究，2018（6）.

经营体制、建立现代农业产业体系、创新农村金融服务与涉农资金管理、推进水利建设、完善粮食主产区利益补偿、深化土地制度改革等多种手段大力推进农业现代化发展；辽宁省"十三五"推进新型城镇化规划方案，确立了到 2020 年城镇化率增长至 72%，推进 500 万存量的农业转移人口市民化、300 万人棚户区与城中村的改造问题，从提升新区城镇发展效率、改善老城基础设施质量、推进农村土地产权制度改革、构建多渠道城镇化投融资制度，大力提升新型城镇化品质；吉林省也确定从人口管理、土地管理、城镇住房、资金保障、生态环境保护等制度改革入手，率先推进大城市郊区城乡一体化，构建中部城市群、打造三个城镇组团、发展两轴一环发展轴带，壮大新兴产业、完善特色产业园区、健全中小企业体系，大力促进新型城镇化建设。

东北三省新型城镇化与农业现代化耦合度高值区位于黑龙江省东北部三江平原、辽宁省沿海经济带。三江平原农业生产规模巨大、农业机械化与现代化程度发达，为国家重要商品粮基地，粮食加工转化能力和综合效益大幅提升，在牧区半牧区县建立防护林投入机制，监管湿地、沼泽等自然生态保护区，还积极探索土地适度规模经营与耕地保护补偿的长效机制，辽宁沿海经济带提出加快农业现代化步伐、增强新型城镇化内生与外部动力，发挥东北地区对外开放门户的作用、全面提高航运服务能力和水平、统筹城乡发展、形成以先进制造业为主的现代产业体系，在创新机制体制、深化重点领域改革的基础上为农民进城提供保障，最终提升与拓展新型城镇化建设与农业现代化可持续发展的融合空间。

（3）新型城镇化与农业现代化协调发展度的状况。

新型城镇化与农业现代化的协调发展度的排序为：辽宁省＞黑龙江省＞吉林省，整体均处于轻度失调阶段。辽宁省内部，沈阳勉强协调，大连处于濒临失调阶段，本溪、辽阳、葫芦岛处于中度失调阶段，其余城市均为轻度失调；吉林省内部，长春濒临失调，辽源、通化、白山为中度失调，其余地级市为轻度失调；黑龙江省内部，哈尔滨勉强协调，齐齐哈尔与大庆濒临失调，佳木斯、牡丹江、黑河、绥化为轻度失调，鸡西、鹤岗、双鸭山、伊春、七台河处于中度失调，多数城市的新型城镇化与农业现代化处于轻度失调与中度失调阶段。

东北三省新型城镇化与农业现代化的协调发展度的空间格局同农业现代化空间格局类似，新型城镇化与农业现代化协调发展度高值区同样分布于黑龙江省西南松嫩平原处，及以长春、沈阳和大连为核心的小范围大城市圈层区域；松嫩平原的新型城镇化与农业现代化的发展水平均较高，国家针对黑龙江省的首批新型城镇化试点就选在农垦区、产粮大市（哈尔滨、齐齐哈尔），在新型城镇化试点与"两大平原"改革相叠加的基础上，松嫩平原夯实现代农业发展质量、实现农业大型机械化运作、粮食产量稳定增长、农民增收带来城乡消费结构升级、农业生产结构及农场城镇化的布局调整均推进了其农业现代化与新型城镇化的协调发展。具体情况如下：

1）辽宁省新型城镇化发展水平高于吉林，黑龙江较低；黑龙江农业现代化发展优势强于辽宁，吉林稍弱；辽宁与吉林省新型城镇化发展超前于农业现代化，仅黑龙江新型城镇化滞后于农业现代化；东北三省新型城镇化超前于农业现代化的城市比重与农业现代化超前于新型城镇化的城市比重相对持衡。

2）新型城镇化高值区分布在以哈尔滨为核心的黑龙江西南、以长春为核心的吉林中部、以沈阳为中心的辽宁中部及以大连为中心的辽宁南端，农业现代化高值区分布在哈尔滨—大庆—齐齐哈尔—绥化等哈大齐松嫩平原处；沈阳、大连、哈尔滨、长春新型城镇化发展水平居于东北三省前列，哈尔滨、沈阳、齐齐哈尔、绥化农业现代化水平位于东北三省前列。

3）辽宁省新型城镇化与农业现代化耦合度略强于黑龙江，吉林省略低，其中多数城市处于高强度与中高强度拮抗耦合，中低强度与低强度拮抗耦合相对较少；东北三省新型城镇化与农业现代化耦合度高值区位于黑龙江省东北部三江平原、辽宁省沿海经济带。

4）辽宁省新型城镇化与农业现代化的协调发展度高于黑龙江，吉林最低；仅哈尔滨与沈阳新型城镇化与农业现代化处于勉强协调，其余城市均为失调，不同城市失调程度不同，多数处于轻度失调与中度失调阶段。东北三省新型城镇化与农业现代化的协调发展高值区分布于黑龙江省西南松嫩平原处，及以长春、沈阳和大连为核心的小范围大城市圈层区域。

3.1.4 信息化与农业现代化和城镇化融合的状况

（1）信息化对农业现代化与城镇化的技术支撑效应。

当今世界，信息技术革命日新月异，对国际政治、经济、文化、社会、军事等领域发展产生了深刻影响。信息化和经济全球化相互促进，互联网已经融入社会生活方方面面，深刻改变了人们的生产和生活方式。我国正处在这个大潮之中，受到的影响越来越深。我国互联网和信息化工作取得了显著发展成就，网络进入千家万户，网民数量世界第一，我国已成为网络大国。同时也要看到，我们在自主创新方面还相对落后，区域和城乡差异比较明显，特别是人均带宽与国际先进水平差距较大，国内互联网发展瓶颈仍然较为突出。

网络信息是跨国界流动的，信息流引领技术流、资金流、人才流，信息资源日益成为重要生产要素和社会财富，信息掌握的多寡成为国家软实力和竞争力的重要标志。信息技术和产业发展程度决定着信息化发展水平，信息化与城镇化和农业现代化融合发展，必然要加强核心技术自主创新和基础设施建设，提升信息采集、处理、传播、利用、安全能力，更好惠及民生。

当今时代，信息技术与知识经济日新月异，信息化促使人类社会发展模式内涵有了质的变化，深刻改变了社会产业结构，在推动经济社会发展转型的地位与作用日益突出。信息技术迅猛发展，成为现代社会技术体系的基础技术，信息技术渗透到传统产业中，使传统产业信息化程度越来越高，推动以物质和能源投入为主的经济形态向以知识和信息投入为主的知识经济或信息经济形态转变，对经济建设和社会发展起着重要的引领作用。信息化与农业现代化的融合，推动农业信息化建设更好地传播知识技术和文化，提升农民的综合素质，为农业生产中应用先进的种植技术以提高农业生产体率、改造传统农业、转变农业生产方式和实现农业现代化奠定了技术基础。推进农业互联网应用提高农业智能化和精准化水平。信息化与城镇化的融合，有利于智慧城市建设，提升了城市功能，为各类城市构建起现代化通信骨干网络，推进城市物联网广泛推广应用，有利于公共云服务平台建设，包括推动制造业、金融业、物流业、民生服务和医疗服务等领域云应用服务。高效物流、电子商务，便捷交通、电子政务、人口管理、信用体系、文化利用为产业发展、技术研发领域大数据应用创新提供了技术支撑。

（2）信息化与农业现代化融合状况。

信息化与农业现代化相互融合，包括以下三方面：①推进信息技术与农业生产管理、经营管理、市场流通、资源环境等融合，大力推进农业互联网应用。目前东北地区兴起了大批农业专业合作社、农业企业、家庭农场、种养大户等新型农业经营主体，发展了一批农业电子商务等新业态、新模式。电商平台企业开展了农村电商服务，形成了线上线下融合，农产品进城与农资和消费品下乡融合，农产品进城与农资和消费品下乡双向流通格局，信息化有利于完善现代农产品市场体系，完善农村配送和综合服务网络，鼓励发展农村电商，实施了特色农产品产区预冷工程和"快递下乡"工程。鼓励互联网企业建立产销衔接的农业服务平台，加快发展涉农电子商务。②智慧农业有待发展完善。如实施"互联网+"现代农业，对大田种植、畜禽养殖、渔业生产等进行互联改造，支持农业信息检测分析和预警系统的建设。包括农业气象预警系统等。③实现农业生产数字化管理和产品质量安全可溯源监控保障工程尚待进一步落实。包括运用数字化技术推进农产品生产化肥农药使用减量化，为发展无公害农产品、绿色农产品、有机农产品和地理标志农产品（涉及品牌建设）提供安全保障。建立农副产品质量安全监管追溯信息系统。如进超市的猪肉可以追溯到圈栏，其他来源的在批发流通或冷库的猪肉可以追溯到批次，实现各类追溯平台互联互通和监管信息共享。

（3）信息化与城镇化融合状况。

东北地区信息化与新型城镇化融合发展状况总体上属于中等偏上水平，比起东部发达地区还有一定差距。但是，近十年来发展也是有目共睹的。表现在：①在大中小城市都构建现代化通信骨干网络，东北地区各县城的镇和各个自然村都做到了村村通广播、电视有线和移动电话，都能够上网，国际互联网用户不断增加。②物联网开始得到推广应用，大中城市建设了物联网应用基础设施和服务平台，推进了物联网重大应用示范工程，广泛开展了物联网技术集成应用和模式创新。③信息传输计算机服务和软件产业园及软件信息服务的搭配较快发展，软件服务外包产业发展规模日益增大。④开展了公共云服务平台建设，在中心城市布局云计算和大数据中心，提升云计算解决方案提供能力。推动制造、金融、民生、物流、医疗等重点行业云应用服务，不断完善云计算生态体系。⑤东北地区各中心城市为大数据应用建设统一开放平台，逐步实现公共数据集开放，鼓励企业和公众发掘利用。在建设智慧城市推动政府治理，公共服务，产业发展，技术研发等领域大数据创新应用。⑥加大了"互联网+"行动健康发展，推动"互联网+"创新、创业，以发挥城市创新资源密集优势，打造创新乐园和创新摇篮，建设创新城市及创业创新公共服务平台。⑦不断拓展信息化与城镇化融合领域，在协同制造、智慧能源、普惠金融、益民服务、高效物流、电子商务、便捷交通、绿色生态城市、人工智能，以及电子政务、电子商务、便民司法教育培训、科普、地理信息、新信用体系、文化旅游等多个方面取得了进步。⑧强化了信息安全保障。包括建立大数据安全管理制度，实行数据资源分类分级管理，保障安全高效可信应用。完善网络治理空间，营造安全文明的网络环境，建立关键信息基础设施保护制度，完善涉及国家安全重要信息系统的设计、建设和运行监督机制。

3.2 东北地区产业结构调整存在的问题

3.2.1 传统优势产业转型升级难

东北地区的工业结构是以传统的产业为主，实施东北振兴战略以来，东北地区数控机床、输变电设备、轨道车辆、发电设备、重型机械、船舶汽车、煤炭、钢铁、石化等传统优势产业大而不强的问题依然严峻。这些产业都属于重化工业，在重化工业领域国企占比高，即所谓的"单一经济结构困局"。突出表现在工业比重大，其中重工业、"原"字头比重过高，规模大，导致自身转型升级面临很大困难，转型需要的技术、资金、人才等投入巨大，无论是企业自身还是国家对传统产业转型的投入都难以满足其升级的需要，传统产业的高新技术比重比较低，优化升级不实现就不能有效促进高新技术产业的发展。高耗能的企业技术占比仍然非常大，同时企业产品结构不合理，多数产品处于产业链中低端。产品利润率不高，以重工业和工业品生产为主，区域经济发展缺少大规模产业尤其是消费品工业的支撑，成套设备和高科技含量的产品比较少，并且企业产品的同质化现象比较明显，东北地区的精细化和智能制造等发展规模逐渐扩大，但是集群效应却不高，没有形成专业化的分工协作关系，没有上下游产业和支撑产业互补，分布比较分散。东北地区这些重化工企业都是国有企业，其管理者的头脑比较精明但是视野不够广阔，仍抱着传统重工业为东北老工业基地支撑的观念，不能主动适应市场需求完成产业转型升级，不能将传统产业向精致化方向实现升级，缺乏进取精神来持续保持技术领先地位。这恰恰是东北老工业基地应具有的工业文明的精髓。目前东北地区传统优势产业转型升级主要矛盾就是"高端供给不足、低端供给过剩，供需不匹配"，通过深化供给侧结构性改革促进产业结构优化升级，推动东北制造向东北创造、东北速度向东北质量、东北产品向东北品牌转变，完成产业转型升级从观念到行动的转变。

3.2.2 产业高碳化问题较大

东北地区是我国高耗能产业较为集中的地区，钢铁、化工、能源、交通运输等高耗能产业对煤炭的需求，使东北地区成为国内"高碳经济"的代表，以能源消费部门为主，尤其是重化工业，而第一产业与低能耗第三产业的比重低。东北地区资源型产业主要以煤炭、森工、有色冶金工业为主，大部分为高污染行业，多数企业生产技术落后，传统的粗放型经济增长方式带来了环境污染。资源型城市主导产业排放的污染物占污染总量的 90%；东北地区由于产业结构的原因，固定排放物浓度高，生态环境持续恶化，工业固定废物数量将继续增加，冶炼废渣、粉煤灰、炉渣等除小部分被综合利用外，绝大部分还是无法利用。产业高碳化不仅占用了大片土地，而且严重污染环境，高碳化废弃物堆放或堆埋过程中发生腐化，散发大量热能，产生温室效应，形成危害巨大的综合污染源。高碳化废弃物排放江河湖海造成淤积、阻塞河道、侵蚀农田、污染水体。

2009 年，中国在哥本哈根会议上宣布，中国在 2005~2020 年单位 GDP 二氧化碳排放量下降 40%~50%。在国家推行节能减排背景下，供给侧结构性改革的去产能使东北地区高碳产业面临更大压力。高碳经济产生发展的原因很多，如设备技术更新改造缓慢，大多数企业的新技术开发能力薄弱，没有形成自己的核心技术。虽然国家提出振兴老工业基地，给了技改资金和政策支持，但仍难以摆脱"引进—落后—再引进—再落后"，以及"落后—改造—再落后—再改造"的发展怪圈。企业没有能力进行颠覆性创新，地方政府也没有好的政策，毕竟重工业是东北地区的支柱和优势产业，提高科技含量、降低能耗的转型经济成本太大了。

3.2.3 多数产品处于价值链低端环节

当今的"新国际分工"中，由于价值链在国家之间的分解，高质量的经济活动通常仍集中和保留在发达国家占据的高端环节上，而跨国公司则把那些惯例化、低附加值、几乎没有创新机会、进入壁垒很低的价值链低端环节转移到发展中国家。价值链的低端一般是人力密集型，所以一般转移到人力成本较低的地方；价值链的高端一般是智力密集型，一般转移到高端人才较多的地方。东北地区多年来不注重发展轻纺工业和食品工业，重化工业转型成本大，升级缓慢，现代产业体系不完备，产业链条断裂，构成东北独特的"孤岛式"产业结构，东北老工业基地发展初衷是为国民经济工业化提供技术装备而优先发展重工业，在工业化进程中排斥了对第一产业和第三产业的升级改造和相应发展，结果重工业走了一条自我发展之路，产业关联度较低，呈现"品"字形结构，产业集聚能力较差。从技术创新实践来看，东北老工业基地在全球价值链中处于中低端的产业地位未发生根本改变，而战略性新兴产业又陷入 "高端产业价值链低端化" 的陷阱，多数产品处于价值链低端环节中。东北地区在重工业方面没有将产品做精做强，而是出现新的产业机会就闻风而动，一哄而上，根本没有耐心在新技术开发上动脑筋和下功夫，低水平重复投资，各大中城市产业结构同构化严重，也导致战略性新兴产业 "高端产业低端化"，以及低端产能过剩在不同产业中轮番上演。供给结构不适应新需求变化，有效供给严重不足，关键核心技术受制于人，优质高档消费品和农产品依赖进口。东北地区资源约束趋紧、环境污染严重，重化工业产能过剩，高档轻纺工业和优质食品的产业开发一直没有得到重视。倒逼发展模式由粗放型向质量效益型转变。转方式、调结构，推动产业结构由中低端向中高端迈进，优化现代产业体系是东北地区发展趋势。

3.2.4　自主创新能力低下

东北地区企业自主创新意识不强，研发投入不足，因而自主研发能力较弱，具有自主知识产权的核心技术少，新产品更新换代步伐慢，难以支撑中高端产业发展。实施东北振兴战略以来，虽然大多数骨干企业都重视自主创新，但从全国范围看，东北地区创新能力仍然处于中等水平，没有达到东北地区振兴战略规划的目标，与东北发达地区差距非常显著，而且区域内部和行业间发展水平高度不均衡。自主创新尚未成为东北地区发展的根本动力。在绝大多数传统优势产业中，其产业链条不完整、精深加工度低，缺乏有核心技术的高端产业。企业生产集约化程度低，技术转化能力、产品配套能力、系统集成能力和成套能力均不强，部分重大技术装备及基础零部件仍严重依赖进口，且依存度仍在提高。如机床控制系统、汽车发动机等，基础零部件如输变电设备制造中需要进口的部分开关套管、纸板等零部件，经常受到国外供应商对中方企业多方面限制，使行业发展受制于人，30%~40%的行业利润被进口部件吃掉。[①] 大型骨干企业虽然也建立了较强技术开发中心，但多数协作配套中小企业缺乏自主创新、集成创新和引进、消化、吸收、再创新能力。东北地区高等院校和科研机构众多，拥有丰富的人力资源，但创新投入明显不足。长期以来，东北地区研发投入占 GDP 比重在 1.28%左右，低于全国 2.08%的平均水平。东北地区部分规模以上工业企业创新能力不仅远低于东部地区和全国平均水平，甚至与中部和西部地区都存在差距。

---

① 肖新志，靳继东等. 中国老工业基地产业结构调整研究 [M]. 北京：科学出版社，2013：28-31.

由于创新能力长期停滞不前，导致东北地区高新技术产业发展滞缓。目前，东北地区专利申请量和专利授权量占全国比重都呈现明显的下降趋势，人均专利授权量和申请量也低于全国平均水平。东北地区高技术产业发展对经济发展的贡献率为 6.5% 左右，比全国平均水平低近 13 个百分点，对经济增长的支撑能力明显不足。由于缺乏创新驱动的支撑带动，东北区域经济增长后劲和潜力严重不足，一旦外部环境出现不利变化，东北地区经济增长必然陷入快速下行的境地。

3.2.5 新兴产业面临较大瓶颈制约

随着东北地区人口与资本的不断外流、市场需求的增长停滞、资本回报率的逐步下降，供给侧的旧增长动能日渐式微、经济下行压力不断加大，东北地区正处于新旧动能转换的接续期。一方面，传统行业正经历深度调整（停滞或萎缩），特别是重化工产业（固定资产占总资产比例比较高的行业）的产能过剩、高杠杆压力导致企业经营压力增大，前文已提及在供给侧结构性改革中正面临去库存、去过剩产能、清理不良债权的压力。另一方面，部分新兴行业正在崛起，东北地区的新兴产业既应包括高技术产业、高端战略性新兴产业等技术含量相对较高且代表新技术发展方向的前沿性新兴产业领域，也应包括现有传统产业向具有更高技术水平、更高生产率和更高附加值的产业即在其他区域已经获得充分发展的成熟性新兴产业活动转移，而后者对于东北地区的实践价值尤为重要。目前新兴产业面临瓶颈制约主要有机制与体制障碍，政府与企业不能协调一致，还是有指挥棒指引并且束缚，使企业不能放开手脚，习近平总书记在辽宁考察时提到"把发展高端制造、战略性新兴产业放在产业结构调整的重要位置"。虽然东北地区各省都陆续出台新兴产业发展规划，但当前几乎所有新兴产业均面临技术创新不足、核心技术欠缺、转化能力低下等问题。本土企业在生产模式上只能以资本和技术引进为主，在产品范围上，只能选择为国外领先企业提供传统的且附加值低的配套性产品，而迟迟无法满足附加值高的前沿环节，掌握不了发展的主动权，使新兴产业面临较大技术瓶颈制约。例如，在新能源汽车领域，即便是吉林这一汽车制造大省，在新能源汽车制造上，也仅处于起步发展阶段，生产制造企业多为中外合资企业，生产制造核心技术多被国外汽车巨头所控制，从而使一批战略性新兴产业尤其是制造业向中高端迈进能力不强，迈入步伐不大，产业和产品结构的深层调整不够，抢占世界制造业制高点目标不明确。东北地区中高端人才流出，对战略性新兴产业发展缺乏人才保障，真正为东北地区服务的新兴产业专业人才留不住，引不进，导致战略性产业科研能力不足，没有形成专利与品牌效应，目前已经成为较大的制约，因此东北地区必须突破制约寻求一条具有活力、内生动力的创新之路。

3.2.6 特色产业集群缺乏竞争优势

东北地区特色产业集群是发展短板。与国外的特色产业集群以及国内广东、浙江、江苏、福建等沿海发达地区相比，东北地区特色产业集群无论是从集聚区规模、产业竞争力、空间布局上看，还是从分工协作水平、创新机制上看，都存在明显的差距，总体上仍处于起步发展阶段。发展仍面临诸多制约，主要表现在以下几方面：一是东北地区特色产业集群缺乏统一规划，市场化程度低。产业集群之间定位重叠，缺乏必要的协作，定位不清晰，而且特色不突出，部分产业集群之间在定位及招商引资上的"趋同性和重复性"问题突出，产业集群是"集"而不"聚"，集聚度偏低，具体来说，集群内的企业仅是空间的集聚，虽然集于一地，但没有形成相互关联、相互依存的专业化分工协作的产业体系，彼此缺乏关联、配套与协同效应。产业链较短，因而导致产业布局"集而不聚"现象比较明显。由于没有专业化的分工协作，东北各省甚至本省的各地市间都是独立作战，难以形成本地化的产业优势，产业集聚度不足。二是集群规模较小，尚未形成区域性产业集群竞争优势，东北地区有重大设备、重型机械、重大化工、飞机造船等项目，但这些项目都属于高耗能、高排放、高污染项目，东北地区未能根据产业升级对装备工业和重工业及时调整产业结构，技术水平未能得到相应提高，从技术装备的水平和产品结构看，多数国有企业工艺严重老化，自主发展的产业基础较强，初级产品少，高附加值、高技术含量的产品比重低，产业集群效应不明显，辐射带动作用没有凸显出来，所有没有形成竞争合力。产业集群比较优势不足，东北地区许多企业虽然在空间上集聚，但彼此间只是一种简单的生产配套，许多企业多为"大而全"的全能企业，产业之间关联性不强，而每个产业链都存在着薄弱环节，不能在每条产业链上都有主导产业作为龙头，从而没有形成竞争优势。三是集聚区规模不足，地区特色不明显，导致集聚区竞争力依然不强，技术创新能力不足，产业集群绩效低。虽然目前辽宁形成了以成套设备和整车制造为主的产业集群，吉林形成了一汽集团为主导的产业集群，黑龙江形成了重型装备为主的产业集群，但从全球和国内市场来看，并不具有特色和品牌优势，必须在国内市场独树一帜具有品牌特色才行。如黑龙江东北大米、林区山特产品，以及光机电一体化、电子信息、生物技术与医药、新材料、高效节能和环保、航天航空、农业高新技术等具有地方特色优势的产业集群仍有待培育壮大和发展。

3.2.7 第三产业发展滞后，现代服务业是发展短板

加快市场取向的体制机制改革，形成充满活力并竞争有序的新体制、新机制是关键。加快转变政府职能，着力解决政府直接配置资源，管得过多过细，以及职能错位、越位、缺位、不到位等问题。在东北地区产业结构调整中还要解决以下问题：一是老工业基地之间的行政区域阻隔问题，在财政分权体制下，地方政府从维护自身辖区利益出发形成了地方保护主义，阻碍区域市场的互动联系与一体化的形成。各省在引进外资等方面展开竞争，出台各类优惠政策或压价导致一定程度过度竞争，损害了国家整体利益。二是市场经济制度不完善，市场对资源配置的决定性作用没有得到应有发挥。政府的不必要干预造成企业效率低下，要素流动性不足，存量资产市场和流动性资产市场的非常分割，使得产业结构调整受到明显制约。三是民营经济发展环境有待进一步优化。东北地区民营经济发展不足，大大落后于全国平均水平，民营经济面临的融资渠道窄、贷款风险大、兼并重组成本高、市场准入门槛高等问题还未得到有效解决，导致民营资本投资在全社会中投资比重过低。因此，改善营商环境，支持民营经济做大做强，有利于产业结构调整优化。四是国有企业改革有待深化。国有经济产权多元化改革仍然滞后，民间投资主体的缺乏使国有经济外部竞争压力小，不利于激发其内部改革动力，国有企业运行机制更为僵化，产业进入退出受到限制。在企业重组上，地区、行业、所有制的限制依然严重，阻碍了企业间战略合作。

3.2.8 体制、机制等深层次问题仍待破解

体制、机制障碍是影响东北地区产业结构调整的重要因素，从东北国有经济和民营经济状况来看，东北国有经济的比重过高且效益不佳，民营经济不发达，政府的作用过大，市场机制作用没有充分发挥是东北振兴面临的突出问题。在"官本位"的惯性运作下，政府权力存在明显的跨界，企业的市场主体地位没有得到充分体现。同时，在企业内部，企业家的作用和职工的积极性也没有充分发挥出来，市场意识和氛围不浓。无论是体制机制改革，还是营造企业发展的市场环境，关键在于厘清政府与市场的关系，让市场在资源配置中起决定性作用。东

北地区软环境恶劣，企业生存发展的条件很差，筑巢引凤、凤来拔毛，不给你拔干净不行，这就是东北地区机制与体制中突出的官本位特权思想，是 "管卡压" 而不是 "放管服"，未能更好发挥政府作用。东北地区无论是政府、企业都存在体制机制不顺、思想僵化守旧的问题，创新创业发展环境不足，政府职能部门缺少创新意识，不能打破机制束缚与体制界限，都是守住机制安稳而不求创新突破，所以对体制、机制深层次问题一直没有进行挖掘或者直接回避。

第 4 章 "四化"同步推进产业结构优化升级的联动效应评价体系的构建

　　"四化"同步发展是一项极其复杂的系统工程,工业化、信息化、城镇化和农业现代化是整个工程的四个子系统,四者之间构成一个相互联系的有机整体。从而,科学构建工业化、信息化、城镇化和农业现代化的评价指标体系考察我国"四化"发展的状态,衡量我国"四化"同步发展水平以揭示当前发展的问题与现状,是进一步推进我国"四化"同步发展的关键环节。就方法论而言,构建"四化"同步推进产业结构优化升级的评价体系,主要从以下几方面进行设计。首先,评价指标体系的全面性、系统性、可测量性是指标设计的出发点;其次,不同评价指标是否可以进行无量纲化处理,以及不同指标单位之间的加权比较是指标设计的关键点;再次,四个层面的"四化"指标与"四化"综合发展水平指数是构建"四化"同步推进产业结构优化升级联动效应评价指标体系的主要内容;最后,不可忽视对评价指标体系、指标权重的客观合理设计。

4.1 "四化"同步推进产业结构优化升级的联动效应评价体系的构建依据及原则

4.1.1 "四化"同步推进产业结构优化升级的联动效应评价体系构建的主要依据

4.1.1.1 "四化"同步发展评价体系，要依据"四化"同步系统的深层次发展要求

（1）评价体系着眼于新型工业化、信息化、城镇化和农业现代化的四个层面发展内容的同步性。需要特别注意的是，这四个层面发展内容既是有机整体，又具有相互关联性。"四化"评价系统的创建和评价，应当从全局角度入手，并协调好四个子系统发展内容之间的关系。以可持续性、同步性以及整体性为设计原则，才能确保"四化"评价内容的客观和准确性，产生较好的联动效应。

（2）评价体系着眼于新型工业化、信息化、城镇化和农业现代化四个层面发展系统的同步性。这四个层面发展系统相互关联，又是一个协调发展的有机整体，应当保证这四个层面系统的同步发展。评价系统设计既不能过于重视某个层面，也不能过于忽视任何一个层面。因此，"四化"同步发展评价体系应当保证"四化"各个子系统协调发展，共同进步。

（3）评价体系着眼于新型工业化、信息化、城镇化和农业现代化的四个层面发展内容的协调互动性。"四化"评价系统内容设计应保证四个层面协调发展，并在发展过程中，体现其各自优势和作用，同时还要重视"四化"中农业等薄弱面，以此推动"四化"的协调发展。所以，"四化"同步发展的评价系统指标应当体现出"四化"协调发展的特点。

（4）评价体系着眼于新型工业化、信息化、城镇化和农业现代化四个层面发展内容的可持续性。"四化"评价系统指标应当体现在经济、社会的可持续发展要求层面。"四化"的同步发展，应当保证资源的循环利用，以及科技创新的可持续发展，并保证城镇化与农业现代化协调且可持续发展，推动"三农"领域的现代化发展，促进信息科技产业的持续性创新。所以，"四化"同步测度评价系

统应当保证社会经济可持续发展战略的顺利实施，提高经济社会转型的能力。

4.1.1.2　构建"四化"同步发展的评价体系，要依据"四化"同步发展的主要任务

"四化"各个层面既自主发展而又相互影响，从而推动经济社会的现代化发展。所以，"四化"同步发展的评价体系应当以"四化"同步推动经济社会现代化发展为主要目标。

（1）"四化"同步发展的评价体系，应当体现出新型工业化和信息化的高度有机结合。通过信息化技术和新型工业化之间的有机结合，能够在一定程度上提升工业企业的综合竞争力。当前，我国社会经济正处于转型升级的关键时期，同时也是工业升级的关键阶段，所以应当通过"四化"同步发展，体现出新型工业化和信息化之间的有机结合，实现工业转型升级的目的。

（2）"四化"同步发展评价体系，应当体现出城镇化和新型工业化的协调发展。城镇化同新型工业化协调的发展，能够在相当程度上凝聚人力、资源，以此形成规模经济效应，让更多的农村剩余劳动力向城市方向流动。"四化"同步发展评价体系应当体现出新型工业化以及城镇化的协调发展，从而激发农民工的工作热情，缩短城乡之间的经济差距，维护社会的和谐稳定。

（3）"四化"同步发展的评价体系，应当体现出新型工业化和农业现代化之间的协调发展。"三农"问题较为复杂，而农业现代化、新型工业化的发展，能够极大提升农业生产效率，减少农业人口和工业人口之间的收入差距。因此，"四化"同步发展的评价体系，应当体现出农业现代化和新型工业化之间的协调发展，完善基础生产设施，推动农业现代化的发展，减少城乡之间的经济差距，推动农村现代化发展。

4.1.1.3　构建"四化"同步发展评价体系，要依据"四化"内在互动机理

（1）"四化"同步测度评价是基于新型工业化、信息化、城镇化和农业现代化四个层面，以四个层面良好发展态势为基础，没有四个层面发展作为支撑，是不会存在"四化"良性互动的，因此，新型工业化、信息化、城镇化和农业现代化同步的评价体系的指标构建，要以这四个层面的内容和互动协调为设计基础。

（2）"四化"同步的评价体系要以新型工业化、信息化、城镇化和农业现代化共同建立的整体系统，以及"两化"之间建立的微观系统为设计基础。如前文所述，新型工业化、信息化、城镇化和农业现代化为推动中国经济社会发展的重

要手段,"四化"为统一整体,缺一不可,相互支撑又相互作用,具有同步发展性、互动协调性。另外,新型工业化与信息化深度融合、新型工业化与城镇化良性互动、城镇化与农业现代化相互协调、信息化与城镇化和农业现代化相互融合所构建的 5 个微观经济循环系统,也是"四化"同步发展的基础,所以"四化"同步发展评价体系的构建也需将四个子系统的互动关系及互动规律作为指标设计基础。

4.1.2 "四化"同步推进产业结构优化升级的联动效应评价体系构建的基本原则

在四化同步评价系统的研究工作中,应当对评价指标系统的创建和评价模型选择这两方面工作予以高度的重视。这两方面的问题,基本体现出"四化"同步发展的基本特征、内在机理、发展水平、目标实现等要求。应当遵守以下几个基本原则:

4.1.2.1 完整性及系统性

(1)"四化"同步评价指标体系的构建与测度应当保持指标体系的完整性。"四化"完整性指的是新型工业化、农业现代化、城镇化以及信息化为一个有机整体,评价指标体系的构建和测度应当体现出"四化"同步发展的基本特点,还应当体现出"四化"同步的协调性和互动性。

(2)"四化"同步评价指标体系的构建与测度应当保持指标体系的系统性。"四化"同步涵盖了我国经济社会现代化建设的几个主要方面,"四化"评价指标系统在运行过程中,应当保持全局视野,统筹各方面的协调发展。在评价和测度指标选择上,除了体现出"四化"同步各个层面相互协调特点以外,还应体现出相互影响、相互制约、相互促进的系统性特点,并且应当重视其主体发展的内在特点和主要趋势。

(3)"四化"同步评价指标体系的构建与测度应当保持指标系统的科学性与合理性。"四化"同步评价指标体系的构建和测度应当能够客观体现出"四化"协调统一的整体性发展特征。在整体性发展特点下,选择单个层面的指标内容,确定指标之间的相互关系,以及指标权重的划分,都应当在科学理论的引导下进行,从而保证指标体系的科学及有效,最后保证评价结果的客观公正。

4.1.2.2 同步性及可操作性

(1)"四化"同步评价指标体系的构建与测度应当保证指标体系的同步性。

"四化"同步指标系统的创建是一个系统、漫长的工程,需要解决多个问题才能完善这一体系。"四化"同步评价指标体系并不是固定不变的,而是应当随着经济社会发展形势的转变而不断调整。同时还应当根据实际案例以及地区经济发展形势、阶段发展特点,对其不断调整,从而保证"四化"同步评价指标体系的构建和测度能够符合经济社会现代化发展需要。

(2)"四化"同步评价指标体系的构建与测度应当保证指标体系的可操作性。"四化"同步评价指标体系应当建立在保证科学合理基础之上,评价指标内容应当具有可量化、便于计算等特点,评价结果能够客观、全面、系统地体现出"四化"协调发展水平以及"四化"之间的协调关系。此外,还应当保证评价指标体系可获取性的特点,并坚持"四化"评价方式的可操作性和数据便于收集的特点。

4.1.2.3 层次性及可比性

(1)"四化"同步评价指标体系的构建与测度应当体现出指标体系的层次性。"四化"同步评价指标体系的指标选择,应当在多层指标的范围中,选择能够体现"四化"同步发展的主要指标,去除无关紧要的指标,体现出"去枝存干"的特点,并从全局化的角度,全方面地体现出"四化"同步发展的实际情况。

(2)"四化"同步评价指标体系的构建与测度应当体现出指标体系的可比性。"四化"同步评价指标体系应当尽可能地选择有共性特点,以及能够从根本上体现出"四化"同步发展特点的指标,保证评价结果的可比性。指标选取标准应当是以空间或时间变量为基础,在指标内涵、指标选择范围、计量方式的选择上,应有一致性的特点,而且应当选择相对指标而不是绝对指标。这样可以在时间维度上,对同一时间全国不同地区"四化"同步发展状况进行对比,也可以对同一地区不同时间段进行对比,经过横向和纵向对比,从而保证"四化"同步评价指标体系构建和测度的科学、有效以及可比性。

4.1.2.4 逻辑性与引导性

(1)"四化"同步评价指标体系的构建与测度应当体现出指标体系的层级逻辑性。总体来说,"四化"同步指标体系应当由目标层、指标层以及功能层三个层面构成,应当根据这三个层面的指标特点以及类比方式进行划分。除了应当考虑多元性指标的隶属关系,还应当考虑到多维度指标之间的关联性特点,从而保证指标体系的完整性布局。除了能够反映出"四化"同步发展的实际情况,也应能够体现出"四化"同步指标体系之间的层级逻辑性特点。

（2）“四化”同步评价指标体系的构建与测度应当体现出指标系统的引导性。“四化”同步评价指标体系，应当起到纲领性的作用，能够引导政府做好“四化”同步发展的布局工作，并通过这一评价指标体系，体现出某一地区的经济、社会现代化发展水平，并引导地方政府实现“四化”同步发展。此外，“四化”同步评价指标系统还具有分类引导的作用，能够客观评价各地政府“四化”同步发展的质量水平。

4.2 “四化”同步推进产业结构优化升级的联动效应评价指标的确定

4.2.1 “四化”同步发展评价指标的理论应用

4.2.1.1 测度评价“四化”同步发展指标体系，应当由“四化”同步四个层面的综合发展水平、四个层面之间的互动水平以及四个层面之间的结构协调性入手

（1）“四化”同步评价及测度指标体系的创建，应当包括“四化”同步四个层面的具体发展水平指标。“四化”同步发展涵盖了新型工业化、农业现代化、信息化以及城镇化发展四个方面，这四个层面的子系统构成了“四化”同步发展综合水平评价系统。“四化”同步评价系统由低到高的层级变化、由小到大的规模变化、由简到繁的关系变化、由无序到有序的动态变化等，都需要通过“四化”中四个层面的具体发展状况得以体现。“四化”同步协调发展，除了要求子系统间的协调外，更要保证“四化”同步发展的整体协调，以此实现推动产业结构的优化与升级。

（2）“四化”同步评价及测度指标体系，应当包括多元化的协调发展能力指标。“四化”同步协调发展是这一评价指标系统的内在要求，是新型工业化、信息化、城镇化以及农业现代化四个层面中，以两个层面或者两个层面以上的子系统之间的协调，得以实现整个“四化”系统的互动发展。这就要求在多元化互动协调发展过程中，多个子系统之间必须协调与统一，在“四化”同步发展的子系统中，形成良好的互动效应，保证“四化”整体评价系统的科学性和有效性。

（3）“四化”同步评价及测度指标体系，应当包含有提升与结构优化类评价

指标。"四化"同步评价指标，应建立在新型工业化、信息化、城镇化以及农业现代化四个层面都能获得良好发展的基础上，在互动性与协调性的结构优化过程中，除强调结构优化和资源配置优化以外，还要求经济活动同非经济活动之间保持协调关系。并且"四化"同步评价指标体系，还应当包括结构优化提升类指标，在保证"四化"各个方面共同发展的同时，还能够推动其他层面的发展，并实现产业结构升级等目的。

4.2.1.2 "四化"同步测度评价初始评价指标体系初选的基本思路和方法

（1）选择"四化"同步评价与测度指标体系时，应当把握"四化"同步发展的理论基础、互动机理、基本内在特点以及当前现有理论研究成果，同时，还应当在遵循前文所述的评价指标体系选取的原则的基础上，根据各个地区"四化"同步发展的实际水平和实际发展形势，以及指标数据获取难易程度进行设计。由于本书主题"四化"同步评价与测度指标体系的研究起步较晚，相关的理论研究系统有待健全。此外，由于国内不同区域的"四化"发展水平不同，城乡经济发展差异较大，所以在创建评价与测度指标体系时，应当把握"四化"同步评价指标体系的基本特点。

（2）"四化"同步评价与测度指标选择，可通过头脑风暴法实现。头脑风暴法起源于精神病学。在采用头脑风暴法进行"四化"评价指标的选择工作时，应集中主要领导人员以及相关专家，举行专项主题会议，并在会议过程中，极力削减彼此间的压力、隔阂，创建轻松、愉快的交谈氛围，并相互感染，激发其表达欲望，尽可能地提出尽善尽美的"四化"同步指标系统选择方案。还可以通过创建设想论证型、开发型的会议形式，让参与会议的每一位成员，都能够相互激励，互相启发，达到发散思维、集思广益的目的，从而保证评价指标选择的科学性、有效性和实用性等特点。

4.2.2 "四化"同步发展初始评价指标的调整优化

通过头脑风暴法等办法进行选择的"四化"同步评价与测度指标中，部分指标对"四化"同步发展有着直接的影响，而部分指标对"四化"同步发展影响程度较小，部分指标甚至存在重叠、相互包含的关系，或者有较高程度的相关性，因此在评价指标的初选工作中，需要对这些评价指标进行初步的筛选。

（1）忽略"四化"同步发展过程中影响不大的初始指标。在确定"四化"同步发展评价与测度体系指标过程中，应当根据"四化"同步发展的内在要求以及协调性的特点，选择直接关系到"四化"同步发展的指标，同时去除部分对"四化"同步发展指标影响程度较小的指标，从而提升"四化"同步发展评价指标体系的科学性及有效性。

（2）对"四化"同步发展评价及测度评价指标进行精简处理。在"四化"同步评价体系指标选择上，应当根据"四化"同步发展的实际需求、内在含义以及指导性的原则，完成评价指标的选择工作，对内容意义重叠或者关联程度较高的评价指标进行合并，从而实现精简评价指标体系的目的，保证评价系统的科学、精准及有效。

（3）对"四化"同步发展评价及测度评价指标体系中差异较大的指标进行替换处理。在选择"四化"同步发展评价指标过程中，应当根据"四化"评价指标选择原则、指标主要作用，对部分差异较大，获取数据难度较大的指标，进行指标替换处理，从而实现优化评价指标体系的目的。

4.2.3 "四化"同步发展评价指标数据的预处理

4.2.3.1 "四化"同步测度评价指标的标准化

（1）标准化指标数据。大多数评价指标的数值单位是不同的，数值规模也有一定程度的差异性，无法进行标准化的比对。因此，应当将指标体系中每一个指标转换为 [0，1] 上的数值，从而保证在"四化"同步测度评价指标体系中的指标上具有可比性。

（2）指标数据标准化的主要方式。首先，就正向指标而言，数值规模越大，评价目标数值变动情况也相对较大；反之，数值规模越小，评价目标数值变动情况就越小，从而得出数据标准化式（4-1）：

$$F_{mn} = \frac{E_{mn} - minE_{mn}}{maxE_{mn} - minE_{mn}} \tag{4-1}$$

其次，就逆向指标而言，数值规模越小，则评价目标数值变动情况越大；反之数值规模越大，目标数值变动情况越小，从而可以得出其标准化式（4-2）：

$$F_{mn} = \frac{maxE_{mn} - E_{mn}}{maxE_{mn} - minE_{mn}} \tag{4-2}$$

式（4-2）中的 E_{mn} 指的是第 m 个研究层面的第 n 个指标；F_{mn} 指的是 E_{mn} 标准化后的数值；$maxE_{mn}$ 是指第 m 个研究层面的第 n 个指标的最大数值；$minE_{mn}$ 指的是第 m 个研究层面第 n 个指标的最小数值。

4.2.3.2　"四化"同步测度评价指标的权重赋值

（1）"四化"同步测度各个评价指标的权重划分。权重是相对理念，根据"四化"评价指标的重要程度，确定其所占比重和分值，对影响程度较大的指标，其分值应当设定在［0，1］范围内，分值越大其地位越重，从而区分"四化"同步发展评价指标与整体评价指标之间的不同点。

（2）"四化"同步发展评价指标权重划分依据。权重划分应当根据指标系统中指标重要程度决定。首先对任意权重占比划分，权重数值范围应当在［0，1］之间；其次是权重数值之和为 1。

（3）"四化"同步测度评价指标权值的确定所遵循的原则。

1）整体均匀配置原则。"四化"同步发展的不同层面，应当根据其发展所需，制定相应的评价指标，保证各个评价指标之间的协调，从而确保评价指标对"四化"同步发展产生引导性作用。权重划分不能只关注单个指标系统的优化，应当将评价指标体系的整体优化作为直接目标。

2）"四化"同步发展的评价指标选择应当结合"四化"发展的实际需求进行。权重的划分应直观地体现出评价指标的重要程度，因此应当根据实际所需，确定指标权重分值。指标应当遵循历史特点、社会需求特点、现实需求特点，因此，"四化"同步发展评价指标应当和"四化"发展的实际需求和战略规划相结合。

3）群策群力，应当尽可能地发挥群体决策的作用。鼓励群体中所有成员表达出自己的看法和意见，群策群力，吸收群体智慧，保证权重划分的科学性、合理性，削除个人情感因素产生的不利影响。

4.2.3.3　"四化"同步测度评价指标的权数地位确定

"四化"同步测度评价指标权数划分，主要有客观赋权法以及主观赋权法两种方式。首先，客观赋权法根据实际指标数据，通过合理的数据模型计算获得，从而区分数值差距，如果数值差异较大，则客观赋权计算值相对较高；其次，指标数值发生变动的情况下，客观赋权结果也将随之发生变动。主观赋权法根据决策人员对有关信息的主观判断，完成权重划分工作。主观赋权法能够直接体现出指标数据的重要程度，如果决策人员个人主观思想发生改变，则指标权重也将发生改变。本书介绍的客观赋权法主要有熵值法、标准离差法和 CRITIC 法，主观赋权法主要有指标权重赋值法和德尔菲法等。

（1）熵值法。

1）熵值法权重划分的基本理念。根据信息论的相关观点，信息熵 $H(X) = -\sum p(x_i)\ln p(x_i)$ 可有效度量系统的无序程序，如果某一层面指标数值不断提升，则信息熵数值就相对较小。此外，指标权重直接体现出该指标在指标系统中的重要程度，指标权重越大，则代表该指标在指标系统中越重要。因此，可通过熵值变化情况，确定各项指标权重占比。

2）熵值法在"四化"同步测度评价指标选择中的应用。根据前文所述，通过熵值法确定指标权重，最为突出的优点在于其能够客观地体现出权重划分的科学性特点。但其缺点也是显而易见的。首先，计算方式复杂，需要处理大量的数据信息，处理过程漫长，极大影响了权重划分效率。其次，缺乏对研究对象各层面指标的对比，并且指标数据之间差距较大，从而直接影响到权重划分的科学性。最后，需要以大量的信息数据为依据，从而避免受到数据不足的影响。

（2）标准离差法。

1）标准离差法作为客观赋权法代表方法之一，其应用思路如下。如果研究对象各层面的评价指标标准差较大，则意味着该层面数值之间的差距相对较大，其评价工作中的作用程度也相对较高，在整体评价工作中的重要程度也就越大，对其权重赋值就比较大。而如果某个层面的评价指标标准差距较大，则该层面的指标数据也会有较大波动，其数值变化程度也相对较大，权重分值也就越大。

2）标准离差法在"四化"同步测度评价体系指标确定过程中的应用状况。根据前文所述，通过标准离差法进行"四化"同步测度评价指标权重划分是科学有效的，这一方式最为突出的优点是其客观有效性。通过对"四化"同步发展评价指标差异程度以及重要程度的分析，确定各项指标所占权重，不会受相关人员主观思想的影响，相较于主观赋权法，这一方式更为科学而客观合理。但其缺点也是显而易见的。首先，未能对研究对象各层面指标进行横向对比，而标准数据波动情况较大，在差异较大的层面指标，权重分值也相对较大。其次，需要大量信息数据为依据，受信息数据影响程度较大，和熵值法较为相似，还要考虑各个指标因素之间的差异大小，不过其计算方式较为简单，容易理解和接受。

（3）CRITIC 法。

1）CRITIC（Criteria Importance Through Intercriteria Correlation）法最先是由 Diakoulaki 等（1995）所提出，其权重划分理念是，要求根据指标权重强度对比以及评价指标间冲突等特点来进行综合考量和最终确定。首先是强度对比，用来分析同一数据下，不同研究方案之间的差距。差距越大，则指标权重越大。其次是指标间的冲突程度。以关联性为基础，关联程度越大，则指标间的冲突程度越小。

2）CRITIC法在"四化"同步发展评价体系中指标权重划分中的应用情况。综上所述，该方法在进行"四化"同步发展评价指标权重确定方面具有一定的科学性，其优点是显而易见的。首先，相较于德尔菲法以及其他主观赋权法，该权重划分法具有极大的客观科学性。其次，考虑到各指标本身强度差距，对"四化"同步评价指标权重划分应当以指标自身变异性程度为依据。最后，由于各指标因素之间存在一定冲突程度，所以"四化"同步发展评价指标体系中权重划分，要充分考虑指标关联程度和指标关联变化情况。因此通过CRITIC法划分指标权重时，就指标本身强度来说，指标标准差距较大则权重分值相对较大。就指标间的冲突性来说，冲突程度越大，则权重占比越大，反之冲突程度越小，则指标权重占比越小。同时，通过冲突性和相关系数之间的计算可以看出，两个指标间相关系数越大，则表明两个指标间的作用相似度也相对较大，冲突程度越小，表明两个指标间的评价信息越发精准。因此，当评价指标数量较多时，应当将部分正相关程度较大的指标从指标系统中去除，在保证计算结果精准性的前提下，将计算量减少到最低程度。总体来说，相较于熵值法以及标准离差法等方式，CRITIC法在权重划分方面更具科学性和可行性。

（4）主观赋权法。

1）主观赋权法确定指标权重的基本理念。所谓的主观赋权法，指的是以决策人员的主观思维，确定各项指标在评价体系中的权重。换言之，就是根据决策人员自身的价值观念，以及对评价指标重要程度的认识，决定指标在评价指标体系中的重要程度和所占权重。如果决策人员主观思维发生变动，则对指标重要程度的认识也发生改变，权重分值也随之发生转变。

2）主观赋权法主要方式。一般而言，指标权重赋值的方式包括以下几种：第一是主观经验法，也就是决策人员根据自身的工作经验和主观思维观念，确定指标权重并赋予相应的权重分值，大多用于决策人员对各项指标较为了解的情况下。第二是评价指标主次分类法和评价指标排队法，同时也被称为A、B、C分类法。评价指标排队法要求根据对象发生背景，以及权重划分准则，将评级系统中的各项指标根据其重要程度进行重新排列，然后在评价指标排列基础上，通过A、B、C评价指标权重划分方法，完成权重划分工作。这种权重划分方式应用程度较为广泛。第三是专家调查法。通过聘请相关专家,对评价指标进行系统性和综合性分析,了解各项指标的重要程度,并引导有关专家,就指标权重赋值提出自己的意见,然后综合各位专家的看法,制定合理的指标权重。由于主观赋权法基本特点是存在较大程度的主观性,不同专家的主观思维是不同的,因此指标权重的划分也是不同的。同时,不同来源的数据指标权重也不尽相同。为提升指标权重设定的科学性,应当综合多种标准权重划分方式,并根据实际所需,实时进行调整。

3)德尔菲法(Delphi Method)。该方法也被称作专家调查法,于1946年由美国兰德公司创始实行。通过对相关专家进行专题咨询,获取权重赋值的意见,从而得出科学的权重划分方式。从本质而言,该方式属于匿名方式的反馈,其主要特点包括:首先,具有匿名性的特点。征询专家意见方式是一对一进行,各位专家彼此之间不知道对方是谁,这样可以较大程度消除受到某些专家意见的影响,更具客观性。其次,具有反馈性特点。在收到专家意见之后,需要将反馈意见经过匿名处理,再传递给其他专家,专家之间经过多轮信息交流。最后,对有关专家的意见、看法进行整理归纳,剔除不重要事件,总结出不同于其他方式的指标权重划分标准。

4.2.4 "四化"同步综合发展水平测度评价的主要方法

4.2.4.1 "四化"同步发展综合水平测度评价的主成分分析法

(1)主成分分析法的基础理念。"四化"同步发展综合水平的测度评价工作中,随着期望评价指标变量的减少,所含信息量却不会发生变动或者减少程度极少,从而实现通过使用较少变量,分析评价指标体系变量的工作目标。因此,主成分分析法意味着能够获取大部分资料中的新变量,用于解释原始指标数据系统中的综合性指标。就其本质来说,主成分分析法的主要作用是减少变量分子。

(2)主成分分析法被广泛用于"四化"同步发展水平的评价工作中。在"四化"同步发展过程中,为更深入、更系统地分析"四化"同步发展状况,对任何影响到"四化"同步发展的因素都应当考虑在内,这无疑在相当程度上造成了"四化"同步发展评价工作的复杂度,对此,可通过主成分分析法的降维原理进行处理。

4.2.4.2 "四化"同步发展水平测度评价的模糊层次分析法

(1)模糊层次分析法核心理念。这一分析方式是层级建构思想结合模糊数理思想形成的。首先是层次分析法，将评价目标按层次划分为多个层面的指标分析系统，并确定各项指标所占权重。其次是模糊综合评价，这是在"隶属度"这一模糊理论的基础上，对相关的指标数据进行模糊处理。通过隶属度，来确定研究对象的权重赋值，从而更好地解决在综合指标数据之间的杂乱关系下，不同层级模糊问题，最大程度地减少人为因素造成的不利影响。

（2）模糊层次分析法在"四化"同步发展综合水平评价工作中，可通过定性方式与定量方式相结合，借助分析评价指标直接的关系，将"四化"同步发展划分为新型工业化、信息化、城镇化和农业现代化四个不同层面，每个层面划分成不同层次，不同层次设定不同的权重赋值，从而构成多层系统结构。然后，根据各层因素重要程度，确定各层指标权重，并形成矩阵形式。此外，在创建"四化"同步发展评价指标体系的基础上，通过模糊数学隶属关系，创建评价系统，创建矩阵式模糊性等级系统。最后，通过计算矩阵公式得出评价结果。

4.2.4.3 "四化"同步发展综合水平测度评价的优劣解距离法

（1）优劣解距离法，也称 TOPSIS 法，由 C. L. Hwang 和 K. Yoon 在 1981 年首次提出。该方法的应用思想是根据理想解差异性进行排列，确定评价指标和评价对象之间的差距。排序规则是通过对比备选方案同理想方案之间的差距，从而得出最佳、最理想的评价指标方案。

（2）优劣解距离法在"四化"同步发展综合水平测度评价中的主要运用。在适用于该方法的数据系统中，找出最佳以及最差的评价方式，充分发挥"四化"同步评价系统指标中相关数据资料的作用，创建评价新型工业化、信息化、城镇化和农业现代化的方案，并作为评价标准准则用来分析四个不同层面的具体发展状况，并通过推算，分析其发展状况同"四化"同步发展整体目标之间的差距，并将评价对象和理想评价状态进行对比，从而得出最佳的评价方式。

4.2.4.4 "四化"同步发展综合水平测度评价的熵值法

熵值法主要作用是反映并描述指标数据之间的不确定性，计算出熵值大小和指标数据之间的不确定对应量。根据熵值在"四化"同步发展综合水平评价中各类指标数据的变动情况，确定指标数据在"四化"同步发展综合水平评价指标体系中所占的权重。通过熵值法来评价"四化"同步发展的基本水平，并对"四化"同步发展过程中各个层面的发展状况进行单独的评价，分析其对四化整体发展的影响，进而对"四化"同步评价综合水平进行科学、客观和系统性的分析。

4.3 "四化"同步推进产业结构优化升级的联动效应评价指标体系

在现有研究中，对于衡量新型工业化、城镇化、农业现代化以及信息化有着不同的测度方法。但是从现有研究中我们大致可以得到一些基本达成共识的指标。例如，工业化我们主要采用工业部门的劳动数量来衡量，城镇化主要采用经济系统中非农劳动力的比重来作为城镇化率的代理变量等。之所以我们首先确定"四化"指标体系，是因为这些指标是一些基础的指标。只有确定相关基础指标之后，我们才能评价相互之间融合程度。

4.3.1 工业化推进产业结构优化升级的评价指标

在工业化的进程中，就业结构（工业就业人口占经济系统中就业人口的比重）、人均 GDP、产业结构（工业产值占经济系统中总产值的比例）、工业增加值结构（制造业增加值占商品生产部门增加值）、空间结构（城镇人口占总人口比例）、贸易结构（出口商品中工业制成品所占的比重）等都会发生一系列变化。因此，在测度工业化水平时，通常会以上述变量为代理变量，或者构建一系列的指标体系。

上述指标或多或少存在一些问题。Kuznets（1957）研究发现，随着产业结构的变动，地区人均 GDP 水平通常也是提高的。[①] 因此，有些研究以人均 GDP 来衡量工业化的程度（郭克莎，2000）。[②] 在衡量一个国家或地区的经济发展水平时，我们使用人均 GDP 是相对较为合理的。但是，如果用于衡量工业化水平则值得商榷。事实上除农业和工业外，经济系统中还存在着服务业。尤其是在发达国家，第三产业的比重通常都占 70%以上，人均 GDP 也相当高，发达国家的工业却出现了弱化。前文中我们也提到，在 20 世纪最后的 20 年中，西方发达国家都有"去工业化"的趋势。因此我们用这个指标显然不合理。用空间结构，即城镇

---

① 孙德中. "四化同步"测度与评价研究 [D]. 郑州：河南农业大学博士学位论文，2016.
② 郭克莎. 中国工业化的进程、问题与出路 [J]. 中国社会科学，2000（3）：60–71+204.

人口占总人口比例来衡量工业化也是存在很多问题的，但是这一指标仍在某些研究中出现。空间结构作为城镇化率（下文中我们会详细介绍）的衡量指标更加合理，其反映的是人口在空间的流动。工业化与城镇化是不能完全画等号的，这在前文的研究中我们同样提到过。在工业化与城镇化的联动关系中，城镇化可能是超前或者滞后的。

此外，一些研究中提到了使用贸易结构，即出口商品中工业制成品所占的比重来衡量工业化（林高榜，2007），这同样存在不合理之处，主要是因为各国或者各地区的对外开放程度和资源禀赋都有着很大差异，尤其是在存在"加工型"贸易时，这一指标更不合理。① 也有一些研究用工业结构（制造业增加值占总商品生产部门的增加值）来衡量工业化水平，这同样存在不合理之处。该指标说明的是制造业的水平，而工业中除制造业之外还包括采矿业，电力、热力、燃气及水的生产和供应业等。即便这些行业产值较小，这一指标也与产业结构指标相类似，因此并不合理。

从严格意义上来讲，工业化只能算是个工业的过程。那么，在这样一个过程中总是会存在一些其他因素随之而变动，因此为了衡量工业化的动态演化程度，相关研究通常会选择一些随着这些指标体系的变化而变化的代理变量。在最初关于工业化研究的文献中，如 Clark（1940），比较常用的指标是工业部门的就业结构，即工业就业人口占一国或者地区整个经济系统中就业人口的比重。② 因此，采用人口就业比重作为工业化比重也是最为广泛的，如袁志刚、范剑勇（2003）就使用这一指标来衡量中国各地区工业化的进程。与其他指标相比，该指标更能代表工业化的水平。③ 当然，这一指标也为人们所诟病，主要是因为随着工业技术水平的提高，工业部门的劳动生产率更高。因此，即便是在工业人口比重没有上升的情况下，工业部门所创造的价值也有可能更高。如果按照这一指标，工业化程度并没有提高。但是，工业化产值、生产效率等都有所提高，如果我们认为工业化没有进展很容易遭人质疑。

为了更准确地衡量工业化的水平，一些研究选择综合的方法或者其他的代理指标。例如，郭克莎（2000）选择以人均收入水平为主，三大产业结构和工业内

---

① 林高榜. 衡量城市化与工业化比较水平的新指标研究 [J]. 数量经济技术经济研究，2007（1）：46-55.

② 舒季君. 中国"四化"同步发展时空差异及其影响机理研究 [D]. 杭州：浙江工业大学博士学位论文，2015.

③ 袁志刚，范剑勇. 1978 年以来中国的工业化进程及其地区差异分析 [J]. 管理世界，2003（7）：59-66.

部结构为辅来衡量中国工业水平。[①] 陈佳贵等（2006）选择对经济发展水平、产业结构、工业结构、就业结构、空间结构等各个指标进行加权，以加权的数值来衡量中国工业化水平，并且这一指标得到相关研究者的认可。[②] 但值得一提的是，这些加权指标的构建中的权重选择是至关重要的，而且在众多的研究中权重是不随着时间的变化而变化的。因此，这种通过权重而构建的指标同样令人质疑。国内也有些研究者选择了其他的代理指标，如林高榜（2007）选择了机械工业产值作为代理变量。在他的研究中，首先对相关变量进行了检验，发现工业就业指标、工业制成品出口指标、工业产值指标和人均国内生产总值这几个指标与机械工业产值有着一致性（滞后机械工业产值2期左右），因此选择机械工业产值作为代理变量。[③] 在前面的分析中我们提到，这几个指标在实证研究中已经有着广泛的应用，并且它们与产业结构的一致性也已被证实。这里存在类风险，即我们选择的参照系指标本身就存在着问题，而这些问题在前文中我们也已一一指出。从这个视角来看这些指标同样存在不合理性。

上文中我们也指出，就业比重是相对较为合理的指标。但是，可能存在生产效率提高无法体现的问题。根据数据的可获得性以及指标的合理性，我们不妨在就业比重的基础上加入劳动生产率的变化指标。设定就业比重为emp，劳动生产率为lp，那么我们可以得到工业化水平为：

$$IL = emp \times lp \tag{4-3}$$

如果我们用工业产值/工人数来衡量劳动生产率的话，那么我们会发现这个数值实际上就是人均工业产值。从人均GDP的角度来看，如果考虑第一以及第三产业不能代表工业化，那么同样可以得到人均工业产值是合理的指标。

4.3.2　城镇化推进产业结构优化升级的评价指标

城镇化同样是经济发展的一个过程，城镇化水平的测度也有很多的代理指标。与工业化代理指标不同的是，城镇化的主要代理指标得到了研究者的共同认可，其主要是采用该国或者该地区城镇人口占总人口（包括农业与非农业）的比重。当然，这一指标是人口统计学指标，很多研究者根据自身研究的需要也采用

① 郭克莎. 中国工业化的进程、问题与出路 [J]. 中国社会科学，2000（3）：60-71+204.
② 陈佳贵，黄群慧，钟宏武. 中国地区工业化进程的综合评价和特征分析 [J]. 经济研究，2006（6）：4-15.
③ 林高榜. 衡量城市化与工业化比较水平的新指标研究 [J]. 数量经济技术经济研究，2007（1）：46-55.

一些其他指标，如土地的城镇化。相比而言，土地城镇化更加引起研究者质疑，因为这种城镇化可能存在虚高。并且在这种衡量标准的导向下，地方可能更加注重城市规模而忽视城镇化的质量。从现有的研究来看，使用单一指标衡量城镇化主要还是采用人口的城镇化指标。

除单一指标外，一些研究也指出城镇化的评价需要使用复合指标，并指出单一指标不能反映城镇化的主要特征。例如，楼培敏（2009）指出研究指标不能单一化，需要在指标中考虑城镇化水平、城镇化经济水平、城镇化社会指标等因素，共同构建一个多维的城镇化指标。[①] 再如王富喜、孙海燕（2009）从经济发展、社会发展、基础设施、生活方式以及人居环境5个方面选择了27个指标构建了城镇化水平的评价指标体系，并采用了均方差均值法对各属性指标进行赋权；[②] 赵旭等（2009）构建了一个包含经济、社会、基础设施、人民生活质量、土地人口发展的综合指标；吴耀等（2009）构建了集人口、经济、社会城市建设与环境于一体的城镇化指标，采用因子分析法；[③] 刘盾等（2009）采用了人均GDP，第一产业发展水平，交通、医疗、通信设施水平，生活环境和居民受教育程度等反映经济、基础设施和人民生活质量、现代化水平三方面的指标建立综合指标体系，并采用了聚类分析的方法。[④]

从上述研究中我们不难看出，复合指标的方法目前存在很大的分歧，主要分歧点在两方面：指标的选取以及评价的方法。首先，在指标的选取方面，各研究者对相关指标的选取任意性较强，从现有的研究中来看，我们并没有发现相关研究在进行指标选取时对其线性相关性进行检验。其次，在评价方法方面，各研究者也采用不同的综合方法，如主成分分析法、因子分析法、层次分析法、灰色方法、改进的熵值法等。但对于如何采用这些方法，相关的研究中并没有给出。正是由于指标的选取和评价方法缺乏一致性，相关综合指标的建立难以得到其他研究人员的认可，因而也就无法对不同国家或地区在不同时间的指标进行比较研究。那么，单指标法和综合指标法对城镇化的衡量程度到底有多大呢？这种综合

---

① 楼培敏. 指标优化：中国城市化面临的任务 [J]. 贵州社会科学，2009（11）：50-55.

② 王富喜，孙海燕. 山东省城镇化发展水平测度及其空间差异 [J]. 经济地理，2009，29（6）：921-924.

③ 吴耀，牛俊靖，郝晋伟. 区域城镇化综合发展水平评价研究——以陕西省为例 [J]. 西北大学学报（自然科学版），2009，39（6）：1042-1047.

④ 刘盾，胡培，何鹏. 基于粗集与聚类分析的中国城市化评价模型 [J]. 西南交通大学学报（社会科学版），2009，10（1）：110-115.

指标的方法是否有必要呢？王新娜（2010）对不同的城镇化指标体系进行了研究，研究选取了1991~2008年的数据，分别采用了单一指标法（城市人口比重指标、非农业人口比重指标）和复合指标法（主成分法、熵值法、层次分析法），并采用多配对样本的 Kendall 协同系数检验和 ICC 检验对整个评价的结果进行了一致性检验。该研究发现，运用这5种指标法对城镇化水平的评价结果是一致的，并且 Kendall 协同系数达到0.979，ICC 检验系数达到0.984。[①]换句话说，采用综合评价的方法与单一指标的方法并没有本质的区别。如果考虑综合评价方法的上述不足以及其的复杂化，采用单一指标方法反而更加具有优势。

鉴于上述原因，我们选择城市人口比重指标作为衡量城镇化水平的基础指标。一国或者一个地区城镇化的水平如何，不仅需要考虑其城市人口比重，同时也需要考虑其基础设施，就业水平等是否与城镇化水平相互匹配。一个地区如果基础设施建设相对滞后，那么更多的城市人口只能带来人均基础设施的不足等问题，城镇化的水平实际上并不高。此外，如果一个地区的就业率相对较低的话，那么这个地区的城镇化水平也是相对较低的，因为这些失业人群并没有稳定的收入，因此更加容易造成大量的"贫民窟"以及"伪城镇化"。如果设定城市人均基础设施水平为 ifr，城镇人口比重为 ur，就业率为 empr，那么我们可以得到城镇化水平的衡量指标为：

$$UL = ifr \times ur \times empr \tag{4-4}$$

4.3.3 农业现代化推进产业结构优化升级的评价指标

农业现代化的水平直接决定了农业增加值以及农民的个人收入，同时农业现代化与工业化以及城镇化都有着密切的关联。农业现代化水平的高低通常直接决定该国的总体经济水平，只有农业现代化水平得到发展，本国农民的收入水平才会提高。在衡量农业现代化水平方面，同样有单一指标衡量和综合指标衡量两种不同的方法。

农业现代化水平比较高的国家，通常农业部门的劳动生产效率也比较高，正是因为这一原因，很多研究中使用农业生产效率作为衡量农业现代化的指标。同时，农业现代化水平比较高的国家农业机械化的程度也比较高，因此相关研究中也有使用农业机械化水平代替农业现代化衡量的。这里有两点需要强调：

---

① 王新娜. 城市化水平衡量方法的比较研究 [J]. 开发研究，2010（5）：92–95.

第一，农业的劳动生产效率的提高并不代表农业现代化水平的提高。农业劳动生产效率的提高可能源于农业现代化水平的提高，也可能是劳动力本身的效率提升。在农业劳动力比较富余的国家，农业部门通常都存在着大量的隐性失业。当然，在前文中我们也提到，为了不造成本国农业部门的大量失业，一些国家采取农业部门隐性失业的方法来解决农业部门所面临的失业问题。从这个角度来看，农业生产效率的提高未必完全是源于农业现代化水平的提高，也有可能是源于农业劳动力的使用水平的提高。

第二，农业机械化的程度未必代表农业现代化。农业现代化的水平有着一定的前提条件，即农业机械化。在农业机械化水平比较高的国家，未必就能实现农业现代化。例如，中国农业机械化的水平并不算低，但是相关研究普遍认为中国农业现代化的水平距离发达国家还有很大的差距。农业现代化包括农业机械化和规模经济，产业间国际竞争力，即农业现代化中有着更高的现代企业化的生产、经营体系以及管理现代化，而不仅仅是机械化水平的提高，农产品具有在国际市场上竞争的优势。

一些研究也指出农业现代化需要使用一些综合的指标来衡量，这与上述农业现代化需要规模经济的观点是一致的。蒋和平等（2005）对中国1980~2003年的农业现代化水平进行综合评测，研究中选择农业投入水平7个指标、农业产出水平4个指标、农村社会发展水平2个指标、农业可持续发展2个指标四项共15个指标通过层次分析法确立权重来构建综合评价体系。[1] 同样，蒋和平、崔凯（2011）又从相关综合、生产条件、生产效果、生态环境四大方面选择了10个指标，通过构建计量模型来评估农业现代化的水平。[2] 从这两个研究中我们也发现，即使是同一学者也会选择不同的指标和研究方法来构建一个综合性的指标，因此这种指标的可比性、科学性就很值得怀疑。更为重要的是，这样一些综合性的指标同样没有得到其他学者的认可，因为也就不具有普遍性，无法与其他研究的结果进行比较研究。

根据本书的研究需要，我们侧重于从农业机械化程度以及农业的劳动生产率的角度来说明农业现代化的水平。农业现代化的水平越高，本地农民的收入水平

---

① 蒋和平，黄德林，郝利.中国农业现代化发展水平的定量综合评价 [J].农业经济问题，2005 (S1)：52-60+69.

② 蒋和平，崔凯.我国粮食主产区农业现代化指标体系的构建和测算及发展水平评价 [J].农业现代化研究，2011，32 (6)：646-651.

应该也越高。在城镇化与农业现代化协调度比较高时，城市居民和农村居民的收入水平应该持平。从前文的分析中我们大致可以看出，本地农业现代化水平可以分解为机械化程度和农业劳动生产率两方面。设定农业机械化程度为 amr：［农业机械总动力（万千瓦）/农作物总播种面积（公顷）］和农业劳动生产率 alp，那么我们可以将农业现代化表示为：

$$AM = amr \times alp \tag{4-5}$$

4.3.4　信息化推进产业结构优化升级的指标

信息化是未来经济发展的重要方向，对各国经济产生了重要的影响。对于如何建立一套合理的信息化指数有很多争议，这主要是由于两方面原因：

第一，信息化的发展特别迅速，一些新的指标需要加入进去进行考量。例如，在 20 年前手机还不是很普及，因此在信息化的统计中不会将这一因素纳入进去。但是，随着手机的普及，尤其是移动互联网的普及，在现代社会中衡量信息化水平若不将这些因素纳入进去便显得很不合理。

第二，信息化除了能够发展信息化产业本身，对其他行业也会产生很大的影响，包括信息化的应用等。换句话说，信息化会产生直接和间接的影响。其中争议最大的也就是信息化的间接影响，研究者对此缺乏统一的认识。

信息化的衡量从 20 世纪 60 年代就已经开始，尽管这时期的信息化水平在当今来看并不算高。1962 年，Machlup 在他发表的《美国的知识生产与分配》（*The Production and Distribution of Knowledge in the United States*）一书中开创了信息化测算的先河，将知识产业划分为五大类，即教育、研究与开发、通信媒介、信息设备设施、信息服务；1965 年，日本学者小松畸清介从邮电、广播、电视新闻等行业中选取信息量、信息装备率、通信主体水平、信息系数 4 个要素来体现社会的信息化程度，构建了信息化指数；1977 年，Robert 出版了研究报告《信息经济》，该报告继续 Clark（1940）关于三次产业的研究，所不同的是他将信息活动从三次产业中分离出来，构建了独立的第四产业，在他的《信息经济：定义与测量》（第一卷）中对信息化衡量给出了比较系统的测算方法（郑丽琳，2005）。[1]除了一些研究者给出了信息化衡量指数指标，一些机构也形成了相对较为权威的指数体系。其中，最负盛名的是国际电信联盟信息化发展指数（IDI），该指数是

---

① 郑丽琳. 信息化水平测度研究综述［J］. 合作经济与科技，2005（3）：60-61.

由全面反映信息化发展水平的 11 个要素合成的一个复合指标，涉及信息化基础设施、信息化使用、知识水平、发展环境与效果和信息消费的各个方面，也包括诸如拥有计算机的家庭数量、互联网的使用人数以及掌握的水平等，该指数可作为衡量全球区域国家或地区信息化发展程度的综合评价手段。

中国也建立了一套科学的综合性较强的信息化发展指数评价指标体系和评价方法，以便用于中国各地区信息化程度的比较研究。该指数同样由信息化基础设施指数、使用指数、知识指数、环境与效果指数和信息消费指数 5 个分类指数组成，这与国际电信联盟信息化发展指数一致。其中，基础设施指数是应用信息通信技术的基础和前提，既包括传统的信息化指标，如每百人电视机数、每百人固定电话数，又包括代表现代信息通信技术（ICT）的指标，如每百人移动电话用户数和每百人计算机数；使用指数选用每百人互联网用户数指标；知识指数使用反映人们应用信息通信技术的知识和能力的教育指数，由成人识字率和综合入学率两个指标加权平均得到；环境与效果指数反映了信息化发展的经济基础以及全社会在信息化方面投入和产出的综合情况，通过信息产业增加值占国内生产总值 GDP 比重、人均 GDP 等指标来描述；信息消费指数通过居民用于信息类商品和服务的支出占总消费支出的比重，具体是指居民家庭消费的统计项目中用于通信和文化娱乐等消费支出占总消费支出的比重来衡量。

本研究中我们将沿用这样一套评价体系，信息化指数我们直接采用《中国信业化发展指数（1）研究报告》，数据来源于《中国信息年鉴》，并通过综合评价方法进行评价，具体计算公式为：

$$IDI = \sum_{k=1}^{n} W_k \left(\sum_{j=1}^{m} T_{jk}/m \right) \tag{4-6}$$

其中，n 为信息化发展分类指数的个数，m 为信息化应用水平的第 k 类指数的指标个数，W_k 为第 k 类指数在总指数中的权重，T_{jk} 为第 k 类指数的第 j 项标准化后的值。

4.4 "四化"同步推进产业结构优化升级的综合水平测度指标体系

"四化"除直接对产业结构升级产生影响外,对产业结构优化升级也会产生重要的影响。"四化"之间的相互融合,完全可以通过交叉项来做分析,这体现出了在一种因素的影响下,另一种因素对因变量的影响。

4.4.1 信息化与工业化深度融合的水平测度指标

信息化与工业化有着相互的促进作用,为了能够说明相互融合的影响,一些研究人员构建了综合性指标体系来研究信息化与工业化相互融合的程度。这种研究方法主要是采用指标研究法,通过对相关的指标赋予一定的权重后再进行加总,构建了一个综合性的指数。

李琳等(2013)使用了变权灰色关联的研究方法,对信息化与工业化深度融合程度进行了研究。该研究的基本思路是首先进行无量纲化处理,将数据的单位消除,这样避免了不同指标不具有可加性的问题。在此基础上,采用差值最小化的计算方法,并设定辨别系数为 0.5,这样我们可以得到各项的无量数值。然后,根据具体的权重计算后加总,从而得到一个综合的指数。在计算过程中涉及工业化以及信息化的代理变量,为此该研究中采用了地区工业生产总值、城镇单位就业人员工资、城镇居民人均可支配收入、城市居民消费价格指数、商品零售价格指数、非农业人口占总人口的比重、城乡就业人口比例等指标作为工业化的代理指标,采用了信息支撑因子、信息基础设施因子以及信息产业因子作为信息化的代理变量。[①] 此外,张劼圻等(2013)使用了 BOD 的方法来进行工业化与信息融合度的测算。该研究的基本思路与上述研究是相似的,选择了合适的工业化和信息化代理变量进行了直接加权,权重采用了 BOD 的改良方法,同样为 MAX-MIN 方法。[②]

---

① 李琳,李宁,王星.信息化与工业化融合实时测度研究 [J].情报科学,2013,31(5):108-112.
② 张劼圻,郑建明.信息化与工业化融合测度理论体系 [J].情报科学,2013,31(1):36-39+45.

通过以上两种方法我们可以发现很多问题：首先，关于工业化和信息化的代理变量选取并不准确，并且信息化综合指数中本来就已经包含了工业化与信息化的融合。在上文的研究中我们指出了工业化的一些合理指标，很多研究中工业化的代理变量本身就存在一些问题，因此我们对相关研究中所用的综合指标无法不产生怀疑。其次，权重的确定仍然值得商榷。不管是上述的灰色关联还是改进的BOD方法，其本质差异是权重。研究者之所以没有对综合的研究方法达成共识，主要是因为采用什么样的方法确定权重没有形成统一的认识。如果我们对不同的权重进行比较的话，会发现不同的研究方法权重差异是很大的。

基于上述两点原因，我们并不打算采用上述任何一种方法。事实上，在前文中我们已经给出了工业化以及信息化的单独衡量方法，我们不妨采用它们的交互项来衡量彼此的影响，这种研究方法在计量经济学中是经常会使用的一种研究方法。因此，我们设定工业化和信息化融合的影响为：$IF = IL \times IDI$。这里 IF 表示工业化和信息化融合水平，IL 代表工业化水平指标，IDI 代表信息化水平指标。

4.4.2 工业化与城镇化良性互动的水平测度指标

在前文中我们也提到，工业化与城镇化的发展有着一定的相互推动作用，对于这种互动我们需要进行定量的测度。大量的实证研究对工业化与城镇化相互之间的影响进行了关系的判定，研究发现工业化会促进城镇化的发展，同时城镇化也促进了工业化的发展，但很少有学者对两者相互促进的程度进行定量研究。

在对相互促进程度进行研究之前，我们不妨看工业化与城镇化高度一致的结果。在很多国家出现了工业化超前于城镇化的情况，这些国家比较明显的特征是存在着大量的出口型企业，同时本国工业部门存在着大量的农村转移劳动力。而在另一些国家的工业化则滞后于城镇化，本国有着大量的城市居民处于失业状态。在测度城镇化水平时我们选择城市人均基础设施水平为 ifr，城市人口比重为 ur，就业率为 empr 相乘来衡量。在这种研究方法中，由于我们使用了城市就业率，因此我们可以把最大的伪城镇化剔除掉。如果一国工业化和城镇化高度一致，从农业部门向工业部门转移的工人数量与本国从农村地区向城市地区转移的工人数量应该是一致的。但是，如果本国存在滞后城镇化，那么本国转移的农村剩余劳动力会大量在工业部门就业，但是并不计入城镇化率。此外，如果城乡的互动程度比较良好的话，那么城市居民的收入水平与农村转移劳动力（农民工）的收入水平应该是一致的。我们不妨假设城市居民的工资水平为 w_M，农村转移劳动力的收入水平为 w_{AM}，那么关于工业化与城镇化的相互协调度我们可以设定为 $\rho = (w_m - w_{AM})/w_m$。

很显然，城市居民收入与农民工收入相等代表工业化与城镇化已经同步，否则代表工业化与城镇化存在失衡。当然，我们也可以采用农民工在经济系统中的非农产业的就业比重来表示两者的互动程度。很显然，农民工所占的比重越小，代表工业化与城镇化的互动程度越高；否则，代表工业化与城镇化的互动程度越低。但由于农民工工资并没有准确的统计数据，因此本书的研究中我们打算采用工业化与城镇化指标的交叉作为两者良性互动的代理变量，即 $IU = IL \times UL$。这里的 IU 代表工业化和城镇化的互动性，IL 代表工业化水平，UL 代表城镇化水平。

4.4.3 城镇化与农业现代化相互协调的水平测度指标

农业现代化一方面可以释放劳动力推动城镇化的发展，另一方面还可以提高农业部门的生产效率。与此同时，城镇化的发展可以吸纳农村的剩余劳动力，也可以扩大对农产品的需求。城镇化与农村现代化是相互促进的，两者相互协调发展才能有效地促进整个国民经济的发展。在衡量城镇化与农业现代化相互协调方面，当前并没有太多的测度方法。对于两者之间相互协调程度的测度我们不妨同样采用间接测量的方法。

前文中我们也提到，农业部门很多时候并非不可以使用现代化的技术，只是限于农业部门存在大量的剩余劳动力，在存在剩余劳动力时，为了不让农民失业，农业部门不得不采用比较低的生产效率。如果城镇化和农业现代化达到一种完美的协调，那么农村居民和城市居民应该有相似的福利水平，他们的工资水平应该比较接近。在发达资本主义国家，尽管城镇化的水平比较高，但是农业部门的工资水平还是会与城市部门的工资水平存在一定的差异，农业现代化的水平还是低于城市非农生产部门。与城镇化和工业化良性互动测度相似，我们不妨采用城市居民和农村居民的收入水平进行测度。如果设定城市居民的工资水平为 w_M，农村居民的工资水平为 w_A，那么我们可以得到城乡居民的工资差距 $w_A - w_M$。这一数据并不能说明城镇化和农业现代化的协调程度，主要是我们没有参照系。为此，我们需要使用该数据与城市居民的工资差距进行比较，从而可以得到城镇化与农业现代化的相互协调程度：$\theta = (w_M - w_A)/w_M$。

需要指出的是，这里我们的指标只是城镇化与农业现代化的相互协调程度，这并不代表一个国家农业现代化水平到底有多高。在我们的计量模型中会加入农业现代化的单独指标，因此这并不会影响我们的研究结果。恰恰相反，这一指标更能单独地衡量城镇化与农业现代化的相互协调程度。同样，由于数据的限制，我们可以用城镇化与农业现代化的指标交叉作为两者融合程度的代理变量，即 UA = UL × AM。这里 UA 代表城镇化与农业现代化两者融合程度，UL 代表城镇化水平，AM 代表农业现代化水平。

4.4.4 "四化"同步推进产业结构升级的综合协调测度指标

信息化与工业化深度融合并不代表工业化与城镇化互动良好，也不代表工业化、城镇化与农业现代化已经足够协调。信息化与工业化深度融合只是第一步，这在前文中我们也进行了介绍。通过信息化的发展，我们能够促进经济增长，而这是需要一定的传导机制的。

在信息化促进经济增长的过程中，我们首先需要让信息化与工业化进行深度的融合。当信息化与工业化融合程度足够高时，代表本国的工业化在当前的信息化水平下已经达到了一个高点。当然，这并不是我们最终想要的结果。通过信息化与工业化的融合，我们想进一步通过工业化来带动城镇化同步发展。如果工业化与城镇化互动良好的话，那么本国的城镇化水平也会达到高点。更加重要的是这也为农业现代化的快速发展提供了机会。在实现城镇化与农业现代化相互协调后，本国的城乡差距也有很大程度的缩小。这样我们经济社会中存在的城乡二元分割，滞后城镇化以及城乡收入差距等一系列的问题也就迎刃而解。换句话说，我们的经济结构与产业结构通过"四化"同步发展的创新驱动得到了优化和升级。因此，在工业化、城镇化、农业现代化以及信息化"四化"同步发展上，我们可以构建一个新的衡量指标：

$$H = \sqrt[3]{IF \times IU \times UA} \qquad (4\text{-}7)$$

式（4-7）中就是"四化"同步协调发展指标，IF、IU、UA 在上文给出了计算公式和代表意义，H 指标与上述的其他指标都存在一定差异。上文其他指标只是简单地衡量某一因素对产业结构的影响，但是 H 指标是一个综合衡量指标，即在其他因素共同作用下，相互之间产生的一种全新的协同效应。

4.5 "四化"同步推进产业结构优化升级的联动效应综合测评模型

"四化"系统是由工业化、信息化、城镇化和农业现代化四个子系统构成的复杂系统,"四化"综合发展水平是把四个子系统当成一个有机整体,对其发展水平的综合考量,而非四者简单加权运算的结果。工业化、信息化、城镇化和农业现代化四个子系统各自的发展水平是其重要的影响因素,但并不能决定"四化"综合发展水平的高低。"四化"综合发展水平是对"四化"整体发展状况的反映,囊括了四大子系统各自的发展水平,体现了某个地区"四化"总体发展水平的高低。

4.5.1 联动效应综合测评计量模型的设定

首先,按照前文的研究,我们发现工业化城镇化、农业现代化以及信息化对产业结构优化升级具有重要的影响。为此,我们设定基础的计量模型为:

$$IS_{it} = \alpha + \beta_1 IL_{it} + \beta_2 UL_{it} + \beta_3 AM_{it} + \beta_4 IDI_{it} + \varepsilon_{it} \tag{4-8}$$

其中,i 为省份,t 为时间,IS 为产业结构,即某产业增加值占所有产业增值的比重。为了能够衡量产业结构的变化,我们选择了三个指标:

(1)非农产业增加值占所有产业增值的比重。

(2)第二产业增加值占所有产业增值的比重。

(3)第三产业增加值占所有产业增值的比重。

IL 为工业化水平、UI 为城镇化水平、AM 为农业现代化水平、IDI 为信息化水平。在第 4 章中我们已经对以上变量进行过说明,这里不再赘述。ε 为随机变量,我们假设该随机变量服从独立同分布。

其次,为了测量信息化与工业化的深度融合、工业化与城镇化的良性互动以及城镇化与农业现代化相互协调对产业结构的影响,我们设计了第二个计量模型为:

$$IS_{it} = \alpha + \beta_1 IL_{it} + \beta_2 UL_{it} + \beta_3 AM_{it} + \beta_4 IDI_{it} + \beta_5 IF_{it} + \beta_6 IU_{it} + \beta_7 UA + \varepsilon_{it} \tag{4-9}$$

在式 (4-8) 的基础上,式 (4-9) 加入了三个交互项,其中 IF 为信息化与工业化的深度融合、IU 为工业化与城镇化的良性互动、UA 为城镇化与农业现代化协调。

最后，"四化"协调能够有效地促进产业结构的不断升级，进一步地，在式（4-9）的基础上加入了"四化"同步协调指数 H，从而我们设定的第三个计量模型为：

$$IS_{it} = \alpha + \beta_1 IL_{it} + \beta_2 UL_{it} + \beta_3 AM_{it} + \beta_4 IDI_{it} + \beta_5 IF_{it} + \beta_6 IU_{it} + \beta_7 UA + \beta_8 H_{it} + \varepsilon_{it}$$

$$(4-10)$$

4.5.2　数据来源说明

前面我们提到了对工业化、城镇化、农业现代化以及信息化推进产业结构优化升级的评价衡量，以及信息化与工业化的深度融合、工业化与城镇化的良性互动、城镇化与农业现代化的协调对推进产业结构优化升级的综合水平的测度评价等，最终得出了一个全新的交叉指标："四化"同步发展指标实际上由四个基础指标构成，我们首先需要对这四个基本指标的来源与处理过程进行简单的说明。本章研究中使用数据为中国 31 个省、直辖市、自治区 2006~2016 年的面板数据，数据主要来源于《中国统计年鉴》《中国劳动统计年鉴》《中国农村统计年鉴》《新中国六十年统计资料汇编》《中国信息化发展指数（IDI）研究报告》《中国信息年鉴》。具体数据来源和处理如下：

（1）工业化水平测度。

上文研究中我们指出，工业化水平的测度我们可以采用人均工业增加值来计算。本书研究中我们选取了第二产业就业人员以及第二产业增加值作为对应的代理变量，还包括工业基础能力提升水平，新型制造业发展水平，传统产业改造升级水平，县域工业化提升水平，相关数据来源于《中国统计年鉴》《中国工业发展报告》等。

（2）城镇化水平测度。

城镇化水平的测度涉及指标包括城市人均基础设施城市人口比重，城镇化率以及城镇就业率。其中，人均基础设施我们选择常用的每万人拥有公共交通车辆作为代理变量，在本书研究过程中我们也选择人均公共面积数作为备选替代变量，数据来源于《中国统计年鉴》；城市人口比重（城镇化率）我们选择城镇常住人口与城镇户籍人口占各省份总人口来计算，相关数据来源于《中国统计年鉴》和《新中国六十年统计资料汇编》；城镇就业率来源于《中国劳动统计年鉴》。

（3）农业现代水平测度。

农业现代经营管理在中国尚处于起步阶段，现有的统计年鉴以及统计报告等资料中尚不存在各省份的数据。因此，在衡量农业现代化水平时，我们选择了更加常用的农业机械化指标（农业机械总动力）。当然，本研究中我们选择了现代大中型农业机械装备来测度，高标准农田建设、现代种业、农产品质量安全、新型农业主题培育等指标，同时也更能体现出农业的现代化水平。相关资料来源于《中国统计年鉴》以及《中国农村统计年鉴》。

（4）信息化水平测度。

信息化水平数据来源于《中国信息化发展指数（IDI）研究报告》（2009），信息化发展指数（IDI，Information Development Index）从信息化基础设施建设、信息化应用水平和制约环境以及居民信息消费等方面综合性地测量和反映一个国家或地区信息化发展总体水平。信息化发展总指数由 5 个分类指数和 10 个具体指标构成。指标体系如表 4-1 所示。

表 4-1　信息化指数指标构成

总指数	分类指数	指标
信息化发展总指数	A 基础设施指数	电视机拥有率（台/百人）
		固定电话拥有率（部/百人）
	B 使用指数	移动电话拥有率（部/百人）
		计算机拥有率（台/百人）
		每百人互联网用户数（户/百人）
	C 教育指数	教育指数（国外：成人识字率×2/3+综合入学率×1/3；国内：成人识字率×2/3+平均受教育年限×1/3）
	D 环境与效果指数	信息产业增加值占国内生产总值（GDP）比重（%）
	E 信息消费指数	信息产业研究与开发经费占国内生产总值（GDP）比重（%）
		人均国内生产总值（GDP）（美元/人）
		信息消费系数（%）

数据来源：《中国信息化发展指数（IDI）研究报告》。

计算方法如上文介绍，其中基础设施指数和使用指数直接反映信息化应用的状况，这两个指数的权重均为 25%；教育指数、环境与效果指数制约信息化的发展，这两个指数的权重均为 20%；信息消费指数反映居民支出中用于信息方面的消费，其权重为 10%。

第5章 东北地区"四化"同步推进产业结构优化升级的联动效应实证分析

运用前述选定的刻画"四化"同步的工业化、信息化、城镇化与农业现代化四个层面发展的评价指标体系,测度"四化"同步中工业化、信息化、城镇化与农业现代化四个层面的"单化"综合发展态势。同时,对"四化"同步推进产业结构优化升级的联动效应进行实证检验。书中所有的统计指标和计量均采用STATA 12.0进行计算。

5.1 我国东、中、西部与东北地区"四化"子系统发展水平测算及评价

根据第4章对"四化"同步推进产业结构优化升级的联动效应和综合水平评价指标体系的构建,以及"四化"同步及综合发展水平评价模型的设定,对2006~2016年除港、澳、台以外中国东部、中部、西部和东北四大区域,31个省(市、自治区、直辖市)的工业化、信息化、城镇化和农业现代化进行测度,并对全国"四化"综合发展水平进行评价。其中,四大区域的划分如下:东部地区:北京市、天津市、河北省、上海市、江苏省、浙江省、福建省、山东省、广东省、海南省;中部地区:山西省、安徽省、江西省、河南省、湖北省、湖南省;西部地区:内蒙古自治区、广西壮族自治区、重庆市、四川省、贵州省、云南省、西藏自治区、陕西省、甘肃省、青海省、宁夏回族自治区、新疆维吾尔自治区。东北地区主要包括黑龙江省、吉林省和辽宁省,不包括内蒙古自治区的三市一盟。

从测算结果的总体情况来看，2006~2016年三大地区的工业化、信息化、城镇化、农业现代化的发展水平均呈现不断增长的趋势，但相对来讲，工业化和信息化的增长速度要快于城镇化和农业现代化发展；从总体发展水平来看，工业化水平高于城镇化水平，然后是信息化水平，最后是农业现代化水平；从各地区来看，由于受经济基础、资源、交通等方面的影响，"四化"的发展水平均呈东高西低的态势，地区间发展不均衡。

5.1.1　新型工业化发展水平

（1）从全国总体情况看。我国的工业化发展自21世纪以来一直处于持续增长的态势，但发展速度逐渐减缓。党中央在第十个五年计划中不失时机地提出了以信息化带动工业化发展的战略，大力推进信息技术在国民经济中的应用，推广信息技术在企业生产与管理中的应用，加快了传统产业的改造与升级，设备的更新、电子商务的发展、基础设施的改善进一步推动了我国经济的发展。我国的工业化发展大致可以分为三个阶段：第一阶段是2000~2004年，在信息化的带动下，我国的新型工业化开始快速发展，年增长率为7.5%；第二阶段是2005~2008年，国家战略做出调整，大力推进信息化与工业化融合发展，相互推进，工业化增速明显加快，年增长率达到8.1%；第三阶段是2008年后，其增长速度有所放缓，工业化发展处于相对稳定阶段。从表5-1可以看出，自2006年开始，我国工业化指数增速稳定，发展态势平稳。

（2）从三大区域来看。我国的工业化水平基本呈现东、中、西依次递减的格局，三大地区的工业化水平在逐步增长的同时差距有所缩小。由表5-1可见，东部地区的工业化水平最高并一直高于全国水平，中部地区次之，西部地区最低。从发展的速度来看，2009年以后，东部地区基本处于稳步增长的态势，年均增长率为6.15%。中西部地区在发展战略和产业结构的调整下，从2013年开始，中部地区的年均增长率达到7.8%，西部地区为6.43%，远超过东部地区的2.83%；受供给侧结构性改革影响，2014~2016年，三大地区的工业化发展速率均出现明显下降，而且东部地区所受影响略大于中西部地区；2010~2012年，我国的工业化已处于较高水平，这一时期的工业化不再通过重工业拉动，而是以调整产业结构、提升质量为主，因此，其发展速度虽然相较于前一阶段略有加快，但已不及2010年以前。

（3）东北三省是我国老工业基地，工业基础较好，重工业发展拥有较为明显

的优势。但是，由于受传统落后产能拖累，东北地区工业化发展并没有走在全国
前列。从表 5-1 可以看出，自 2013 年开始，东北地区工业化发展水平开始低于
全国平均水平，同时也低于东部和中部地区发展水平。并且自 2013 年开始，东
北地区工业化发展水平放缓，年均增速约为 2.94%，低于全国年均增速 4.12%。
事实上，东北老工业基地工业化发展速度从 2006 年开始已经表现出疲软状态，
除了 2010~2012 年表现良好外，其他年份均不理想。这与东北地区工业产品结构
单一，高新技术水平较低，缺乏核心竞争力等因素均有关系。

表 5-1　2006~2016 年中国主要区域工业化发展水平指数

区域＼工业化指数＼年份	2006	2007	2008	2009	2010	2011	2012	2013	2014	2015	2016
东部地区	0.587	0.593	0.598	0.611	0.656	0.690	0.701	0.735	0.756	0.793	0.798
中部地区	0.501	0.526	0.551	0.563	0.601	0.614	0.647	0.689	0.743	0.767	0.781
西部地区	0.458	0.486	0.493	0.526	0.565	0.589	0.603	0.625	0.665	0.693	0.745
东北地区	0.511	0.523	0.531	0.546	0.597	0.633	0.668	0.671	0.698	0.711	0.732
全国	0.509	0.533	0.542	0.561	0.596	0.627	0.659	0.687	0.734	0.761	0.775

数据来源：作者根据有关资料整理计算所得。

5.1.2　信息化发展水平

（1）从我国信息化发展的总体情况看。我国的信息化水平增长速度在"四
化"当中是最快的，11 年来以年增长率 8.65% 的速度不断提高，增长了近 5.41
倍。我国本身的信息化基础比较低，得益于经济全球化的发展和国际信息化的影
响，电子商务、互联网、移动电话、新兴信息产业不断产生与发展，信息技术
的广泛应用反过来也刺激了信息化的快速发展。从表 5-2 可以看出，我国这段
时期的信息化发展以 2007 年和 2013 年为界大致也可分为三个阶段：第一阶段
是 2006~2007 年，信息化水平年增长率为 3.90%，发展速度一般；第二阶段是
2007~2013 年，受国际信息化产业膨胀式发展影响，发展速度加快，年增长率
为 11.41%；第三阶段也就是 2013 年以后，其发展速度明显放缓，年增长率只
有 2.68%。

（2）从三大区域来看。虽然东部、中部、西部地区的信息化发展趋势基本相
同，均呈现逐步上升趋势，但是从表 5-2 中可以明显看出，东部地区的信息化水

平远高于中西部地区，在一定程度上拉高了全国平均水平。这主要是由于东部大多省份地处沿海，经济比较发达，优越的地理位置和丰富的产业形态吸引了更多的资金和人才，激发了信息技术在生产、管理和生活中的应用，从而东部地区的信息化水平能持续走高。从发展差距来看，我国东中西三大地区的相对发展差距略有缩小，2006年东部地区相对西部地区高0.286，到2016年，东西部地区信息化差距缩减至0.134。可以预见，西部地区在信息化产业发展领域正不断提档加速，西部地区发展潜力巨大。

（3）从东北地区信息化发展速度来看（见表5-2），2006~2016年，信息化发展水平年均增长率为11.11%，高于全国平均水平2.46%，特别是2009~2015年，东北地区信息化发展速度始终保持在14.48%的快速增长，这也与该阶段信息化产业在我国全面扩张，呈现井喷式发展状态有关。然而，我们也应该清晰地看到，东北地区与全国其他地区在信息化发展水平方面存在一定差距。我们考察两个时间节点，分别是2006年和2016年，东部地区信息化水平在11年间一直领先于东北地区，不过两地差距由0.178缩减到0.136；中部和西部地区信息化水平由2006年落后于东北地区平均0.1，到2016年分别领先东北地区0.009和0.002。从东北地区信息化发展增速上来看，保持了一个较为良好的发展态势，但不可否认的是，中西部地区的赶超发展速度更为迅猛。

表5-2　2006~2016年中国主要区域信息化发展水平指数

区域　　　　信息化指数　　年份	2006	2007	2008	2009	2010	2011	2012	2013	2014	2015	2016
东部地区	0.387	0.403	0.478	0.511	0.556	0.590	0.601	0.635	0.656	0.693	0.728
中部地区	0.111	0.224	0.237	0.312	0.377	0.414	0.447	0.489	0.543	0.567	0.601
西部地区	0.101	0.201	0.225	0.307	0.356	0.389	0.403	0.425	0.565	0.573	0.594
东北地区	0.209	0.223	0.231	0.246	0.297	0.333	0.368	0.411	0.498	0.551	0.592
全国	0.282	0.293	0.328	0.381	0.401	0.423	0.499	0.557	0.574	0.591	0.603

数据来源：作者根据有关资料整理计算所得。

5.1.3　城镇化发展水平

（1）从我国城镇化发展的总体情况看。随着经济社会的发展，国家对城镇化发展战略不断调整与深化，在工业化的带动下，我国的城镇化水平2006~2016年一直处于逐步上升的趋势，已从 2006 的 0.436 上升到 2016 年的 0.633，年均增长率为 3.23%。从表 5-3 可以看出，从 2013 年开始，我国城镇化发展开始提速。这主要得益于近年来我国产业结构的调整和产业的转型升级，使得我国的经济结构日趋合理，社会服务和保障体系不断完善，生态环境得到改善，提高了城镇生活质量，促进了劳动力向城镇的集聚，从而提升了城镇化发展的质量。

（2）从全国三大区域来看。总体上，我国东部、中部、西部地区的城镇化水平均有不同程度的上升。2006 年三大地区的城镇化水平依次为 0.507、0.411、0.401，至 2016 年已分别达到 0.708、0.611、0.574。可以看出，三大地区的差距依然很大，东部地区的发展水平仍然远高于中西部地区。从发展的速度来看，东部地区得益于发达的经济，沿海中心城市辐射带动能力不断增强，不断推动周边城市的发展，城镇化发展步伐有逐步加快的趋势；而中部地区在 2012~2016 年处于不断推动城市群建设的关键时期，在承接东部产业转移与吸纳就业的同时，其发展水平也有所上升，但由于中部大多地区本身产业基础较为薄弱，加之产业承接与就业意识都较为薄弱，因此其发展速度远不及东部地区，而且在 2012 年后，其增长速度有所下降；而对西部地区而言，2006~2008 年以较低速度增长，随后在我国对西部地区振兴经济发展政策的推动下，产业发展步伐加快，重庆、四川、广西等地区相继实施城乡统筹试点以来，小城镇不断发展，因此，2009 年开始，西部地区城镇化发展速度又进一步加快，进一步缩小了与中部地区的差距。

（3）东北地区城镇化发展水平。如表 5-3 所示，东北地区城镇化发展水平在 2006~2016 年一直高于全国平均水平，同时高于中西部地区，但低于东部地区。东北地区城镇化水平除 2006~2010 年出现震荡放缓以外，自 2011 年开始一直保持较快速度发展，东北三省城镇化水平居于全国前列。黑龙江省、吉林省和辽宁省作为我国传统的老工业基地，从新中国成立开始，拥有大批国有企业，这些企业分布在各个大中小城市。工业基础好，工厂众多，拥有大批工业产业工人，这批工厂和工人同时是城市的建设者，因此，东北地区的城镇化发展拥有传统优势和良好基础，黑龙江省还拥有大量国有林场和农场，大批森工，农垦系统职工属于国有职工，因而农村户籍人口相对要少，提高了户籍人口城镇化率。总之，得益于国家大力倡导城镇化建设政策引导，东北地区也赶上这波热潮，加快工业化发展，提高城市化水平，以此来促进地区城镇化进程。

表 5-3 2006~2016 年中国主要区域城镇化发展水平指数

城镇化指数 年份 区域	2006	2007	2008	2009	2010	2011	2012	2013	2014	2015	2016
东部地区	0.507	0.513	0.528	0.551	0.566	0.580	0.601	0.625	0.657	0.673	0.708
中部地区	0.411	0.424	0.437	0.452	0.477	0.494	0.507	0.589	0.573	0.587	0.611
西部地区	0.401	0.411	0.415	0.437	0.456	0.479	0.483	0.505	0.525	0.553	0.574
东北地区	0.569	0.473	0.481	0.496	0.527	0.533	0.568	0.611	0.648	0.631	0.642
全国	0.436	0.446	0.458	0.481	0.491	0.503	0.529	0.559	0.584	0.601	0.633

数据来源：作者根据有关资料整理计算所得。

5.1.4 农业现代化发展水平

（1）从我国农业现代化发展的总体情况看。随着"十五"规划提出一系列惠农政策以来，国家不断加大对农业的扶持力度，促进农民生产的积极性，在工业化、信息化发展的推动下，农业生产效率大幅提高，农业现代化水平稳步提升，其发展水平已从 2006 年的 0.336 上升到 2016 年的 0.537，增长了 59.82%，年均增长 4.38%。从表 5-4 可以看出，2008 年以后，我国农业现代化的总体增长速度有所加快，年均增长率达到 5.08%，"四化"协调、"四化"同步发展战略的提出进一步强调了农业发展的必要性和紧迫性，加强了农业的科技创新与推广，推动了农业现代化的加速发展，但与工业化、信息化和城镇化相比，其发展水平仍然比较低，因此，如何快速推进我国的农业现代化建设以促进"四化"同步发展仍是今后的一大难题。

（2）从三大区域来看。东部地区的农业发展水平一直处于领先地位，中部地区次之，西部地区最后。2016 年，我国东部地区的农业现代化水平已达到 0.688，而中部地区只有 0.481，西部地区为 0.474，三大地区发展差异仍然很大。从发展的速度来看，西部快于中部，中部快于东部，2006~2016 年，东部地区农业现代化水平只增长 45.16%，年增长 3.26%，其发展速度较为缓慢，中部地区年增长 5.45%，西部地区年增长 6.56%。对东部地区来讲，无论是工业化水平还是信息化水平均明显高于中西部地区，有着良好自然环境优势的东部更有利于推进农业的机械化、规模化生产，同时，东部发达的经济进一步促进了人口和产业的集聚，进而在人才、资金、技术等方面给农业的发展提供了重要支撑。但是，东部地区工业化、城镇化的快速发展也带来了农业用地的紧张和农业发展环境的恶化，不利于农业的规模化生产，降低了农业现代化发展的速度。我国的中部地区以传统农区为主，农业生产技术较为落后，面临农业发展资金不足与农业人才匮乏的窘境，西部地区农业生产条件较差，受气候、土质等自然条件的影响，总体发展水平比较低，但在这一时期，中西部承接东部产业的同时，技术与人才的流动也进一步加速了这一地区农业的发展。

（3）从东北地区农业现代化发展水平来看。2006~2012 年，东北地区农业现代化水平低于全国平均水平，但高于西部地区。从 2006 年的 0.269 增长到 2016 年的 0.442，增长了 64.33%，年均增长率达到 6.78%，自 2012 年开始，发展速度明显加快。2006~2012 年，东北地区的黑龙江省是农业现代化水平发展最快的省份，年增长率达到 12.74%，远高于全国平均水平。黑龙江省是我国的粮食大省，有着得天独厚的农业发展条件，土地资源丰富，农区地势平坦，但由于缺乏先进的农业生产技术和农业发展人才，其现代化水平一直不高。2012 年后，黑龙江省工业化和信息化的不断发展为农业的规模化、机械化生产创造了条件，大幅提高了农业生产效率，促进了农产品的多样化、商品化发展，调动了农业生产的积极性，从而实现了农业现代化水平的提高，但与东部其他省份的现代化发展水平相比仍有较大差距。

表 5-4　2006~2016 年中国主要区域农业现代化发展水平指数

区域 ＼ 农业现代化指数 ＼ 年份	2006	2007	2008	2009	2010	2011	2012	2013	2014	2015	2016
东部地区	0.487	0.493	0.508	0.531	0.546	0.550	0.571	0.605	0.637	0.653	0.688
中部地区	0.281	0.294	0.307	0.332	0.347	0.354	0.387	0.409	0.433	0.457	0.481
西部地区	0.151	0.261	0.285	0.307	0.316	0.359	0.363	0.395	0.405	0.423	0.474
东北地区	0.269	0.273	0.291	0.306	0.337	0.343	0.368	0.411	0.448	0.431	0.442
全国	0.336	0.344	0.352	0.382	0.397	0.406	0.424	0.454	0.485	0.502	0.537

数据来源：作者根据有关资料整理计算所得。

5.2 我国东、中、西部与东北地区"四化"综合发展水平测算及评价

上一节我们对我国东部、中部、西部与东部地区新型工业化、城镇化、信息化、农业现代化发展情况进行了详细分析。在"四化"同步发展理念下，我们依据式（4-8）对全国东、中、西部和东北地区"四化"综合发展水平进行测评分析。

5.2.1 我国东、中、西部地区"四化"综合发展水平

全国东部、中部、西部地区 2006~2016 年"四化"综合发展水平如图 5-1 所示：从全国范围看，我国"四化"综合发展水平指数呈逐年递增状态。全国 11 年平均水平从 2006 年的 39.09 增长到 2016 年的 61.78，年均增速约为 8.06%，其中 2006~2010 年保持两位数增长幅度，2012~2014 年增速有所放缓，但至 2016 年又保持快速增长态势。这表明我国"四化"综合发展水平一直拥有良好的增长状态，与经济发展态势一致。从三大主要区域来看，东部地区"四化"发展水平遥遥领先于中西部地区，成为引领中国"四化"发展的主要地区。东部地区从

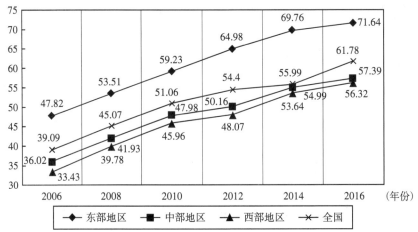

图 5-1 2006~2016 年全国三大地区"四化"综合发展水平指数

数据来源：作者根据有关资料整理计算所得。

2006 年的 47.82 增长到 2016 年的 71.64，增长了近 1.5 倍；中部地区从 2006 年的
36.02 增长到 2016 年的 57.39，增长近 1.59 倍；西部地区从 2006 年的 33.43 增长
到 2016 年的 56.32，增长近 1.68 倍。其中，以 2016 年为例，最高的东部地区比
最低的西部地区高出近 27%。由此可知，中国"四化"综合发展水平地区差异较
大，中部和西部综合发展水平低于全国平均水平，中部地区略微高于西部地区。
但是，值得注意的是，中部和西部地区的追赶速度正在加快，可以预见，在不久
的将来，我国主要区域的"四化"综合发展水平差距会不断缩小。

5.2.2　东北地区"四化"综合发展水平

东北地区的黑龙江省、吉林省和辽宁省在 2006~2016 年的"四化"综合发展
水平指数如图 5-2 所示。从图 5-2 中可以看出，东北三省"四化"综合发展水平
总体与全国平均水平保持一致，换言之，东北三省"四化"综合发展水平既不突
出，也不落后。黑龙江省 2006~2016 年"四化"综合发展水平几乎常年领跑东北
三省（除 2008 年被吉林省赶超以外），特别是黑龙江省 11 年间的发展指数略微
高于全国平均水平，反映出黑龙江省工业化、信息化、城镇化和农业现代化进程
加快，"四化"综合发展水平保持良好发展态势。吉林省 11 年间"四化"综合
发展水平位列东北三省第三，与全面平均水平相比，基本保持一致，但在 2016
年低于全国"四化"指数 3.1。辽宁省"四化"综合发展水平位列东北三省第二，
与全国平均水平相比，也基本保持一致，略微低于黑龙江省"四化"发展指数。

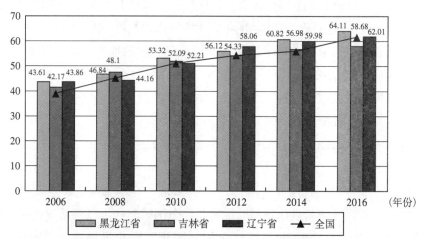

图 5-2　2006~2016 年东北地区"四化"综合发展水平指数
数据来源：作者根据有关资料整理计算所得。

事实上，从发展增速来看，东北三省连年保持上升态势，也与全国综合发展水平增长相一致。

5.3 我国东、中、西部与东北地区"四化"同步指数测算及评价

整体来看，中国各省份的"四化"水平在区域上具有较大的差异。但我们也看到了中国各省的"四化"水平在2006~2016年有着大幅度的提升，尤其是一些西部地区的省份提升幅度高达数百倍。"四化"同步水平的提高主要表现在国家对"三农"问题高度重视，加快农业现代化水平的提高，通过农业现代化水平的提高又促进了城镇化的快速发展。

5.3.1 我国东、中、西部区域"四化"同步发展水平

从全国三大主要区域排名来看，以2016年为例，"四化"同步指数排名前十的省份除内蒙古自治区、陕西省和四川省以外，其余7个省份全部来自东部地区。从"四化"同步指数排名倒数十位来看，除海南省来自东部地区，山西省、吉林省来自中部地区以外，其余7个省份均是西部地区。通过对全国31个省级单位按照地区划分排名，东部地区在"四化"同步发展方面拥有巨大优势，西部地区明显落后，并且2006~2016年排名后四位的依旧是西藏自治区、宁夏回族自治区、青海省和甘肃省，这四个省份是我国经济欠发达地区，长期以来"四化"同步发展滞后，该现象值得警惕。如图5-3所示，2006~2016年，全国"四化"同步发展平均水平大致划分为三个阶段，第一阶段是2006~2009年，由1.328增长到2.508，增长幅度为88.86%；第二阶段是2009~2012年，由2.508增长到5.737，增长幅度为128.75%；第三阶段是2012年以后，由2012年的5.737增长到2016年的6.864，增长幅度为19.64%。由此可见，我国"四化"同步发展水平在2009~2012年得到快速显著增长，这与2008年全球金融危机爆发后，我国政府发布的一系列经济刺激计划和政策有关，全国掀起一批以基础设施建设为主的投资项目。然而自2012年以后，全国"四化"同步发展进入低速徘徊期，2015年指数为6.165，甚至低于2014年指数6.263。随着前期经济刺激计划引起

的一系列产能过剩问题,供给端出现问题,大批过剩、劣质产能问题突出,以煤炭、钢材、水泥等建材为代表的过剩产能,占据过多社会优质资源,导致"四化"同步发展受到威胁,出现发展不平衡现象。

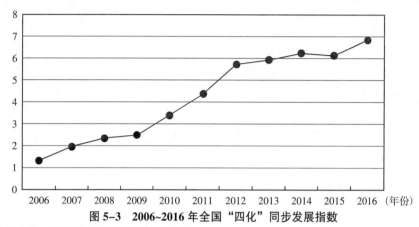

图 5-3 2006~2016 年全国"四化"同步发展指数

数据来源:作者根据有关资料整理计算所得。

接下来我们详细查看全国主要省份 2006~2016 年"四化"同步发展的排名情况。从表 5-5 中我们可以看出,2006 年河北省、江苏省、山东省、浙江省、天津市位列前五,"四化"同步发展指数分别达到了 3.915、3.397、3.265、3.212 和 2.591。而青海省、宁夏回族自治区、甘肃省、西藏自治区、贵州省排名倒数五位,"四化"同步发展指数分别为 0.515、0.49、0.332、0.196、0.145,排名第一的河北省与排名最后的贵州省差距达 3.77。2016 年,排名前五的是江苏省、广东省、山东省、陕西省和四川省,"四化"同步发展指数分别为 19.236、15.423、14.326、14.236、12.478;排名后五位的分别是西藏自治区、宁夏回族自治区、山西省、青海省、甘肃省,"四化"同步发展指数分别为 0.648、1.269、1.369、2.431、2.648。

5.3.2 东北地区"四化"同步发展水平

如图 5-4 所示,2006~2016 年,东北地区"四化"同步发展指数与全国平均水平相比不甚理想。东北三省 11 年间,整体同步发展指数有 7 年是低于全国平均水平的,特别是自 2013 年开始一直低于全国。黑龙江省在 2010 年达到 6.184,高于全国平均指数 2.768,其余年份均低于全国平均水平。吉林省在 2009 年和

表5-5 2006-2016年中国31个省、直辖市、自治区"四化"同步指数

省、自治区、直辖市 \ "四化"同步指数 \ 年份	2006	2007	2008	2009	2010	2011	2012	2013	2014	2015	2016
黑龙江省	1.170	1.648	1.996	1.614	6.184	3.325	5.162	4.382	4.011	3.998	3.552
吉林省	0.785	1.395	1.698	6.064	3.109	4.095	9.333	5.987	4.368	4.321	3.012
辽宁省	1.361	2.454	2.256	3.865	4.162	4.214	4.068	4.998	4.012	3.997	4.359
北京市	1.206	0.819	2.289	0.982	1.351	1.023	2.098	2.976	3.064	3.864	4.169
天津市	2.591	4.704	4.078	3.002	4.693	5.598	20.216	15.699	10.369	6.326	5.697
河北省	3.915	1.994	3.503	3.431	5.078	5.963	5.070	5.648	6.325	6.468	5.963
山西省	0.556	0.605	0.976	1.150	1.797	2.255	4.709	3.698	2.648	2.348	1.369
内蒙古自治区	1.543	4.523	5.402	4.455	13.254	15.619	7.423	8.236	8.634	8.123	7.069
上海市	1.421	0.931	0.916	1.716	1.171	0.913	1.238	2.696	3.698	3.896	4.012
江苏省	3.397	10.824	11.597	5.527	9.287	10.014	14.037	15.364	15.324	17.469	19.236
浙江省	3.212	3.322	3.046	3.079	4.955	5.888	8.153	9.635	10.324	11.231	11.032
安徽省	2.135	1.137	1.598	3.959	4.190	4.137	11.320	9.638	10.364	10.349	9.348
福建省	0.926	3.605	1.785	2.933	2.548	5.127	4.959	5.648	5.215	6.786	7.145
江西省	1.190	1.003	0.960	1.547	2.045	8.187	3.531	7.659	8.124	7.234	6.325
山东省	3.265	5.407	5.587	7.980	8.847	8.058	30.225	19.365	20.469	15.324	14.326
河南省	0.811	1.380	1.692	2.264	2.605	6.068	4.558	4.697	6.458	6.389	7.014
湖北省	2.025	2.048	1.799	5.355	6.752	3.425	5.787	6.032	5.478	6.498	7.012
湖南省	0.976	0.921	2.030	1.811	1.843	2.301	3.205	3.659	2.989	3.651	3.974

续表

"四化"同步指数 省、自治区、直辖市 \ 年份	2006	2007	2008	2009	2010	2011	2012	2013	2014	2015	2016
广东省	2.080	2.157	8.610	3.714	4.714	10.673	9.539	15.326	17.325	11.329	15.423
广西壮族自治区	0.591	0.736	0.749	2.955	1.585	3.081	2.247	1.978	2.045	2.986	3.014
海南省	0.520	0.548	1.303	0.931	0.876	7.752	7.181	1.398	2.986	5.417	3.469
重庆市	1.190	1.468	0.741	1.372	1.405	2.447	2.534	2.976	3.048	3.654	3.489
四川省	0.533	0.597	0.729	1.087	1.453	2.403	2.685	9.678	10.896	11.078	12.478
贵州省	0.145	0.208	0.540	0.451	0.419	1.313	1.451	2.698	3.569	4.239	5.174
云南省	0.726	0.385	0.861	0.545	1.140	1.194	1.122	2.639	3.487	3.012	3.961
西藏自治区	0.196	0.171	0.232	0.244	0.868	0.432	0.457	0.996	0.468	0.678	0.648
陕西省	0.635	0.789	1.376	1.488	1.598	7.012	3.437	6.896	8.126	10.469	14.236
甘肃省	0.332	0.380	0.602	0.647	1.781	1.423	1.124	2.031	2.961	2.613	2.648
青海省	0.515	0.454	1.605	1.530	0.810	1.387	1.229	1.569	1.968	2.048	2.431
宁夏回族自治区	0.490	1.100	0.966	0.966	1.193	1.933	1.970	0.649	1.963	1.645	1.269
新疆维吾尔自治区	0.741	2.886	1.328	1.367	4.170	4.013	2.593	3.069	3.468	3.678	3.998
平均值	1.328	1.955	2.349	2.508	3.416	4.381	5.737	5.962	6.263	6.165	6.864

数据来源：作者根据相关资料整理计算所得。

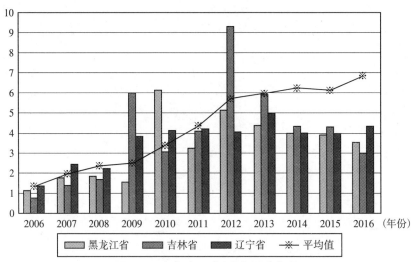

图5-4 东北地区"四化"同步指数

数据来源：作者根据有关资料整理计算所得。

2012年分别达到6.064和9.333，高出全国平均指数3.556和3.596，其余年份也低于全国平均水平。而辽宁省在2007年、2009年和2010年分别达到2.454、3.865和4.162，略微高于全国平均指数，其余年份同样都低于全国平均水平。东北地区"四化"同步发展趋势与全国平均增长趋势大体一致，2009~2012年增长迅速，达到顶峰，随后一路下滑，与全国平均水平的差距越拉越大。

东北三省作为我国老工业基地，工业发展基础良好，城镇化率较高，特别是黑龙江省和吉林省作为国家大粮仓和商品粮基地，现代农业发展较快。但受制于产业结构单一，现代化高新技术产业基础薄弱，传统重工业比重过大，技术发展水平欠缺和人才流失严重等问题的共同制约，东北三省"四化"同步发展失衡严重，"四化"各子系统相互之间融合与促进机制不健全，造成"四化"之间彼此发展相互促进效应不明显，无法做到以信息化促进工业化，以工业化促进城镇化，以信息化和工业化促进农业现代化协调发展。因此，东北地区通过"四化"同步及协调发展促进产业结构优化升级任重道远。

5.4　东北地区"四化"综合发展水平对产业结构优化升级的影响度分析

在本书的第 2 章中，我们对产业结构演化过程以及"四化"推进产业结构升级进行了机理分析。第 3 章中我们又对东北地区产业结构演进与优化升级的状况及存在问题进行了分析。研究发现，城镇化、工业化、农业现代化对产业结构优化升级有着重要的影响。与此同时，以创新驱动的工业化、城镇化、农业现代化以及信息化的同步发展对产业结构优化升级同样具有重要的影响。为了衡量"四化"对东北地区的产业结构优化升级的推动作用，我们选择个体固定效应对上述面板进行了回归分析。前文研究中我们指出相关指标能够对产业结构升级起到重要的作用，但对于产业结构升级的衡量我们仍然会存在一些不同的指标。为此，我们需要根据产业结构衡量的三个指标逐个进行计量分析。

5.4.1　"四化"综合发展水平对第二产业结构优化升级的影响

表 5-6 中我们给出了以第二产业增加值占比作为产业结构指标的计量分析结果，模型（1.1）到模型（1.4）我们逐步增加了变量。使用 STATA12.0 对工业化、城镇化、农业现代化以及信息化的相关性进行 Pearson 相关性检验，发现它们的相关性并不高，城镇化与信息化的相关性在所有变量中相关性最高，达到了0.7705。此外，工业化和信息化的相关性也比较强，相关系数达到 0.8172。在前文的理论研究中我们对两者的相互影响也进行了说明，两者有着较高的相关性也是较为正常的，我们尚且可以接受。其他变量之间的相关性都低于 0.7，属于宏观变量相关性较为正常的范畴。

从表 5-6 的回归结果来看，工业化水平对第二产业增加值占比的影响显著为正，并且在增加其他变量的过程中变化并不太大。由此我们可以认为工业化水平的提高会增加第二产业产值占比，即产业结构会发生升级。同样，城镇化水平的提高对第二产业增加值占比也有着正向的影响，并且始终显著。这就表明，城镇化水平的提高能够促进产业结构的升级。但是根据模型（1.4）的估计结果，我们发现农业现代化对第二产业增加值占比的影响并不显著。换句话说，农业现代

表5-6 东北地区"四化"水平对第二产业结构优化升级的影响统计分析

变量	(1.1)	(1.2)	(1.3)	(1.4)
	FE	FE	FE	FE
IL	0.0378***	0.0215***	0.0212***	0.0225***
UL		0.0081***	0.0080***	0.0080***
AM			0.0006	0.0006
IDI				−0.0097
常数项	0.4780***	0.4556***	0.4557***	0.4605***
观察值	400	400	400	400

注：FE表示个体固定效应，符号*，**，***分别代表在10%，5%，1%水平下显著。

化未必能够引起产业结构（以第二产业增加值占比来衡量）的变化。这与我们在前述章节中理论分析的结果是相反的，一方面，农业现代化水平的提高可以提高农业生产效率，从而释放出更多的劳动人口，第二产业和第三产业都会得到发展。另一方面，农业现代化水平的提高可以带来农业产值的提高。此外，信息化水平对第二产业增加值占比的影响也不显著，即信息化对促进产业结构升级的影响作用不明显，说明东北地区在创新驱动、加快传统产业升级、优化现代化产业体系方面发展仍然滞后。信息化中不仅包括信息化产业的发展，同时还包括信息化的应用，尤其是在创新驱动方面。信息化对三大产业都有着重要的影响，这也导致了东北地区信息化对第二产业结构升级的影响不显著。

5.4.2 "四化"综合发展水平对第三产业结构优化升级的影响

表5-7中我们给出了"四化"对第三产业结构优化升级的影响，模型（2.1）～模型（2.4）中逐步增加了解释变量工业化、城镇化、农业现代化以及信息化。从表5-7中我们可以看出，工业化水平的提高对第三产业结构优化升级有着负向的影响，这一点是相对较为明显的。工业化水平的提高，更多的是带来第二产业比重的提高。尽管在工业化水平提高的过程中第三产业中的制造服务化水平会逐步提高，但是在我们进行计量分析所选择的样本期内，这一影响相对较小，还没能够充分体现出来。城镇化水平对第三产业结构优化升级的影响为负，这与当前存在严重滞后的城镇化有着直接的关联。一方面，城镇化过程更多的是依靠工业化的带动；另一方面，由于城镇化的水平较低，因此城镇化相关的现代服务业发展过于缓慢。农业现代化对第三产业结构优化升级的影响也不明显，当前农业现

代化水平还不高。农业现代化推动着与农业相关的现代物流业与电子商务等服务业的发展，但推动作用仍然较小。此外，信息业的发展对第三产业结构优化升级有显著正向影响。在信息产业中，软件等服务业占据相对较大的比重，因此信息业对第三产业比重有着正向的影响。

表 5-7　东北地区"四化"水平对第三产业结构优化升级的影响统计分析

变量	(2.1)	(2.2)	(2.3)	(2.4)
	FE	FE	FE	FE
IL	−0.0078***	0.0021	0.0022	−0.0125***
UL		−0.0055***	−0.0059***	−0.0049***
AM			0.0006	−0.0003
IDI				0.1597***
常数项	0.3780***	0.3756***	0.3757***	0.3105***
观察值	400	400	400	400

注：FE 表示个体固定效应，符号 *，**，*** 分别代表在 10%，5%，1%水平下显著。

从表 5-6 和表 5-7 中我们不难看出，不同于"四化"对第二产业结构优化升级的影响，工业化水平对第三产业结构优化升级的影响显著为负，而对第二产业结构优化升级的影响显著为正。城镇化对第三产业结构优化升级的影响显著为负，但是对第二产业结构优化升级的影响显著为正，说明东北地区市场化程度低，现代服务业发展滞后。农业现代化对第二产业结构优化升级和第三产业结构优化升级的影响均不显著。虽然信息化对第二产业结构优化升级的影响不明显，但对第三产业结构优化升级有着显著的正向影响，整体而言，工业化、城镇化和农业现代化都能够促进第三产业结构的优化，但工业化和城镇化对产业结构的升级主要体现在第二产业占比的增加，而信息化促进第三产业结构的优化作用显著。

5.4.3　"四化"综合发展水平对非农产业结构优化升级的影响

表 5-8 中选择了非农产业作为产业结构升级的替代变量，从中我们可以发现工业化、城镇化以及信息化对非农产业结构优化升级的影响为正。而农业现代化水平对非农产业的影响则不显著。这就表明，尽管工业化和城镇化水平对第二产业影响为正，同时对第三产业影响为负，但是工业化和城镇化对第二产业的正向

影响远超过对第三产业的负向影响，因而最终工业化能够推动非农产业比重的提高。农业现代化水平对第二产业和第三产业的影响都不显著。而信息化尽管对第二产业影响不显著，但对第三产业影响为正并且效应较大，因而在信息化水平提高时，非农产业的比重会有所提高。

表5-8 东北地区"四化"水平对非农业结构优化升级的影响统计分析

变量	(3.1)	(3.2)	(3.3)	(3.4)
	FE	FE	FE	FE
IL	0.0411***	0.0321***	0.0227***	0.0025***
UL		0.0045***	0.0039***	0.0039***
AM			0.0007	0.0006
IDI				0.1277***
常数项	0.8580***	0.8756***	0.8757***	0.7105***
观察值	400	400	400	400

注：FE表示个体固定效应，符号*，**，***分别代表在10%、5%、1%水平下显著。

将以上相关计量分析结果进行总结，可以得到表5-9。

表5-9 东北地区"四化"水平对产业结构优化升级的影响统计汇总

	产业结构		
	第二产业	第三产业	非农产业
工业化	正	负	正
城镇化	正	负	正
农业现代化	无	无	无
信息化	无	正	正

从表5-9中我们可以看出，无论是工业化、城镇化还是信息化水平对东北地区的产业结构升级都有着显著的影响，只是不同因素对产业结构升级的作用不同。比较而言，农业现代化对第二产业和非农产业的比重增加有着一定的影响，但并不明显。对中国31个省份2006~2016年的面板数据进行研究我们发现，工业化和城镇化水平主要提升了第二产业的比重，信息化水平主要提升了第三产业的比重。这也给我们提供了一些政策启示，对于中国或者某一省份的产业结构升级，我们可以选择有针对性的发展策略。

5.5 东北地区"四化"融合发展对产业结构优化升级的影响度分析

不同于四化指标体系,"四化"融合发展更多地体现不同因素之间的交互影响,从而更能够说明"四化"相互之间共同推动东北地区产业结构优化升级。

5.5.1 "四化"融合发展对第二产业结构优化升级的影响

表5-10的后三列中我们给出了"四化"融合发展对第二产业占比的影响计量结果。从表5-10中我们可以看出,我们所选择的样本中无论是工业化与信息化的深度融合,工业化与城镇化的良性互动,还是城镇化与农业现代化相互协调,它们对第二产业的占比影响都为负或者不显著。从当前发展的状况来看,工业化、城镇化、农业现代化以及信息化之间的相互融合状况并不好。第二产业占比在很多省份的比重不断增加,因为大多数省份中小城市和县域工业化水平并不高,这种增加源于这些因素的单独作用。工业化与城镇化的良性互动或者工业化与信息化的深度融合在我们的样本中还没有能够促进第二产业占比的提高。甚至相反,这些因素的相互融合反而带来了第二产业比重的不断减少。而这与相关

表5-10 东北地区"四化"融合对第二产业占比影响的统计分析

变量	(1.4)	(4.1)	(4.2)	(4.3)
IL	0.0278***	0.0675***	0.0712***	0.1225***
UL	0.0076***	0.0281***	0.0280***	0.0080***
AM	0.0007	0.0003	0.0057**	0.0029*
IDI	−0.0086	−0.0468	−0.0374	0.0997***
IU		−0.0098***	−0.0074***	−0.0029***
UA			−0.0004**	−0.0005**
IF				−0.1973***
常数项	0.4680***	0.4156***	0.4117***	0.3105***
观察值	400	400	400	400

注:FE表示个体固定效应,符号 *,**,*** 分别代表在10%,5%,1%水平下显著。

"融合"因素能够有效地促进第二产业占比的增加有着直接的关联，下文中我们会给予进一步的说明。

值得一提的是，农业现代化对东北地区第二产业的正向影响逐步显现出来，尽管只是在10%的水平下显著。这也表明农业现代化对东北地区第二产业产值占比有着正向影响，只是由于城镇化与农业现代化的融合不够，从而降低了农业现代化对东北地区第二产业产值占比的推动作用。同样，信息化对东北地区的第二产业产值占比也存在正向影响，并且十分显著。但是由于信息化与工业化的融合不够，从而导致了信息化对第一产业产值占比的影响不明显。

5.5.2 "四化"融合发展对第三产业结构优化升级的影响

表5-11中的模型（5.1）~模型（5.3）分析了东北地区"四化"融合发展对第三产业结构优化升级的影响。从表5-11中我们可以看出，与没有加入"融合"指标之前相比，无论是工业化、城镇化、农业现代化以及信息化对产业结构（第三产业占比）的影响都没有太多的变化，这也表明我们前面的实证分析具有一定的稳健性。加入一些"融合"指数后，我们发现工业化与城镇化的融合以及信息化与工业化的相互推进都对第三产业占比有着显著的正向影响，而城镇化与农业现代化的融合对第三产业占比没有显著的影响。换句话说，尽管工业化和城镇化对第三产业占比影响为负，但是通过信息化与工业化的深度融合以及工业化与城镇化的协调发展，能极大地促进生产性服务业发展，对有效提高第三产业占比有显著的影响。

表 5-11 东北地区"四化"融合对第三产业结构优化升级的影响统计分析

变量	(2.4)	(5.1)	(5.2)	(5.3)
IL	−0.0178***	−0.0575***	−0.0312***	−0.0425***
UL	−0.0056***	−0.0211***	−0.0180***	−0.0082***
AM	−0.0004	0.0002	−0.0051	−0.0022
IDI	0.1486***	0.1468***	0.1374***	0.0907***
IU		0.0058***	0.0044***	0.0035***
UA			0.0004	0.0003
IF				0.0373**
常数项	0.3680***	0.3156***	0.3117***	0.3605***
观察值	400	400	400	400

注：FE 表示个体固定效应，符号 *，**，*** 分别代表在10%，5%，1%水平下显著。

5.5.3 "四化"融合发展对非农产业结构优化升级的影响

表 5-12 给出了东北地区"四化"融合发展对非农产业占比影响的计量结果。从表 5-12 中我们可以看出，相关"融合"发展指标并没有能够促进非农产业占比提高，一些融合如工业化与信息化的深度融合甚至对整个非农产业产生显著负向的影响。尽管如此，无论是工业化还是信息化水平的提高都能显著增加非农产业的比重。

表 5-12　东北地区"四化"融合对非农产业占比影响的统计分析

变量	(3.4)	(7.1)	(7.2)	(7.3)
IL	0.0078***	0.0375***	0.0312***	0.0625***
UL	0.0046***	0.0101***	0.0102***	0.0003
AM	0.0004	0.0002	0.0021**	0.0012
IDI	0.1386***	0.1168***	0.1174***	0.1907***
IU		−0.0048***	−0.0039***	0.0003
UA			−0.0004*	−0.0002
IF				−0.1303***
常数项	0.7680***	0.7356***	0.7317***	0.6605***
观察值	400	400	400	400

注：FE 表示个体固定效应，符号 *，**，*** 分别代表在 10%，5%，1%水平下显著。

整体而言，无论是工业化与信息化的深度融合、工业化和城镇化的良性互动，还是城镇化与农业现代化的相互协调，都不会较大幅度地提升当前整个非农产业的比重，而且会逐步降低第一产业的占比，但是对第三产业占比的影响是显著为正。从这个角度来看，无论是工业化与信息化的深度融合、工业化与城镇化的良性互动，还是城镇化与农业现代化相互协调，都能促进第三产业的比重不断上升，这也是产业结构不断升级的重要组成部分。这种"融合"因素对产业结构的调整与"四化"单独层面因素对产业结构的调整不同，所有的调整都体现在第二产业和第三产业之间，而不是在一二三产业之间的调整。"四化"融合发展因素对产业结构的影响更加像工业化中后期产业结构调整的情况，第一产业比重基本保持不变，第二产业比重降低，第三产业比重提升。因此，随着工业化逐步进入到中后期，这种"融合"因素的影响显得尤为重要。

5.6　东北地区"四化"同步发展对产业结构优化升级的影响度分析

在"四化"融合的过程中，信息化与城镇化和农业现代化这三个不同方面的"融合"是否同步，它们的融合对产业结构升级是否同样存在着影响，如果存在，那么这种影响到底有多大，这些关键点是本节重点讨论的问题。

5.6.1　"四化"同步发展对第二产业结构优化升级的影响

更进一步地，如果"四化"同步发展，产业结构会如何变化？我们同样在原有的变量基础上加入同步指数 H，并考虑三种不同的产业结构进行衡量。表 5-13 是"四化"同步发展对第二产业占比影响的回归分析结果，模型（8.1）~模型（8.4）分别加入了"融合"因素作为控制变量。从计量结果来看，"四化"同步对第二产业占比产生的影响为负。进一步分析可以发现，这主要是由于工业化与信息化的深度融合、工业化与城镇化的良性互动以及城镇化与农业现代化相互协调对第二产业占比产生一些负向的影响。整体而言，"四化"同步对东北地区第

表 5-13　东北地区"四化"同步发展对第二产业结构优化升级的影响统计分析

变量	(8.1)	(8.2)	(8.3)	(8.4)
IL	0.0478***	0.0775***	0.0712***	0.1625***
UL	0.0146***	0.0201***	0.0202***	0.0073***
AM	0.0094***	0.0002	0.0049**	0.0022
IDI	0.0386	−0.0168	−0.0174	0.2107***
IU		−0.0068***	−0.0079***	−0.0023***
UA			−0.0004**	−0.0005**
IF				−0.1293***
H	−0.0209***	−0.0037	−0.0031	0.0036
常数项	0.4380***	0.4056***	0.3317***	0.3105***
观察值	400	400	400	400

注：FE 表示个体固定效应，符号 *，**，*** 分别代表在10%，5%，1%水平下显著。

二产业占比可能会产生额外的正效应,但是并不显著。

5.6.2 "四化"同步发展对第三产业结构优化升级的影响

表 5-14 中给出了"四化"同步发展对东北地区第三产业占比的影响,从中我们可以发现"四化"同步发展对第三产业占比会产生正向的影响,这种正向的影响主要是来源于工业化与信息化的深度融合和工业化与城镇化的良性互动。"四化"同步发展对东北地区第三产业占比可能会产生额外的负效应,但是并不显著。我们可以确定"四化"同步能够促进东北地区产业结构优化升级,而产业结构的升级在第三产业比重增加方面表现得尤为明显。其弹性系数为 0.0066 左右。这就表明,如果"四化"同步指数提升 1 个百分点,那么第三产业的比重将提高 0.66%。对于中国的中西部很多省份来说,"四化"同步指数目前还很低。因此,通过提高"四化"同步发展能够显著促进其产业结构升级。

表 5-14　东北地区"四化"同步发展对第三产业结构优化升级的影响统计分析

变量	(9.1)	(9.2)	(9.3)	(9.4)
IL	−0.0238***	−0.0465***	−0.0412***	−0.0625***
UL	−0.0056***	−0.0011***	−0.0212***	−0.0086***
AM	−0.0044***	−0.0006	−0.0029	−0.0019
IDI	0.1987***	0.1968***	0.1974***	0.0707***
IU		0.0048***	−0.0059***	0.0043***
UA			0.0004	0.0004
IF				0.0293**
H	0.0069***	0.0002	0.0003	−0.0006
常数项	0.3380***	0.3556***	0.3417***	0.3505***
观察值	400	400	400	400

注:FE 表示个体固定效应,符号 *,**,*** 分别代表在 10%,5%,1%水平下显著。

5.6.3 "四化"同步发展对非农产业结构优化升级的影响

表 5-15 中我们给出了东北地区"四化"同步发展对非农产业占比的影响,从表 5-15 中可以看出,"四化"同步对东北地区非农产业占比的影响为负。进一步分析,我们会发现工业化与信息化的融合对非农产业产生了相对较强的负向影

表 5-15　东北地区"四化"同步发展对非农产业结构优化升级的影响统计分析

变量	(10.1)	(10.2)	(10.3)	(10.4)
IL	0.0138***	0.0365***	0.0312***	0.0725***
UL	0.0056***	0.0086***	0.0082***	−0.0006
AM	0.0051***	0.0021	0.0032**	0.0009
IDI	0.1487***	0.1768***	0.1174***	0.2707***
IU		−0.0038***	−0.0039***	−0.0002
UA			−0.0003	−0.0003*
IF				−0.1093***
H	−0.0069***	−0.0012	−0.0008	0.0016
常数项	0.7560***	0.7593***	0.7469***	0.6035***
观察值	400	400	400	400

注：FE 表示个体固定效应，符号 *，**，*** 分别代表在 10%，5%，1%水平下显著。

响，而"四化"同步也对非农产业产生了额外的正效应。

从上文的研究中我们可以发现，"四化"同步发展对产业结构的优化升级主要表现在第三产业的比重增加，而对第二产业的比重影响为负。整体而言，"四化"同步发展对非农产业也会产生一定的正向影响，但我们可以看到对非农产业整体的影响程度（−0.06）小于对第三产业的影响（0.0066）。换句话说，"四化"同步发展对产业结构升级的影响主要体现在第三产业的增加方面，这种升级在工业化后期显得尤为重要。

进一步分析，我们可以发现"四化"同步发展对第三产业结构优化升级的影响主要源于工业化与信息化的深度融合和工业化与城镇化的良性互动。当前，中国经济正处于高速发展时期，但是第三产业的比重尚处于相对较低阶段，远低于发达国家高达 70%左右的第三产业比重。"四化"同步发展对东北地区产业结构的升级，尤其是第三产业占比的提高具有重要的推进作用。"四化"同步发展不仅是当前中国的一项基本政策，更是经济发展过程中的本质需求。沿海发达地区当前已经发展到工业化后期，尤其需要注重"四化"同步发展促进产业结构升级，促进高端服务业和高端制造业的发展。

5.7 "四化"同步推进产业结构优化升级的联动效应综合分析

5.7.1 对"四化"发展指数及"四化"融合协调发展指标测度的综合评价

本章前面大部分篇幅从指数的角度出发，建立了包括工业化发展指数、信息化发展指数、城镇化发展指数和农业现代化发展指数的"四化"综合发展指数，对我国四大区域和全国平均水平进行了测度评价，尤其是对东北地区与东部发达地区的发展水平差距进行了比较分析，并且对东北地区存在的差距形成的原因进行了总结。另外，在"四化"推进过程中，对"四化"各自之间融合与协调发展程度进行了测度评价，包括新型工业化与信息化的深度融合、信息化与城镇化和农业现代化的相互融合、新型工业化与城镇化和农业现代化的互动协调，城镇化与农业现代化的相互协调。分析了"四化"之间相互融合、相互协调的发展对东北地区产业结构优化升级产业了联动效应，对于一二三产业内部结构而言，"四化"同步推进产业的协同力及其效应是不同的，有的作用显著，有的则作用不够明显，但是产生的联动效应对东北地区产业结构整体而言其正效应显著，不仅有助于产业的合理化，保持产业之间协调发展，而且能够促进产业结构向长期的更高水平的方向演进，即产业结构的升级。

从现有研究中我们发现随着科技进步，尤其是信息化广泛运用某一项发展指数，或"四化"之间相互融合与协调发展水平，单一指标难以保证科学测评的需要，运用相关的复合型新指标来取代原有指标是十分必要的。从"四化"发展指数来看，需要在以下几方面进行修正。

（1）工业化指数的衡量我们不再使用工业产值的比重作为代理变量，而是采用就业率、劳动生产率、研发经费投入强度、规模以上工业增加值、单位工业增加值能耗等来衡量，这样既能体现出工业生产效率，也能排除存在大量重化工业过剩产能，体现经济效益和资源环境效益。

（2）城镇化水平的衡量则考虑了城市的基础设施、城镇化率、就业率等因素，避免了因"伪城镇化"的出现高估城镇化的水平，同时也避免了低质量的城镇化。

（3）农业现代化水平的衡量采用了农业机械化程度和农业劳动生产率、农民人均纯收入、农村现代化程度，避免了使用单一的农业机械化水平。信息化指数我们直接采用《中国信息化发展指数（IDI）研究报告》等的复合指标体系。

（4）我们使用了交叉项来构建"四化"融台和同步指标。相比较而言，这种方法具有普遍适用性，并且在其他领域的计量经济研究中已经有了广泛应用。

为了衡量"四化"对产业结构的影响，我们分别探讨了"四化"指数水平、"四化"融合发展、"四化"同步发展等对产业结构（第二产业产值占比、第三产业产值占比以及非农产业产值占比）升级的影响。在使用 2006~2016 年全国 31个省份的面板数据进行比较研究后我们发现：

（1）工业化和城镇化主要提升了第二产业占比，而信息化则主要提升了第三产业占比，农业信息化对第二和第三产业都有小幅影响，但是并不明显。

（2）工业化与信息化的深度融合、工业化与城镇化的良性互动都能促进第三产业的比重不断上升，这也是产业结构不断升级的重要组成部分。"四化"融合因素对产业结构的影响更像工业化中后期产业结构调整的情况，第一产业比重基本保持不变，第二产业比重降低，第三产业比重提升。

（3）"四化"同步发展对产业结构的调整主要表现在第三产业的比重增加，而对第二产业的比重则产生负向影响，"四化"同步主要依靠"四化"相互融合。在"四化"融合之外并没有对第一产业和第三产业产生明显的辅外效应，但对非农产业整体产生了正的额外效应。"四化"同步发展对产业结构升级的影响主要体现在第三产业占比的提升，第三产业结构优化升级，这种升级在工业化后期显得尤为重要。

5.7.2 对"四化"同步推进产业结构优化升级累积循环效应的综合评价

在第 3 章已经阐述过通过"四化"推进产业结构优化升级过程中产生的循环累积效应，通过产业链效应、收入效应和需求效应、技术支撑效应形成了一个正反馈系统，进而加速推进了产业结构优化升级。

（1）新型工业化与农业现代化之间的产业链效应。目前东北地区传统产业占比较大，亟待改造升级，尤其表现为县域工业化水平低，县、乡、镇级财政收入不足，民营经济发展滞后，县域城镇化水平不高。提高信息工业化与农业现代化之间产业链效应，就要落实工业反哺农业，推进县域工业化，发展农产品精深加工，推进农业产业链和价值链建设。使县域工业化与农业现代化之间相互融合，发挥"两化"之间的产业链效应。所以需要进一步搜集相关数据，对产业链效应做出客观测评。

（2）新型工业化、农业现代化与新型城镇化之间的收入效应。新型工业化与城镇化、农业现代化之间良性互动，协同发展，使农业劳动生产率和城镇化率不断提高，工业化进程全面加速。随着中小城市和县域产业园区企业带动的劳动力聚集，为城镇化进一步发展提供了良好的物质基础和发展动能，工业化和农业现代化的集聚和规模化发展，也有利于生产性服务业快速发展；城镇化功能的提升、城镇第三产业快速发展都有利于吸纳更多劳动力就业，也进一步推动了以人为核心的新型城镇化进程；城乡居民收入水平的提高将激发更多、更广泛的消费需求，包括农产品、工业制成品和各类服务的需求。从东北地区来看，"三化"之间良性互动与协同发展水平还有待提高，传统优势产业优化升级方面尚需加大力度，在发展新型制造业和战略性新兴产业方面也要跟上东部地区发展步伐。在农业大县加快县域工业化进程也刻不容缓。今后随着城镇功能的提升，生产性服务业在新型工业化与农业现代化协同发展中将产生更多社会需求，吸纳更多地从一二产业转移出来的劳动力，进而提高城乡居民收入水平。

（3）"四化"同步推进产业结构优化升级的需求效应。随着城镇化规模扩大和城镇化质量的提升，城镇化自身在"三化"同步推进下也会产生巨大的需求效应。包括城镇人口发展、经济和社会事业发展、城镇基础设施建设的完善，城镇化与"三化"协同和融合发展，城镇的绿色发展都会产生很大的社会需求，提高城镇化对第三产业占比，使第三产业结构进一步优化。信息化对新型工业化、农业现代化和城镇化具有较强的技术支撑和融合效应，同时也产生额外需求效应。东北地区信息化发展指数与东部地区相比差距并不大，东北地区完全可以利用后发优势，通过信息化与其他"三化"的融合发展，全面提升社会经济运行效率，提升工业基础能力，促进新型制造业发展，发展智慧农业，为完善农村市场体系提供技术支撑，加快服务业优质高效发展，这也是推进新型城镇化，建设智慧城市的重要着力点。通过以上分析，"四化"同步推进能够产生内需效应，随着产业结构的优化升级，东北地区的传统优势产业改造升级，发展新型制造业、现代服务业和现代农业都会形成一个巨大的投资空间，吸引国内外工商资本到东北投资兴业，提升开放型经济水平，使东北地区成为我国向北开放重要窗口和东北亚区域经济合作的中心枢纽。通过扩大消费需求、出口需求和投资需求能进一步促进产业结构优化升级，推动东北老工业基地的全面振兴。

5.7.3 对"四化"同步推进产业结构优化的协调效应的综合评价

产业结构协调性是产业结构优化的中心内容，只有强化产业之间的协调，才能提高产业结构的聚合质量，从而提高产业结构的整体效果。产业结构必须在协调基础上才能实现优化，进而实现产业结构升级。

（1）新型工业化与农业现代化的协调效应。东北地区作为老工业基地，同时又是国家商品粮基地，是国家粮食安全的压舱石。但是改革开放之前，由于城乡二元结构长期存在，工业化只是在东北大城市中发展，广大县域和农村并没有涉及工业化，尤其产粮大县的产业结构单一，粮食增产不增收。因此，评价新型工业化与农业现代化的协调效应，主要看能否提升农业技术装备水平，积极发展农产品加工业和农业生产性服务业，推动农村一二三产业融合发展，工业化进程能否消化吸收农业剩余劳动力，工农业两大部门利益与分配关系是否适当，能否不断缩小工农业劳动生产率的差异。

（2）新型城镇化与农业现代化的协调效应。新型城镇化首先强调人的城镇化，在城镇经济发展、社会发展、绿色生态发展和提升城市功能等方面与实现农业现代化和乡村振兴目标能够保持合理的协调度。不仅是实现农业生产现代化，还有在实现农村现代化和农民现代化方面，要有相应的衡量指标。第一，要考核是否树立了以城带乡，城市支援农村，实现城乡经济社会一体化发展的理念。增强中心城市对周边城镇，特别是对县城和人口较多的中心镇的辐射带动作用。第二，要考核提升县域经济承接城市功能转移和辐射带动乡村农业现代化发展的能力。第三，要考核农村一二三产业融合发展能力，农业生产性服务业在推进农业产业化，推进农业与旅游休闲、健康养老、教育文化等深度融合，发展观光农业，体验农业，创意农业等新业态方面的效用。第四，还要包括政府在提高基本公共服务均等化，推进农民生活现代化和提高乡村文明化程度等方面的考核指标。

（3）新型工业化与新型城镇化的协调效应。协调效应主要表现为以产兴城和产城融合。城镇化创造需求，工业化创造供给，要提高供给体系质量，尤其是东北地区要考核传统产业优化升级，全面提升制造业水平，加快发展现代服务业，以适应城镇化进程中新需求的变化。在考核新型工业化和新型城镇协调推进产业结构优化升级的联动效应时，一定要适应产业结构呈现的新特征：①产业结构的服务化，即不仅第三产业增加值超过一二产业，而且一二产业内部服务量不断扩大。②产业结构的高技术化。突出表现在高技术改造传统工业上，推动传统工业向高新技术产业的转化。③产业结构的融合化，即"产业边界模糊化"。知识的高度渗透，使产业迅速分化，形成新兴产业和新的业态。④产业结构的国际化，即产业结构无疆界化，通过产业构成的核心要素的国际流动，实现国际产业转移，提升开放型经济水平。

第6章 东北地区"四化"同步推进产业结构优化升级的影响因素分析

上一章对"四化"推进东北地区产业结构进行了实证分析，证实了"四化"能够推进产业结构优化升级，"四化"同步推进产业结构优化升级能够产生联动效应，产生协同力，以加快建设协同发展的产业体系。本章首先要分析"四化"同步推进的影响因素，包括：新型工业化与信息化深度融合，新型工业化与城镇化良性互动，城镇化与农业现代化相互协调，信息化与城镇化和农业现代化相互融合。其次分析"四化"同步推进产业结构优化升级的影响因素。最后分析了"四化"同步推进产业结构优化升级的联动效应影响因素。通过本章的影响因素分析，为后面的实现路径与实施对策提供理论依据。

6.1 "四化"同步推进的影响因素分析

6.1.1 新型工业化与信息化深度融合的影响因素分析

（1）信息化对新型工业化的影响分析。

随着社会进步、产业结构升级和科技创新的蓬勃发展，传统产业实现了向信息化的跃迁，这一与时俱进的变迁过程就是新型工业化与信息化融合的过程。通信技术和交通运输方式的变革带来了经济全球化的大趋势，新的生产要素以更加快速和高效的方式进入生产领域，并激发了生产领域的进一步创新，新知识、新技术、新程序纷至沓来，取代了传统要素的地位，更好地适应了新时代的消费需求，有利于比较优势的发现、发挥和发展。信息技术的正外部性，在整个经济社会中铺展开来，信息的高效流动和知识技术的快速学习，成为创新创造和产业结构升级的重要推动力。信息化对传统产业的作用，不是将传统产业弃之不用——另起炉灶，而是革故鼎新，通过传统产业与信息化的融合，用信息化对传统产业加以改造，实现产业的价值链升级和产业工人信息技术素质的提高。

信息化和工业化各自的发展和"两化"融合是分三个阶段来完成的，首先是生产技术与信息技术的融合，其次是产品生产、推广销售等业务与信息化的衔接、融合，最后是整个信息产业与生产制造产业的完全融合，是"两化"融合的最高阶段，信息化与工业化将融合成不可分割的整体。以上的融合过程显示了从微观企业到中观产业再到宏观经济社会的变革顺序，是一种自下而上，由利益驱动的变动过程。信息技术企业与生产制造企业的融合，或者信息技术企业向生产领域的扩张，抑或是生产制造企业涉足信息技术领域，均是来自于利润最大化的驱动；不同于企业的融合发展，是产业间融合的基本内容，信息产业与生产生活类产业的不断融合，结果是整个国民经济发展质量的提升和物质财富的大幅增长。

信息化与新型工业化融合发展的关键变量是信息资本的投入，信息资本属于资本要素的范畴，反映了资本在经济增长中起到的不可取代的作用，这一关键变量的涌现，需要我们提出新的信息技术范式来分析"两化"融合和经济增长问题，这就是 ICT4D2.0 范式（或阶段）。ICT4D 将"两化"融合的三个阶段与信息化的功能相结合，揭开了"两化"融合的本质特征和影响融合发展的因素。

新型工业化与信息化的融合发展具有阶段性特征，这与信息技术范式的阶段性发展过程是一致的。根据发展阶段的不同，初期阶段的信息化体现在基础设施，之后随着信息化的深入，需要注意的是政策环境即支撑因素，信息化的最终表现形式是信息产业的比重上升和代表性企业盈利能力、创新能力和国际竞争力的增强。

ICT4D1.0 模式作为信息化的初级模式，类似于"萨伊定律"所强调的"供给创造自己的需求"，这是由信息化的发展阶段所规定的，信息化初期，通信技术、计算机技术和互联网技术还不够成熟，信息技术的发展远不能满足传统产业改造升级的需求，甚至会产生"全世界只需要五台电子计算机"这种说法，很多人都没有意识到信息化发展的重要意义，这时信息基础设施的建设和信息技术的创新主要依靠政府的强力推动，比如美国联邦政府提出的"建设信息高速公路"，在这一阶段，政府的政策支持成为推进信息化发展的重要影响因素。进入 ICT4D2.0

模式后，生产生活领域对先进的信息技术和信息产品提出了更多的需求，商品生产流程的信息化、智能化与商品流通中效率的提高，让几乎所有的企业或机构开始"分秒必争"，社会对信息化的需求空前高涨。

信息化与新型工业化融合发展，是供给与需求两方面相互作用的结果，在ICT4D1.0模式阶段，工业化对信息化的需求并不强烈，信息化对传统产业的改造比较缓慢。进入 ICT4D2.0 模式后，几乎每个经济单位都争先恐后地进行信息化改造，信息化与新型工业化快速融合。需要注意的是 2.0 模式中"两化"的影响因素是多元的，如果不注重发挥积极因素，规避消极因素，则"两化"融合的方向和程度将难免不尽如人意，所以不可不重视。"两化"融合的影响因素如下：

1）信息产业的发展程度。信息产业本身就是新型工业化与信息化相融合的产物，所以其发展程度即是"两化"融合程度的反映，也是影响新兴工业化与信息化进一步融合发展的现实因素之一。一国或一个地区的信息产业发展具有阶段性，没有任何国家或地区可以跨越发展阶段的局限，实现从"刀耕火种"直接到"智慧庄园"的飞跃。信息产业发展的现状决定了"两化"融合的基础，产业政策和国外的先进经验的引领是"两化"融合的方向。

2）智能产业及信息服务业的发展。信息化对于经济社会的贡献体现在计算机、互联网、大数据、深度学习等一系列智能产品上，这些受信息化影响的智能产品为工业的产品生产、流通和交换以及产品的升级提供了全方位的支持。智能产品对新型工业化的支持需要信息服务业的发展，信息服务业为工业企业提供一整套完善的产业升级解决方案，在产品设计之初，就可以为企业提供消费者的海量需求信息，为未来的"适销对路"做好铺垫，在生产流程中逐渐用智能装备替代人力劳动，既提高了生产效率又降低了人工的误操作造成的次品率，在流通和交换领域，互联网推动的电子商务不仅减少了寻找和议价的交易成本，而且带来了物流业的智能化革命。信息产品通过信息服务业的平台，源源不断地投入到工业企业的设计、生产、流通全过程中，成为影响新型工业化与信息化融合的直接推动力量。

3）技术创新的商品化速度。由技术创新到新商品的生产是一个需要花费时间的过程，如石墨烯的发现是在 2004 年，但直到 2018 年中国首条石墨烯有机太阳能电子器件生产线才正式启动，中间的时间跨度为 14 年。如果能够加速技术创新商品化的速度，信息化的新技术将能够更加迅速地促进新型工业化的发展进程，新型工业化所开发的新材料也将为信息化提供更优质的硬件材料，由此可见在新型工业化与信息化的融合发展中，技术创新商品化将起到重要的联通作用。

4）全社会人员信息技能。信息技术革命的载体是由全社会人员组成的国民经济体，人的重要性毋庸置疑，而人员的信息技能在社会沟通与合作，产业的联合与共同创新，企业的技术开发与产品升级中，都具有重要的基础性作用。一个信息素养普遍较高的社会，"外行管理内行"的现象将减少，企业和政府或者机构内部之间的沟通、协调成本将显著降低，社会的创新、创造活力进一步释放，将会促进新型工业化与信息化更深度地融合发展。

（2）新型工业化与信息化互动融合的影响因素分析。

1）企业组织作为经济行为人的影响。新型工业化与信息化融合发展的本质内容是以企业为主体的传统产业的信息化改造和信息产业向传统产业的拓展。作为国民经济的微观单位，企业是一种取代价格机制的资源配置方式，企业在产业链中的地位和数量的多寡，直接反映了一个国家或地区的综合竞争力，企业内部存在一种特殊的资源配置形式，即"统筹协调"的配置形式，也是企业主体的重要功能，置这个功能于不顾，无论从历史的角度看，还是从逻辑的推导来看，都是错误的。中国的封建制度体制下，企业始终处在"重农抑商"的阴影之下，生存环境恶劣，甚至受到层层盘剥而难以为继。这被认为是洋务运动和戊戌变法失败的重要原因，同时也是民族工业在清末无法崛起的根本原因之一。改革开放以来，中国经济取得举世瞩目的成就，与各种所有制企业和民营企业的地位得到承认是分不开的。

企业作为对价格机制在资源配置中的替代机制，它是在与价格机制的博弈中成长起来的，随着市场竞争的展开，一家能够进行内部组织机制变革、文化变革、技术变革的企业，将越来越多地把外部交易内部化，企业也在这个过程中发展壮大。在企业参与市场竞争的过程中，随着信息化的推进，一批"新型企业"应运而生，如虚拟企业、企业联盟等，这是企业组织形式进化的一种规律性趋势。西方发达国家在工业化与信息化进程中均处于领先地位，甚至与发展中国家之间形成"数字鸿沟"，"数字鸿沟"形成的微观基础是企业信息化与工业化融合发展程度的差异。总之，无论是对于推进新型工业化，或是推进信息化，再或者是推进"两化"互动融合，企业的主体行为都是至关重要的影响因素。

企业的自主创新带来的供给增量，为"两化"融合提供了持续而强劲的动能，科学技术的深刻变革，对企业组织形式和管理机制提出了新的要求，事实证明"外行管理内行"的传统模式弊大于利，要求新型工业化和信息化的融合过程伴随着经营方式和管理模式的革新。从而破除"两化"融合发展的制度障碍，让更多的创新型企业发展壮大起来。在新型工业化过程中发展壮大起来的企业走信息化道路，可以形成企业内在的更高的核心竞争力，追求更高的经济效益，这是由企业"经济人"的假设所决定的。具体体现为：一是在传统工业基础上发展壮大起来的企业进行自身信息化改造，引入信息化人才、装备和技术，对传统工业的产品设计、生产、运输和销售全过程进行信息化改造，实现由传统企业到现代信息化企业的转变；二是传统企业信息化发展，在工业化基础上涉足信息领域，直接发展信息产业，推动产业信息化进程，这是一种激进的信息化方式，一般而言传统行业没有获得信息化空间且产业附加值低时，用直接抛弃原有产业的发展方式发展信息产业，能够实现突破性发展，但同时面临很大的风险，如资金链断裂、技术壁垒等。

以信息技术为基础的信息化企业由于市场需求、规避风险的需要，或涉足传统产业，或提高其针对传统产业的应用性和服务性，从而提高传统产业的生产率，进而提高工业化水平。这是一种信息化产业反过来促进新型工业化发展的模式，具备信息技术优势，但是资本优势或其他要素优势可能会稍显不足，这时往往需要采用外部联合的方式来进行。如苹果公司与富士康的合作，苹果公司的信息技术优势体现在产品的设计中，而具体的生产由富士康来完成，在合作的过程中信息技术企业得到了低成本生产的好处，而工业企业则在信息技术企业的指导下完成了信息化的改造。

2）市场机制的影响。发达国家的信息化经历了工业化的初级、中级和高级阶段，在积累了大量物质财富和知识财富的基础上，自然而然地进入信息化与工业化融合发展的阶段，体现为信息化对传统产业的替代和改造。替代和改造是企业追求更多利润的结果，内在的激励机制是"一只看不见的手"——市场价格。由于利润的驱动，生产要素迅速地向信息产业聚集，无数个微观企业和个人的合力，推动着由工业化走向信息化的产业洪流滚滚向前。中国的市场机制成熟较晚，而且信息化与新型工业化融合发展的基础稍显薄弱，不得不采取"赶超型的发展战略"，带有国家意志的属性，这是由我国的发展阶段决定的，为了不陷入低端制造业的"比较优势陷阱"，这就要求我们的发展模式是"赶超型"，在一定程度上要超越目前的发展阶段来制定发展政策；再者信息产品带有部分"公共品"属性，特别是我国目前的软件市场，由于知识产权保护的不到位，造成盗版横行，软件开发的成本往往得不到有效补偿，依靠市场机制来发展某些信息技术产业的时机还未到来。但这仅仅意味着在新型工业化与信息化互动融合发展初期，市场机制的影响不大，随着新型工业化的深入和体制机制的转型，特别是知识产权保护的加强，新型工业化与信息化的融合互动必然越来越依赖市场机制的作用，市场机制在资源配置中的决定性作用正在逐步确立起来。

3）政府宏观调控的影响。根据上述的分析，信息化与新型工业化融合互动机制的形成必须在完善的市场经济体制下，以政府宏观调控为前提条件。政府宏观调控对"两化"融合的影响体现在以下三点：

首先，从生产力与生产关系、经济基础和上层建筑之间的关系看，信息化带动新型工业化战略代表了先进生产力的发展方向，先进生产力的发展必定要求调整管理体制和运行机制，也就是调整生产关系和上层建筑。这种调整既需要微观层面的各个企业和其他组织机构在制度和机制方面的转变，也需要调整宏观的国家层面的法治建设和体制改革，两方面缺一不可。

其次，从现实国情看，中国是在工业化进程尚未完成的条件下，又面临着发展信息化的任务，现在又面临着新型工业化与信息化互动融合发展的任务。而发达国家是在其工业化任务完成以后逐步进入信息化社会的，其信息产业是其传统产业发展经过一定阶段后的必然产物。要超越现阶段的局限，实现新型工业化与信息化的互动融合，从第二次世界大战后新兴工业化国家的发展和赶超来看，没有哪一个国家是完全依靠市场化作用去实现经济腾飞的。20世纪中后期的亚洲新兴工业化国家的发展经历告诉我们，若先依托市场机制去实现工业化，再去实现新型工业化与信息化的互动融合，这种跟进战略只会扩大发达国家与新型工业化国家之间的差距，更不用说在当今信息化已是全球趋势的时代背景下，存在内含于中国经济自身的信息化与新型工业化互动融合可能性的条件下，还任由"看不见的手"单独影响这一互动过程。从社会主义的优越性的角度来看，社会主义改造完成后，我国也曾超越当时的历史局限成功地完成了"两弹一星"工程，"集中力量办大事"是我们的优势所在，在一些超前的领域，如推进信息产业发展壮大，施加国家意志的影响，往往能收获意想不到的成果。

最后，市场机制本身具有局限性，市场机制在资源配置中发挥决定性作用，需要符合三个前提条件：完全竞争、信息对称、要素的流动性。市场经济难以满足这三个条件，体现为：供给冲击或需求冲击对于国民经济的强烈干扰，造成市场失衡和效率的损失；外部性问题造成的私人成本或收益与社会成本和收益之间的差距难以弥合，尤其是负外部性中监管难、收费难、产权界定难的问题，涉及资源开发与环境保护的根本矛盾;以实现效率为第一目标的市场机制,造成收入分配上的两极分化,基尼系数居高不下,影响社会稳定。以上现象我们称之为市场失灵。市场失灵需要政府出面调控,以确保经济的平衡发展和保障人民的机会均等,政府的调节功能显得非常必要,同时在"两化"融合发展中成为重要的影响因素之一。

一般而言,信息化与新型工业化融合发展可以从正、反两个方向来说明。政府的组织协调能力和战略眼光,再具体到促进信息化与工业化融合发展,并为之配置社会资源时,显得尤为重要。政府通过致力于信息产品供给体系的建设和传统工业信息化改造支持系统的建立,在工业化迈向信息化的道路上披荆斩棘,为企业的"两化"融合指引方向,搭建创新型企业孵化平台和融创平台,促进各类企业的信息交换与产业间、产业内合作。通过以上分析可见,在新型工业化与信息化融合的初级阶段,政府有必要发挥积极作用,根据现实的融合发展状况,实施多方位的举措,为"两化"融合做好铺垫工作,如实施财政支持政策,加强信息基础设施建设,提高互联网的覆盖率和网速,定期为中小学校的孩子进行计算机技能培训和网络知识的科普,从物质基础条件的夯实和人们的信息技术素质的提高两方面推进"两化"融合具体工作的展开。信息产业与传统产业的结合,需要政府的政策支持,需要构建一个良好的外部环境,为"两化"融合提供宽松的政策环境和高瞻远瞩的发展导向。

6.1.2　新型工业化与城镇化良性互动的影响因素分析

大航海时代以来的世界经济发展历程表明,工业化、城镇化是一对"孪生兄弟",工业化是人类生产方式的变革,是手工业向机械工业的变迁;城镇化是社会形态随着产业集聚而变化的一种趋势,工业化水平的高低决定了一个国家或地区城镇化的"天花板"的位置,即城镇化取决于工业化,城镇化因要素的聚集反过来又促进了工业化的发展。经济发展的主线是产业结构的优化升级,产业结构的优化升级表现为以下两个方面:一是三大产业在国民经济中所占的比重此消彼长,具体来讲是以农林牧渔为代表的第一产业比重下降,第二产业和第三产业的比重上升;二是人口就业结构的改变,从事农业等第一产业劳动的人员减少,从事生产制造和服务业的劳动力增多,人口由农村逐渐向城镇转移,这对于改变城乡二元经济结构意义重大。根据上述分析,可见城镇化与工业化的关系十分紧密,要把握影响城镇化与工业化互动发展的因素,必须从两者的关系入手,新型工业化与城镇化良性互动的影响因素主要包括以下三方面：

整体性因素。新型工业化与城镇化以及两者良性互动发展是局部与整体的关系。新型工业化与城镇化分别是经济增长系统的两个个体，而新型工业化与城镇化的互动发展则是具有整体性、系统性的一个发展议题。两者之间的关联协同，以及相互促进的整体效应，将会为经济发展注入新动能和新活力。

动态性因素。新型工业化与城镇化良性互动发展是一个动态的发展过程。两者的互动发展处在一种质量互变运动当中，每当发展的量变积累到一定程度，新的协调机制就要取代旧的协调机制。简言之，就是协调—失调—再协调的一个动态发展过程，经过这样一种新生事物取代旧事物的往复循环，其结果是新型工业化与城镇化的互动发展从低级向高级、从原始向现代的持续更迭。

层次性因素。新型工业化与城镇化互动发展的和谐程度，在时间轴上可以细分为不同的发展层次，层次的不同直接影响着新型工业化与城镇化融合互动的方式和相互作用的关系。协调发展层次随时随地都在变动，准确把握当时当地的协调发展程度，是立足当下，解决新型工业化与城镇化互动发展，促进产业结构优化升级的前提条件。

6.1.3　城镇化与农业现代化相互协调的影响因素分析

（1）城镇化与农业现代化相互协调发展。

城镇化与农业现代化相互协调发展，最终实现城乡经济一体化，为"农业、农村和农民"问题的解决提供了解决方案，是破除城乡二元结构的一剂良方。"三农"问题的解决，依靠的是新型农民的培养、新农村的建设，最根本的目标是实现农业现代化。农村劳动力的隐性失业现象屡见不鲜，尤其是我国的粮食生产大省，大型农业机械的使用造成了大量农村劳动力的冗余，城镇化的一大功能就是吸收农村剩余劳动力，一方面提高农民收入，另一方面将利于农村土地的集中经营，实现规模效益。乡风文明深受城市文明外部性的影响，城镇化地区的良好生活习惯和民风民俗，对农村地区有着潜移默化的影响，这一集腋成裘的结果构成农业现代化发展的软实力。城镇化带来知识要素的快速增长，为农业现代化建设提供智力支持。而农业现代化是稳定农产品供给、集约利用土地、促进农民向市民转变实现人的城镇化的保障。农业现代化能够提高农产品生产效率、增加农产品供给、从源头保障食品安全，为城镇化提供量足质优的农产品支撑；农业现代化能够引导土地适度规模经营、土地流转和促进村庄整治，有助于盘活农村土地要素，集约利用稀缺土地资源，为城镇化提供土地储备和占补平衡的调剂容量；农业现代化能够通过规模经营真正把富余农民从土地中解放出来，提高农民向市民转变的能力。

（2）城镇化与农业现代化相互协调的客观影响因素。

改革开放以来，伴随着东北地区城镇化和农业现代化相互协调发展快速推进，过程中也出现了许多问题，成为影响或制约城镇化与农业现代化相互协调发展的重要因素。客观因素主要有以下几方面：

一是农村与城镇发展的平衡度，我国长期存在的二元经济体制遗留的城乡差距过大问题，一直是阻碍城镇化与农业现代化协调发展的关键因素。新中国成立时，迫于当时的国际政治形势，不得不优先发展重工业，发展资本密集型的重工业要求农业源源不断地输血才能实现发展，资源不断地从农村向城镇转移，造成农村和城镇的物质资本积累的差距越来越大；改革开放之后，由于先开放城市，资本、劳动力和技术要素再次源源不断地向城市流动，农村成为城市工业的原材料和廉价劳动力的提供者，城乡差距进一步拉大。上述历史原因造成的城乡发展的不平衡，导致城镇化与农业现代化协调发展过程受到阻碍，表现为资源和人力资本单向地流向城市，出现城乡经济发展两极分化的严峻趋势。为了使城镇化与农业现代化协调发展，城乡发展的平衡度是需要关注的重点因素，平衡度越高，要素的双向流动速度越高、规模越大，越容易发挥城镇和乡村的要素禀赋优势和比较优势，实现城乡互利互惠的同步发展。

二是域内城镇化水平的平衡度。与城乡发展的平衡度类似，域内城镇间的发展平衡度，决定了中心城市和外围城市之间城镇化的相互协同，以及影响到农业现代化的外部效应。域内城市的发展平衡度越高，则中心城市的"抽血效应"越低，利于域内其他城市发挥比较优势，拥有发展特色产业和吸引资金、人才等要素的能力。域内城镇化发展平衡度的提高，利于城镇化外部效应的发挥，域内农村借城镇化带来的现代思想、理念和技术，发展现代农、林、牧、渔产业，农村剩余劳动力可以进入城市，接受新思想和新技术，实现再就业，而且促进农业现代化中农民的现代化。而域内城镇化水平的平衡度低，与以上过程正好相反，将不利于中心城市、外围城市和周边乡村的协同发展。由上述分析可见域内城镇化发展的平衡度，是促进农业现代化和城镇化融合发展的重要因素之一。

三是区域综合发展水平。区域综合发展水平在全国所处的地位，构成了决定资本和人才是否倾向于流入域内的重要因素。资本是逐利的，哪里的投资回报率高，就向哪里流动，区域综合发展水平高的区域，由于要素累积带来的产业集聚效应，增加了资本获取高回报率的机会，所以资本倾向于向发展水平高的区域聚集；人才追求是效用最大化，哪里环境好、交通便利、工作机会多、薪酬高就向哪里流动，区域发展水平高的地区往往更能满足这一系列要求，更能吸引人才的流入。要素的流动在城市之间、城乡之间广泛存在，且有规模越来越大，速度越来越快的趋势。区域综合发展水平低的区域将会逐渐失去它的要素禀赋，随之失去的还有原有的比较优势，这一过程反过来促进了综合发展水平高的区域的进一步发展。所以区域综合发展水平，从要素的流动方面决定了农业现代化与城镇化协调发展的层次。

（3）城镇化与农业现代化相互协调的主观因素。

首先是人们的认知因素，对于农业和工业的认识影响了人们的倾向性。长期以来，由于城乡二元结构造成的固有意识，造成人们向城镇聚集舍弃农村土地的趋势，这不利于城镇化与农业现代化相互协调发展。事实上，对农民来说，农业的集约化、规模化、现代化经营，只要方法得当，其回报可能会超越从事工业中一般体力劳动者的回报。所以人们对农业现代化的全面深入的认识，将会促进农业现代化与城镇化的平衡发展和相互协调发展。其次是各级政府的行为因素，一直以来依靠投资加速工业化、城镇化的经济增长模式成为各级政府发展当地经济的"最佳模式"，虽然有社会主义初级阶段的局限，不得不采取这一快速工业化路径，但是成功的经验容易造成路径依赖，结果是工业化带动的城镇化越来越强，而偏废了农业现代化的发展，本质来讲农业现代化与城镇化协调发展，将为"新常态"下的经济增长提供可持续的动能，能够促进经济的又好又快发展，所以各级政府行为的转变尤为重要，成为影响城镇化与农业现代化协调发展的又一个主观因素。

6.1.4 信息化与城镇化和农业现代化融合的影响因素分析

信息化与城镇化和农业现代化融合是一项系统工程，其融合过程受到各种要素的相互作用，这些因素分别来自于内部和外部。其中内部因素包括动力因素；外部因素包括环境因素、政策因素和支撑因素。内外要素之间相互作用，共同推进信息化与城镇化和农业现代化在相互融合中不断质量互变。

（1）动力因素。动力因素是推动信息化与城镇化和农业现代化融合的决定性因素，引导和带动内部因素变化。从融合的直接过程来看，对城市网络信息基础设施的投入如资本、人力以及城市居民或企业对信息化的需求，和由此带来的辐射周边乡村的信息化外部性和城镇化外部性，带动了信息化、城镇化与农业现代化"三化"融合的发展，这一系列信息化基础设施投入和信息化需求以及由此带来的外部影响，构成了"三化"融合的直接或间接动力因素。从投入产出的角度来分析，投入是构成城镇化与信息化融合的直接动力，城镇信息化基础设施的建设，需要政府的规划，项目公司的直接参与，银行保险等金融机构给予融资和风险理赔服务，需要大量的技术型工人和监督人员，城镇化和农业现代化为信息化发展提供了物质基础，而信息化为城镇化、农业现代化的进一步发展提供了智力与技术支持；从需求的角度讲，城乡居民对信息化的需求是促进"三化"融合的根本动力，正是由于城乡居民和企业对于互联网、大数据、云计算等信息技术的需求，才让高新技术企业有了越发广阔的发展空间和更高的资本回报率，这不仅推动了信息技术产业的发展，而且为产业结构的演进方向提供了"互联网+"的清晰路径，从而实现了城镇化、农业现代化、信息化与产业结构升级的互动融合和经济社会的集约化发展。

（2）环境要素是推进信息化、城镇化和农业现代化融合的外部影响因素。具体而言既有国外因素又有国内因素。①国外因素来自于西方国家引领的第三次科技革命，自20世纪90年代以来，信息技术尤其是互联网技术在西方国家的飞速发展和与各个产业的广泛融合，促使像我国这样的发展中国家，不得不在工业化尚未完成的阶段寻求高新技术产业的"赶超式"发展，在实现工业化的目标之上又确立了发展信息化的任务。由于经济基础的差异，最初我国只在有条件的城市开展信息基础设施建设，逐渐渗透到市郊和乡村。所以一开始城镇化为信息化的发展提供了土壤，而信息化的发展为城市带来了便利，一是通过信息的充分流动减少了交易费用，提高了交易效率；二是促进了全社会的"干中学"行为，提升了社会各阶层的学习、工作效率；三是市场经济的思维方式通过互联网快速地影响到各个群体，促进了社会竞争，提升了人们追逐利益的动力。以上三点反过来促进了城镇化的进一步发展。随着信息化的进一步发展，乡村与城镇的二元隔离状况逐渐打破，更多的技术、资本等要素流向乡村，最终促成了城镇化、信息化和农业现代化的"三化"融合发展。②国内因素是指改革开放以来我国的发展环境变化，我国的经济结构一直以劳动密集型和资源密集型产业为主，是一种粗放的经济发展模式，随着人口老龄化、资源的逐渐减少和环境污染的加剧，我们面临经济转型的关键节点。发展信息化，既节约资源又保护环境的信息技术产业在产业结构中的比重提高，成为解决迫在眉睫的转型问题的一剂良药。随着信息化产业以城乡为载体逐渐展开，"三化"融合得到进一步的发展。综上，环境因素既有国外的因素，又有国内需求因素，两者先是促进了信息化的发展，信息化的发展反过来又提升了城乡发展的速度，最终走向城镇化、信息化和农业现代化的融合发展。

（3）政策因素包括国家宏观政策、区域中观政策、城市发展政策和各领域微观政策。国家宏观政策如党的十八大和十九大提出"四化"同步发展战略，即顶层设计，也是指导新型工业化、信息化、城镇化和农业现代化融合发展的纲领性文件，构成了影响"四化"同步融合发展的主干因素和长期因素。区域中观政策和城市发展政策是各地区依据当地"四化"同步发展的现实状况，制定的针对该地区或城市的指导性政策，比国家宏观政策更具有特殊性和现实性，是决定一个地区或城市发展"四化"的推动性因素，也构成了推动信息化、城镇化与农业现代化融合的关键因素。各领域微观政策是依据国家宏观政策、区域中观政策和城市发展政策制定的更加具体的指导性政策，直接作用于信息化、城镇化和农业现代化的融合发展过程，成为影响信息化、城镇化和农业现代化融合发展的直接因素。

（4）支撑因素在信息化、城镇化和农业现代化融合过程中起到重要的支撑和保障作用。支撑因素包括中介服务体系、咨询公司、专业人才和资金支持。信息化、城镇化和农业现代化的融合发展过程中，涉及协调政府、企业和个人之间纷繁复杂的关系，需要中介服务公司的参与，致力于减少交易成本、提高交易效率同时又照顾到各方利益，所以中介服务体系的构建是信息化、城镇化与农业现代化融合发展的支撑因素之一。咨询公司为政府和企业提供更加充分的信息和清晰的发展规划以及发展路径，能够增加信息化、城镇化和农业现代化融合发展的效率；同样带来支撑作用的因素还有专业人才因素，构成"两化"融合的智力支持，作用于融合的规划、建设、监督、审核等各个阶段，提高了"三化"融合发展的速度和质量。资金因素为"三化"融合提供物质基础，也是关键支撑因素之一，具体而言资金因素能够调动中介服务、咨询公司和专业人才等其他因素，共同作用于信息化、城镇化、农业现代化的建设、融合的全过程。

6.2　"四化"同步推进产业结构优化升级的影响因素分析

6.2.1　"四化"同步推进产业结构优化升级的内部影响因素

劳动力、土地、资本、企业家才能被认为是社会生产经营活动所需的四大要素，这是现代西方经济学的主流观点。实际上，不同要素在"四化"同步推进产业结构优化升级中的地位或作用，因时代的发展而不断改变，劳动力和资本是"四化"同步发展的基础性要素，随着互联网技术的蓬勃发展，知识和技术要素逐渐成为"四化"同步发展系统中不可或缺的要素。由于各国家或地区在资本、劳动力、知识等要素禀赋上的不同，要素的流动性又存在各种各样的限制，导致"四化"发展的平衡度在国与国或地区与地区之间存在千差万别，产业结构的地区差异也随之产生。

（1）劳动力。

劳动力是指人的劳动能力，既包括体力劳动，也包括脑力劳动，是两者的总和。劳动力也是一种商品，劳动力的使用价值和价值是以劳动力的生命健康为载体的。劳动力通过参与生产活动将自身的使用价值转移到他们所生产的物质资料之中，并创造新的价值。在推动经济发展、"四化"同步和产业结构调整当中，劳动力的作用举足轻重，一方面劳动者用脑力和体力为生产流程的优化、技术的升级和人员的安排等方面提升效率，扩大产出量，为产业结构的优化升级积蓄能量；另一方面劳动者也是消费者，他们的需求结构为产业结构的调整指出了正确的方向，"四化"同步发展的根本目标在于实现人的全面发展，所以劳动力因素除了是影响"四化"同步推进产业结构优化升级的决定性因素之一，劳动力的发展程度和"获得感"则是"四化"同步发展结果的最重要的考量指标。

（2）资本。

这里的资本主要指通常所说的物质资本，物质资本具有长期性，首先它需要一个漫长的积累过程，在经济学中属于短期内的不变要素，主要有工厂、机器设备等。物质资本量的多少和质的优劣，直接反映了一个国家国民财富的总量和产业链的层次,因此,资本也是"四化"同步推进产业结构优化发展过程中一个非常重要的内在要素或内部影响因素。此外,在"四化"同步发展的背景下,人力资本等知识型、技术型资本也是推进产业结构优化升级的重要影响因素。人力资本是教育、培训投入凝结而成的以人为载体的一种特殊资本形式,与一般劳动力有很大的区别,体现在分配上是人力资本可以分享企业的利润,而劳动力对于企业利润没有索取权。人力资本在当今时代的地位越来越重要,具备优秀管理能力、价值发现能力、团队带动能力的人力资本无论是身处政府还是身在企业,往往都能够为国民经济发展带来正的外部性。

(3)信息。

在当今人类社会中,信息是一种反映生产、消费和流通的重要资源和庞杂的社会、经济、政治、文化现象的集中和凝结。信息资源越来越密切地和人类的生产生活产生联系,随着经济全球化的发展以及人们对交易效率的巨大需求的产生,信息已经具备了生产要素和消费品的属性。信息代表着一种知识产权的占有关系,它的商品化依托价格机制实现了信息资源的高效利用,信息的流通伴随着信息化在全国乃至全球的快速发展,世界因为信息沟通的便利而越来越像一个"村落",节省了经济交往中的交易成本,充分发挥了各国、各地区的比较优势。信息化的发展使得工业和农业插上了"智慧的翅膀",有利于打破城乡二元隔离的经济发展状况,加速了新型工业化和农业现代化的同步发展。综上所述,信息促进了"四化"同步的融合发展,并通过减少交易成本的方式协助各国、各地区产业发挥比较优势,实现产业结构的优化升级。

(4)技术。

技术是理论知识的融合与灵活运用,在生产生活领域技术是以"匠人"为载体的,是在熟练劳动的基础上,总结经验、不断探索并汲取各种知识和技能的基础上的创新。从技术的产生过程来看,前沿性是其本质特征,在一项技术产生之初,往往只有极少数人有能力掌握它,随着技术的逐渐扩散和成熟,越来越多的人可以掌握它并运用于生产生活实践中,技术的外部性就得到了充分的体现,它提高了劳动生产率,惠及劳动技术工人和广大消费者。而目前我国提出"四化"同步推进产业结构优化升级的目标,发展"绿色低碳"的循环经济,技术是不可或缺的重要推动力量之一,技术的创新和实践,能够用更少的资源和环境代价换取更高附加值的产出,为商品的交换提供更多便利,为消费者提供更高端、更优化的商品和服务。因此,技术也是推动我国"四化"推进产业结构优化升级的一个关键因素。

以上是"四化"同步推进产业结构调整的内部影响因素,包括劳动力、资本、信息和技术四种,事实上,外部影响因素也十分重要,主要有经济因素、社会因素和区位因素,构成了"四化"同步背景下,推动产业结构优化升级的宏观和中观因素。

6.2.2 "四化"同步推进产业结构优化升级的外部影响因素

在"四化"同步发展的背景下,多种多样的因素共同作用于产业结构的优化升级,既有科技创新带来的信息、技术因素,也有以利润或效用为目标的资本或劳动力因素。以上都是内部影响因素,下面我们将分析"四化"同步推动产业结构优化升级的外部影响因素。外部因素主要包括宏观的经济、社会因素和中观的交通运输因素,以及对宏观、中观和微观都有影响的自然因素,自然因素是"四化"同步推进产业结构优化升级的客观条件,不以企业和政府的意志为转移;经济环境和社会环境是主观条件,是在一定自然和区位条件下,人类的行为构成的市场环境、人文特性、体制状况等的总和。下面,我们从"四化"同步推进产业结构优化升级的外部影响因素入手,分析它们的具体影响机制和影响程度。

(1)经济因素。

首先,经济因素对产业结构优化升级的影响,其重要程度是毋庸置疑的,产业结构本身就包含于经济结构之中,经济因素中的经济发展水平、原有的产业结构、对外经济交往以及投资,每一个因素都是在"四化"同步发展背景下,决定产业结构优化升级的至关重要的外部因素。其中,以国民生产总值为主要指标的经济发展水平,代表了一个国家或一个地区的总体经济实力,经济实力对于产业政策的实施和产业结构的调整具有重要作用,这是由于经济实力反映了一国调动资源并实现国家意志的能力,当政府对于产业结构调整的方向有明确把握时,执行力往往更为关键。其次,原有的产业结构是产业结构优化升级的起点,起点的高低决定了时间的长短,一个积贫积弱、产业结构严重扭曲的国家,在产业结构优化升级中是难以快速赶上发达国家的。再次,对外经济交往的规模和对外竞争力的高低,是一国能否实现生产曲线扩张和国民财富增长的重要考量,对"四化"同步推进产业结构优化升级的影响之大不说自明。最后,投资在产业间和产业内部的分布问题,对于产业结构优化的影响同样至关重要,"巧妇难为无米之炊",投资是推动产业结构优化调整的动力因素,没有合理的投资分布,产业结构的调整方向也将南辕北辙。

1）经济发展水平。经济发展水平一般是一个总量概念，如 GDP 总量，反映一国或一地区的整体经济实力，对于"四化"同步推进产业结构优化升级的影响是不可忽略的。一般而言，经济发展水平是宏观经济状况的表征，宏观经济状况是对于企业而言，就像土壤相对于植物的关系，一个快速发展的经济体，以及鼓励创业创新的自由竞争环境，对于激发企业的创造力和人员的发展潜力，都是一个积极的推动因素。经济发展水平通过其营造的市场环境，给市场经济单位和个人带来内源性的激励，创业创新活动在全社会的展开，推动新型工业化、信息化、城镇化和农业现代化的深度融合互动，进而为产业结构的优化升级带来强劲的内生动力。

2）原有的产业结构。产业结构的优化升级是一个长期的过程，它受到原有产业结构滞后效应的影响。首先，产业政策的时滞效应导致一些已经不合时宜的政策仍然发挥作用，阻碍了资本、劳动力以及知识等各种要素向优化产业结构的方向流动，尤其是政府对落后产业的不合理的补贴支持，阻碍了产业链的升级和产品的高端化进程。其次，区域间产业结构的差异度，产业结构差异度高的区域，尤其是相邻区域，在资源配置上，更能够做到"人尽其才、物尽其用"，有利于各区域形成独特的优势产业，在区域竞争中不必进行"零和博弈"，而是优势互补，在"四化"同步和区域间合作中共同推动产业结构的优化升级。

3）对外经济交往。改革开放以来，我国实施出口导向型的发展战略，发挥比较优势，先是发挥劳动力优势，之后发挥资本和宏观政策优势，在经济建设中取得了举世瞩目的成就。对外经济交往除了使中国企业进入国际市场，赚取更多外汇之外，还引进了外资和新技术，推动了本土传统产业向信息化和智能化的跃升，新技术、新模式推动着新型工业化、信息化、城镇化和农业现代化的深度融合发展，在"四化"同步中内含着的是产业结构由粗放向精致、由低级向高级的巨大变化。

4）投资水平。投资水平的影响可以按照时间分为短期和长期两种类型，投资是劳动力、技术和资源等其他要素流动的驱动器，投资水平高的地区，往往产业更加发达，资本和其他要素的回报率也高，驱使着各种要素向该地区聚集。要素聚集使得一个地区的"四化"发展水平提高，并随着"四化"融合的深度发展带动产业结构的优化升级。对外投资和招商引资分别从两个方向推动着经济增长，对外投资主要优势是在规避贸易壁垒的同时使用国外相对丰裕的某些要素进行生产，扩大了市场范围，为"四化"推进产业结构优化升级准备好了国际市场基础；招商引资是用"市场换技术"，用技术驱动产业结构的优化升级。

（2）社会因素。

决定"四化"同步推进产业结构优化升级的又一个外部因素是社会因素，社会因素的内涵十分丰富，包括政策、制度、教育、就业、生活等诸多方面。首先，国家政策作为"一只看得见的手"，配合市场机制这只"看不见的手"，用得得当，能够更好地提升市场经济活力，提高劳动生产率，在社会分配中兼顾"效率"和"公平"。人民群众是城镇化和农业现代化的主体，国家政策在分配领域的干预，能够促进社会的公平正义，促进城镇化与农业现代化的协调发展，让"四化"同步推进产业结构优化升级的成果惠及全社会，增强人民群众参与"四化"建设，助推产业结构升级的热情。其次，教育和就业是关系国民未来发展和生活保障的重要因素，教育是"四化"同步推进产业结构优化升级的"源头活水"，是信息化时代的重要基石，早在1984年，邓小平就提出"计算机的普及要从娃娃抓起"，高素质的人才储备和一个鼓励创新的社会环境，将持续地为产业升级提供新要素和新动能；就业是人民生活的保障，在"四化"同步推进产业结构优化升级中居于最基础的地位，没有充分的就业，产业链的升级就是无本之木。

1）国家政策干预。在当今世界，无论各个国家处在什么样的发展阶段，采取什么样的国体和政体，拥有什么样的意识形态，无论经济制度是市场的还是计划的，为了经济的持续稳定健康发展，都离不开国家的宏观调控和政策干预。而政府的政策基调直接影响着资源的流动方向和最终的配置，一般而言，政府会通过立法或行政的手段促进或控制某些要素的分布，在市场机制之外，以经济层面的大政方针为原则实施市场规制。合理的政策干预能够以"局外人"的身份从整体上规划市场经济的发展方向和产业价值链的提升方向，并且能够平衡"四化"发展的步调。

2）科技教育水平。在"四化"同步推进产业结构调整的大背景下，科学研究、技术创新和教育培训作用于生产要素特别是人力资本要素的供给侧，提升要素质量，为新型工业化、信息化、城镇化和农业现代化的融合发展提供高素质、高技能、高创造力的人力资源。首先，具备科学素养和研究、分析、解决问题能力的人才，始终处在产业发展的一线，对新方法、新技术的敏感度和接受能力都很强，是"四化"同步推进产业结构优化升级的主力军。其次，科技教育事业的成功,是以产生一大批引领世界的研究成果和人才队伍为标志的,能够促进我国国内全要素生产率的提高,通过全社会劳动生产率的提高,将"四化"建设连成一体,推进产业结构的优化,实现从城镇到农村,从第一、第二产业到第三产业的全面进步和平衡发展。最后,各个产业要实现长期的规模报酬递增,必须依赖科学技术的不断进步,在内生增长模型中,科技创新是核心的内生变量,是"四化"同步推进产业结构优化升级的持续性内生动力。

3)城乡差距。国民收入分配不均的重要表现之一是城乡居民的收入差距,因交通状况、政策支持力度、资本等要素的趋利性流动,造成城乡差距逐渐扩大,是历史遗留的城乡二元结构在新时期的表现形式。一方面,城镇化的发展对农村地区土地的侵蚀以及对劳动力和资本等生产要素的"抽血效应",导致城乡差距的扩大。另一方面,农村地区交通运输较为不便,县域经济条件下,政策扶持主要针对县城周边的产业园区展开,同样造成城乡差距的扩大。城乡差距的扩大不利于区域产业结构的高级化跃迁,首先是由于贫富分化造成社会需求不足,其次是由于社会公平的逐渐丧失,导致社会稳定状况恶化。两者在"四化"同步发展背景下,均限制了产业结构升级的空间。

(3)交通运输因素。

以上关于社会因素的论述提及交通运输对城乡经济发展的影响,事实上各区域内或城市内的交通运输状况差别也很大。以东北地区为例,域内的交通便利程度远不及我国的东南沿海地区,极大地限制了区域内和区域间产业合作的效率。作为区域内和区域间物资、人员流动的纽带,快捷便利的交通条件将会更好地助力经济发展。由此可见,交通基础设施是区域竞争力的重要组成部分,和其他条件一起决定了某一区域对人才、物资等生产要素的吸引力和吸收力。

交通基础设施条件对于区域间的物资和人员往来的速度和效率具有决定性作用,交通运输条件越发达,区域间的货物买卖和信息技术交流的总量越大且交易成本越低,区域间的经济联动程度也越高,有利于产业链在邻近区域之间的分工与合作,形成规模经济和范围经济,为城镇化和农业现代化的协调发展提供平台支撑,推动"四化"的联动发展,为产业结构的优化升级提供坚实的硬件支持。一般而言,交通区位优势使得城市间的溢出效应更显著,这些邻近城市的外围区域的产业结构优化水平也比较高。

(4)自然因素。

自然因素主要包括自然条件和自然资源两方面。自然条件指地形、地势、气候等因素，自然资源包括土壤、植被、森林、矿产和水资源等。一般来说，平原、盆地等地形便于交通设施布局，有利于产业的分工和城镇的发展，而山地、丘陵区对交通设施布局限制较大，制约着产业和城镇的发展；同时气候条件以及水、土地、矿物等自然资源的富足与稀缺也直接影响产业发展的倾向性和空间结构，通常情况下，矿物资源丰富的地区适宜发展对资源依赖程度较高的重工业，土地资源稀缺的经济发达区适宜发展知识型产业，水土资源富足、气候温和区适宜大力发展农业，而在产业的空间布局形成的过程中，也刺激了人口的流动。研究表明，自然因素与人口密度显著正相关，人口密度情况在一定程度上能较好地反映一个地区的自然因素，但反过来过高的人口密度又会对自然环境造成破坏，影响自然因素（要素禀赋）对产业结构优化的正向作用。

6.3　"四化" 同步推进产业结构优化升级的联动效应影响因素分析

6.3.1　外资因素

在经济全球化的大背景下，一国或一地区吸引、利用外资的能力显得尤为重要，这是因为外资不仅具有资本属性，而且还带有国外先进技术的潜在外部性。随着外资的进入和外资企业的兴建、发展，国外的先进生产工艺、流程和管理方式逐渐地扩散到我国的民营经济、国有经济和其他混合所有制经济当中，以及各区域间和区域内各产业之间的互动发展，这种外部性由点及面，助推了全国产业结构的优化升级。首先，外资的投入直接作用于它所投资的地区，以资本带动人力资源、知识技术的集聚，使得新型工业化、信息化、城镇化和农业现代化的融合发展步入快车道；其次，一个区域的 "四化" 同步发展，通过溢出效应带动其他区域的 "四化" 同步发展；最后，在 "四化" 系统性发展的同时，推动着产业结构的优化升级。

外资拉动是通过资金的投入和其外部性来推进产业结构优化升级和经济增长的，对 "四化" 中的新型工业化和城镇化影响最大也最为直接，随着新型工业化和城镇化的深度融合发展，工业现代化水平和城市功能的提升，对信息化提出了更高的需求,对农业现代化则增加了要素的供给。外资拉动的作用过程如下:首先,外资的吸引和利用直接推动了区域产业的升级,此外对外招商引资,需要改善体制机制、放松经济管制,这在一定程度上也推进了产业结构的优化升级。其次,外资企业与国内中高端企业的快速发展,促进低端制造业如代工企业向市郊或乡村转移,在推动城市产业升级的同时,推进了农村及小城镇一二三产业的结构优化。最后,外资的注入吸引着人口和产业的集聚,农业现代化下的农村剩余劳动力转移到城镇地区,一方面加速了城镇化建设,另一方面为农民带来了更多的收入。

因此,基于外资拉动的"四化"同步推进产业结构优化升级发展模式的运行机理可简单概括为:在外资的拉动下,国内和国外的市场与资源得以积极开发,推动了区域产业集群形成以及产业结构上的优化,带动了工业的繁荣发展,同时吸引了大量人口与劳动力逐渐涌向城市,为城市产业升级准备了充足的条件;另外,随着产业集群以及一些中小企业的崛起,促进了为生产服务的研发、销售、技术、信息咨询等相关的生产性服务业的繁荣发展,同时也推动了信息化产业的快速发展。

6.3.2 中心城市的外部性因素

中心城市的外部性主要体现在它的辐射作用,在"四化"同步背景下,产业结构的优化升级以都市圈为中心,由点及面地向外发散,配合科学合理的发展战略,由中心向外围依次推进,实现区域内大、中、小城市和周边农村地区的联动发展。在政府部门的公共服务和社会组织、协会的联合方面,中心城市具有得天独厚的优势,有利于促进人员和物资的聚集以及实现产业集群的内生增长。城市群的发展对要素的流动方向具有深远的影响,城市群的健康快速发展,有利于域内产业的整合实现一体化发展,为"四化"同步推进产业结构优化升级提供充足的条件。

以中心—外围理论为基础的都市圈建设,推进产业结构优化升级的理论内涵是:在"四化"同步发展的强力推动下,通过吸引和吸收众多优势资源,促进区域内产业的一体化,并对域外产业而言形成独特优势和较强的竞争力。以中心城市为核心的城市群发展导向比孤立城市的发展潜力更大,城市间的人员和生产生活物资的充分流动,有利于区域内产业链上下游的完善和协调发展,并通过域内产业链上下游的密切配合,增强了该区域的抗冲击能力,在应对经济波动时更具稳定性。城市群中的大、中、小城市的功能各有定位，整体功能能够满足各地区居民的衣食住行、教育培训、医疗卫生等多样化需求；城市群的需求潜力同样十分巨大，通过需求的扩张，为产业的发展提供广阔的空间。从城市群的中心到外围小城市和乡村的纵向溢出效应来看，随着中心城市和大城市的发展，很多产业如代工企业和食品加工企业，由于中心城市地租和工人工资较高，逐渐向外围中小城市或乡村转移，由此带动全域的产业结构优化升级。

6.3.3　专业化市场的推动因素

"四化" 同步下推进产业结构优化升级，离不开市场机制的发展环境，在市场机制的发展环境下，区域内各产业和各类企业依靠价格信息和预期的供求信息，并结合自身的传统优势，形成有别于其他区域的特色产业和企业，有的放矢地吸引相关人力资源、物质资本等进入该区域，形成差异化发展的基本模式。专业化市场通过它的品牌效应开拓发展空间，一个区域发展专门产业时，在原材料的购买方面可以借助大批量优势，以优惠的价格获得高品质的原材料；在中间产品的生产和域内企业间的交换方面，能够充分利用专业化产业集群的外溢效应，减少交易所花费的时间以及运输成本；在销售中，域内专业化市场的发展有利于形成 "品牌效应"，社会公众或其他企业在购买消费品或生产资料时，会更倾向于购买专业化市场所生产的商品。并且，一般而言 "术业有专攻" 的人，更愿意向与其知识、技能相关度高的区域流动，这是由 "经济人" 的效用极大化目的决定的，这种流动会促使相关专业化市场的创新能力和潜力逐渐增强，进一步加快域内产业结构调整的步伐，区域的发展带动域内居民收入和生活水平的提高，反过来又增强了该区域的吸引力。

6.3.4　特色产业集群的带动因素

"四化" 同步推进产业结构的优化升级离不开区域内特色产业的支持。特色产业集群的形成与区域内原有的要素禀赋和政府的发展导向有关，是以整个区域为单位形成的相对于其他区域的比较优势。中国的县域竞争机制，被很多学者认为是中国经济腾飞的秘籍，每个县政府都是一个特殊的 "公司"，利用县域内的土地、人力资源和各种优惠政策，吸引众多企业的入驻，目的是实现当地经济的快速发展和税收总额的高速增长。实际上形成了政府和企业之间的协商契约机制，在这一机制中，政府、企业在合作的基础上实现各自利益的最大化，同时也有助于依托当地的优势资源发展特色产业，为"四化"同步下的产业结构优化升级积蓄潜能。县域特色产业集群的发展，避免了与其他县域产业发展的恶性竞争，为县域经济发展营造了较为宽松的市场环境，为县域内产业结构优化升级提供了一定的缓冲空间。

县域特色产业集群应当是具备整体性，对内又有层次性的产业群。相对于其他县域而言，具备凝聚成一体的比较优势，特色产业在该行业具备较强的市场势力；内部层次性，该县域内特色产业是有合理空间布局的，表现为县城中心镇和周边乡镇在特色产业中各有分工，在产业链上下游密切配合且都有利可图。这种向外有市场开拓力，向内有分工、合作的县域特色产业发展模式，将整个县域经济变成一个庞大的"集团公司"，对于"四化"同步的发展和产业结构的调整都是十分有益的。基于特色产业集群的发展模式的作用机理可以简单概括为：县域特色产业集群吸引相关人力资源向该区域聚集，并依托县域内特色产业的空间布局，形成人口的合理分布和以人为核心的城镇化；城镇化的发展有效吸收了农村剩余劳动力，农村劳动力投入县域二三产业的发展中，接受信息化、新型工业化和城镇化融合而形成的新文化、新知识和新技术，又促进了农业生产技术与农业生产效率的提高；特色产业集群的形成是一个长期的发展过程，需要政策扶持，更需要区域内企业和人员不断接受新型工业化、信息化、城镇化和农业现代化融合发展的实践经验，将探索"四化"融合的新理论与本区域的产业发展实践相结合，在"四化"同步推进下实现产业结构的特色发展、创新发展和协调发展。

第 7 章 "四化"同步推进产业结构优化升级的国内外经验借鉴

东北地区经济社会总体发展水平不高，相比国内发达地区，东北地区还面临地区发展不平衡的问题。由于环境资源、地理位置、经济发展水平的差异，我国东北地区的"四化"发展极不平衡，政府投入力度、人才与资金的配备、教育水平与社会的保障等方面均低于经济发达地区。东北地区工业化、信息化、城镇化、农业现代化发展水平都比较低，本章通过借鉴"四化"同步推进产业结构优化升级的国内外实践与经验，为东北地区"四化"同步推进产业结构优化升级提供启示与分析。

7.1 国外"四化"同步推进产业结构优化升级的实践

国外发展进程中的经验与教训是我国东北地区"四化"发展的宝贵资源，对东北地区的发展有一定的启示与借鉴作用。主要通过对国际发展历史进行考察，总结国外好的做法与模式，吸取其经验教训，为我国东北地区"四化"同步发展提供有益借鉴，明确今后努力的方向与实现路径。

东亚国家主要选择了日本。与日本相比较，主要是考虑到其文化背景、地域特色与我国非常相似，因此该国的做法对我们极具借鉴意义。日本在"四化"发展方面经过的阶段与路径，我们有可能重新经历，但是可以吸取它们的经验教训，以减少学习成本，缩短发展时间，提高发展效率。

西方发达国家主要选择了美国。与美国相比较，一是可以认识到我们面临的差距，看清楚我国东北地区当前"四化"同步发展在国际背景下的状况，从而找到自己的"标杆",规划提升空间;二是学习西方发达国家的先进做法,在我国国情基础上,吸收他们的有益经验,以更好地指导我们的工作。

发展中国家主要选择了巴西。与巴西相比,主要是考虑到巴西的国情与中国相似。都是发展中国家,工业化、信息化、城镇化与农业现代化水平不高,国土面积大,人口数量多,同时面临经济进一步发展的各种问题,如资源、环境与人口问题。最具价值的是,巴西经历了从"巴西奇迹"到"拉美陷阱"的历程,同时也面临高城镇化率(85%左右)带来的大城市病、贫民窟等一系列社会问题的困境,这些为我们提供了"四化"发展过程中所带来的一系列问题的解决措施,为我国东北地区今后的"四化"同步发展给予一定的启示。

7.1.1 日本"四化"同步推进产业结构优化升级的实践与经验借鉴

7.1.1.1 日本"四化"同步发展历程

19世纪以前,日本工业也是在农业的支持下发展起来的。直到1920年左右,才基本开始了由农业国向工业国的转变,城镇化开始进入筹备阶段。30年后日本开始以重工业作为主导产业,人口集中在四大工业区,城镇化的发展已经开始,在一定程度上影响了农业的发展,也促使日本政府对农业进行了一系列的改革。

20世纪50年代后,日本工业迅速发展,并基本完成了工业化,这一时期也是城镇化发展的加速期。工业的发展促进了人口的集聚和城镇的快速发展,在政府推崇外向型经济发展战略的引导下促使产业向沿海城市高度集中,并规划形成了著名的"东京圈""名古屋圈"和"阪神圈"三大都市圈,日本城市群超前出现。随着工业化和城镇化的发展,日本农业形势有所好转。一方面政府通过法律法规、国家政策、专款补贴等形式加强了对农业的保护和土地的改良,以增加粮食产量发展农业;另一方面通过振兴产业,统筹发展城乡工业,农具制造、农产品加工等传统产业不断发展壮大,农业结构开始调整,农业集体化程度提高,兼业农户增加,农业生产效率显著提高,城乡差距有所减小。日本工业迅速发展,基本完成了工业化。这一时期也是城镇加速发展的时期。工业的发展促进了人口的集中和城镇的快速发展。在政府促进外向型经济发展的战略指导下,工业高度集中在沿海城市。

20世纪70年代,日本的农业发展重心逐渐由增产转向提高质量,以农业发展为重点,以品种改良为重点,利用信息技术通过科学技术促进农产品多样化。在这一过程中,随着工业化的发展,日本大力发展以其狭窄地形为基础的小规模农业机械化,不仅在种植业整个耕作和收获过程中实行机械化生产,而且在林业、水产养殖、近海渔业、远洋渔业等方面实行机械化生产。

20 世纪 80 年代,日本农业生产效率大幅提高,率先实现了农业现代化。在工业化和发展方面,资源短缺、产能过剩、生态恶化等问题在这一时期逐渐凸显。工业化发展受到严重冲击,第二产业比重逐渐下降。然而,随着信息技术的发展,现代高新技术的发展和应用,日本工业化快速复苏,逐步转型为技术产业,不仅极大地促进了经济的发展,在工业技术设备、电气设备、精密工业、高端产品加工等方面也跻身世界前列。受工业化发展的影响,日本居民在这一阶段逐渐从中心城市转移到周边的郊区或卫星城,从而促进了大城市和周边城市郊区的发展。20 世纪 80 年代,日本开始进入现代城市发展阶段,随着工业化的转型升级和信息技术、金融、服务业等第三产业的发展,次农业危机也成为城镇化发展的关键,主要由政府实施的各种改革和政策推动。在各种政策和工业化的推动下,虽然日本耕地较少的农业条件与我国发展条件相近,但值得参考的是日本的一系列关于土地保护、农产品价格保护的政策,财政支持以及其对农业科研的重视。在工业化和城镇化深入发展中,农业现代化基本保持了同步发展。[1]

7.1.1.2 经验借鉴

第二次世界大战结束后,日本依靠工业化的强力推动,迅速迈入高速城镇化的轨道。2013 年,日本的城镇化率已经达到 92.5%。日本高密度的人口与有限的资源特征决定了其制造业向信息、金融等服务业的转变,中心城市城镇化水平持续走高,郊区城镇化发展。纵观日本"四化"同步发展历程,存在以下几个方面的特点,能够给予我们一定的借鉴与启示。

(1)"四化"同步发展模式具有资源导向性。

"四化"同步发展更多的是基于一般的理论意义,而"四化"又是如何促使人们充分考虑当地现有资源的需要的。由于资源禀赋的影响,不同的资源禀赋对"四化"的发展模式有不同的影响。日本的发展经验表明,工业化和城镇化之间的相互作用受到地方空间的限制,需要进行全面规划和合理安排。有必要考虑如何利用地方资源禀赋来促进工业化与城镇化良性互动,以及如何利用原有的地方工业基础。工业化和城镇化之间的相互作用需要以两种形式的地方资源为基础。

① 舒季君. 中国"四化"同步发展时空差异及其影响机理研究 [D]. 杭州:浙江工业大学博士学位论文,2015.

农业现代化的发展更加依赖资源,日本农民拥有更少土地的特点决定了他们独特的农业现代化模式,同时也说明了日本与我们的发展条件基本相同。一方面,要加强土地管理,促进农业机械化和集约化发展。另一方面,必须利用现代科学技术化来探索运用生物技术,发展高效生态农业,运用信息技术发展智慧农业。

(2)"四化"同步发展模式具有差异性。

日本的"四化"经验是以有限的土地空间为基础并加以总结的,这一模式被许多地区和国家所采用,但这一模式只能说是众多模式之一。作为一个人口多、土地面积大的大国,我国具有广袤的国土,存在着许多复杂而不确定的因素,各地经济发展水平也存在着很大的差异。因此,每个地区根据自己的特点采用不同的模式。在这一认识的基础上,可以说,中国同时发展"四化",是不同于日本的,但可以肯定的是,日本模式适用于中国的一些沿海发达地区。日本模式所需要的经济基础、外部环境和人力资源,已经在中国的一些地区得到了满足,但是,在当前产业结构转型升级经济背景下,根据我国国情进一步探索新的发展模式还是有必要的。此外,从日本"四化"同步发展的角度来看,在推进"四化"同步发展的过程中,要充分考虑地方经济的发展阶段,不同发展阶段的发展模式也不相同。

7.1.2 美国"四化"同步推进产业结构优化升级的实践与经验借鉴

美国是一个高度工业化和城镇化的国家,早在 19 世纪末就完成了工业化。21 世纪初,美国 80%的人口居住在城市,基本实现了城乡一体化和农村城镇化。美国也是一个高度信息化和农业现代化的国家。20 世纪 90 年代,信息技术和信息产业的发展直接推动了美国新经济的出现,也推动了美国农业向高科技方向的发展。同时,美国也是市场经济的典型代表。一直主张以市场主导调控经济。因此,在工业化和信息化的发展以及城镇化的建设中,也始终坚持市场主导和政府引导的原则,使市场需求成为美国现代化的主要动力。然而,在美国的农业现代化进程中,政府却发挥了至关重要的作用。

7.1.2.1 美国"四化"同步发展历程

19 世纪 30 年代~20 世纪 20 年代,美国的两次工业革命是工业化发展的根本动力。这一时期也是城镇化快速发展的关键时期。第一次工业革命的特征是工厂制度盛行,以及机械的制造和广泛使用,推动了以纺织业为主的轻工业和制造业发展。农村人口涌向城市,转变为工业劳动力,使城市人口和城市数量迅速发展，并初步形成了以纽约为首的城市体系，加速了美国的城镇化进程。在此期间，农业一方面受到战后（内战）对农产品需求增加的影响，另一方面在国家政策的影响下逐渐发展。政府对农业科研的重视进一步促进了农业科技的应用和发展。[①]

在第二次工业革命中，美国不断创新其电力技术，农业机械化程度不断提高，工业经济日趋成熟，实现了从农业社会向工业社会的平稳转型，农业职工比例下降，制造业工人比例增加，带动了第三产业的发展。19世纪末，美国基本完成了工业化。在这一时期，美国发达的运输业引领东部地区工业向西部地区转移，形成了一个制造带，促进旧金山、丹佛等城市快速发展。同时，作为工业革命的主要工业基地，大中城市也迅速发展。制造业的大量集群式发展造就了许多相互关联城市的形成。到20世纪20年代初，美国城市人口已超过一半，城镇化基本完成。总的来说，美国在这一阶段首先是推动工业化进程，然后相关产业和制造商的空间集聚带来了城市和产业带的发展，而城镇化反过来又促进了相关产业的发展。同时也促进了农业的半机械化和机械化发展。

20世纪20年代后，工业革命将美国农业从半机械化推进到机械化。与此同时，美国政府采取了大力支持农业发展的措施，加强了对农业用地的保护，并通过一系列政策支持农业机械化发展，大幅提高了农业生产能力。20世纪50年代，美国的农业基本实现了现代化。此外，工业革命带来了工业的发展和集聚，形成了许多集中而紧凑的大都市。但是也带来了城市疾病，如环境污染、资源短缺、交通堵塞，促使一些产业开始向郊区转移，形成郊区产业带或工业园区，出现郊区城市，使得城市空间得以扩张，城市功能逐步转变，大城市的工业中心由制造业中心向商业中心转型。郊区已经从传统的农业地区转变为制造业中心和经济增长中心。在这一时期，美国城镇化的特点是，在加强都市圈建设的同时，高度重视中小城市和中心城镇的发展，从而促进了城市带的形成。反过来，城市带的形成也带来了交通、汽车制造等产业的进一步发展。

20世纪70年代以后，美国信息技术在工业信息化和高新技术的带动下迅速发展，改变了工业形态，形成了许多以信息产业为中心的产业集群，产业结构不断调整升级。发展的趋势是服务业在经济发展中占有重要地位，工业经济向服务

业经济转变。同时，随着制造业向郊区的转移，中部城市的商业和金融服务逐渐成为城市核心区，美国城市群和大都市地区的城市发展体系逐步完善。这一时期，农业由农业机械化向农业信息化逐步发展，农业科学技术蓬勃发展，形成了以生物工程和遥感技术为主的新型农业技术，进一步提高了美国农业现代化水平。

7.1.2.2 美国"四化"同步协调发展

美国城镇化进程与科技发展密切相关，形成了以工业化、信息化、城镇化和农业现代化为主要特征的"四化"同步协调发展模式。

（1）在城镇化进程中，注重工业化、信息化、城镇化和农业现代化的同步发展。以工业化、信息化为城镇化的驱动力，积极探索内涵型城镇化的发展道路。

（2）通过工业化，就业人口从第一产业转移到第二、第三产业，通过人口和产业集聚，为经济发展和社会民生奠定了坚实的基础。全面完善农业发展政策体系，推动农业现代化和城镇化协调发展。

（3）利用信息技术、高新技术和传统产业转型提升城镇化水平。为了促进农业技术的进步，建立了农业高等院校和农业科研机构，形成富有成效的农业科研推广体系，提高美国农业的信息技术水平。

（4）通过交通设施建设，促进经济因素跨地区流动，支持城市经济协调发展，社会有序运行，产业布局合理，空间功能完善。通过建设农业基础设施，帮助改善农村供水和排水系统，建设电力供应设施，以及远程教育和网络工程设施，促进农业现代化发展，而农业现代化又为工业化、城镇化发展奠定了坚实的基础。

7.1.2.3 美国"四化"同步发展历程对我国的启示

目前，我国正处于工业化、城镇化快速发展的关键时期，而信息化带动不强，农业现代化相对滞后，美国在推进"四化"发展进程中的一些经验非常值得我们深思和借鉴。

（1）优先发展交通运输等基础产业，构筑现代基础设施网络，巩固"四化"同步发展的基础。美国的交通非常发达。自20世纪60年代以来，美国政府通过一系列的法律法规和政策支持了交通运输业的发展，从而为工业转移和早期制造带的形成奠定了良好的基础。高效、安全的交通运输服务体系对于进一步促进美国城市群的形成、区域城镇化与农业现代化相互协调发展和城乡一体化也起着重要作用。当前，我国交通运输业的形势要求加强东部发达城市与中西部欠发达地区之间的互联互通工程，加强城乡之间的交通运输建设，解决设计不合理的问题，在现有的交通运输系统中，建设不规范，重复施工问题严重。为了促进东部产业的西迁和区域城乡一体化的发展，必须结合我国实际，加大对信息基础设施建设、能源利用、公用事业、农产品深加工与贮运、水资源等领域的投入。这将为"四化"的同步发展奠定坚实的基础。

（2）重视科学研究和信息化，把更高层次的"四化"作为同步发展的道路。自 20 世纪 60 年代成立农业部以来，美国政府和各机构在农业研究上投入了大量的资金和精力。[①] 美国的农业迅速从机械化、化学化和优良的种子育种向高科技发展，成为世界上农业最发达的国家之一。在工业方面，美国非常重视人才和创新。通过信息技术和高科技应用，美国将传统产业转化为知识和信息化武装的高新技术产业，促进产业结构升级，提高产业发展水平。美国工业迅速从工厂手工业时代和制造业时代走向信息化、工业化、智能化时代。不断升级的产业结构和模式也为美国城镇化的发展提供了持久的动力。我国的工业化、城镇化和农业现代化起步较晚，但信息技术发展较快的时代已经到来。我们应该抓住这个大好机会，利用信息技术的成果，推动科学研究和信息技术的发展，推动"四化"发展。

（3）充分发挥政府调控作用，推动"四化"同步发展。很明显，美国政府一直在推进农业现代化。我国正在实施信息技术引领、工业化和城镇化带动、农业快速现代化的协调发展战略。在选择具体路径方面，我们采取了工业化发展的模式，加速发展农业现代化这个短板，因此美国经验值得借鉴。

7.1.3 巴西"四化"同步推进产业结构优化升级的实践与经验借鉴

巴西自然条件优越，地大物博，是一个农业比较发达的发展中国家，也是一个高度城镇化的国家，目前的城镇化率已超过 85%，同时巴西的工业化和信息化水平也位居发展中国家前列，综合国力较强。回顾巴西发展之路，曾经创造了"巴西奇迹"，也曾陷入"拉美陷阱"，过度的城镇化引发了各种社会问题，深入分析巴西的现代化发展历程，可为我国的"四化"同步发展提供有益的借鉴。

7.1.3.1 巴西"四化"同步发展的历史考察

19 世纪末，巴西以咖啡产品为主的出口农业相对发达，外汇储备的交换为工业化的发展提供了资金。工业化在农业的支持下逐步起步。然而，它主要关注

---

① 赵国锋，段禄峰. 国外"四化"发展经验对中国东北地区"四化"同步发展的启示分析 [J]. 世界经济，2014（12）：53-55.

的是非耐用消费品的发展，如纺织品，食品、皮革制品产业。

20世纪30年代以后，由于国际贸易的收缩和第二次世界大战的影响，巴西被迫加快了当地工业的发展。国家干预推动了巴西工业化方向的转变，能源、交通等基础产业的崛起，国有资本主导的战略产业投资带动了钢铁、机械等重工业的发展，标志着巴西进入重工业化发展阶段。在此期间，巴西主要实施了进口替代工业化的发展战略。农业外汇的产生并没有投资到农业发展中，而是转向制造业投资。采取重工业优先发展政策，抑制了农业，促进工业化发展。

20世纪50年代后，巴西工业发展支柱的转型刺激了外国资本的注入，依靠外国资金和技术发展制造业，进口替代工业化从依赖非耐用消费品的生产转向依赖耐用消费品的生产。在这一时期，工业的快速发展导致了20世纪70年代一个比较完整的工业发展体系的形成。同时，它逐渐促进了农业的大规模化和机械化生产，加速了巴西经济的发展，从而创造了一个"巴西奇迹"。同时，它也使得大量农村剩余劳动力涌入城市，人口城镇化率迅速提高。

20世纪70年代以后，过度城镇化的现象逐渐出现。由于农业机械化、大规模开发、土地集中制度下科技的发展，对劳动力的需求逐渐减少，对劳动力素质要求不断提高，导致大批无地农民被迫进城。城镇化的发展面临着失业、贫困、治安混乱等严重的社会问题。过度的被动式城镇化和贫民窟的出现造成了社会混乱和国内需求不足，阻碍了工业化的发展。巴西逐渐陷入所谓的"拉美陷阱"。为了减轻重工业政策对抑制农业的影响，巴西政府采取了一系列发展战略来振兴农业。从20世纪70年代中期开始，巴西开始调整农业政策，进行土地制度改革，制定一系列农业发展优惠措施，增加农业投入，加强农业科研，做好农业基础设施建设。特别是21世纪以来信息储存、灌溉网络和生物技术的发展和推广，促进了巴西农业向高科技发展，实现现代化。

7.1.3.2　巴西发展历程对我国的经验教训与启示

由于现代化进程的快速推进，巴西的经济取得了令人瞩目的成就，但也陷入了"过度城镇化"的困境。巴西的发展历程能给我国当前的"四化"同步发展以一定的教训与启示。

（1）充分重视发挥农业规模经济效应以发展农业，补齐"四化"短板。巴西虽然具有充足的农业劳动力，但是仍然选择发展资本密集型农业现代化道路。在土地制度改革的各个阶段中，巴西政府始终没有采取分割土地的策略，因而，土地的集中所有制推动了巴西农业的规模化经营，为巴西农业现代化创造了良好的物质条件。我国东北地区也具备同巴西相似的农业发展条件,巴西的发展经验表明,可以通过合作制、租赁制等政策实现分散土地集中规划、集中经营,用以推动农业的规模化、机械化生产,提升农业劳动效率,促进农业的现代化的实现,从而推动农村剩余劳动力向城市转移。

(2)解决好"三农"问题,推动"四化"同步发展。巴西之所以产生"拉美陷阱",其根本原因在于工业化发展的过程中,忽视了农业、农村和农民的需求问题,导致了城乡差距扩大,农民失去土地、农民进城没有机会就业、生活上无保障。因此,巴西农村人口向城市的转移其实是一种贫困人口的简单平移,是一种被迫的迁移,既没有解决好农业发展问题,也没解决好城市发展等一系列问题。这点也启示我们,"三农"问题已成为农民市民化发展的关键,根据我国东北地区当前实际,主要可以采取两种途径,一种是发展好当地农业产业,实现农业工业化、农业信息化,就地市民化;另一种是以二三产业带动和鼓励农民进城,异地市民化。这两种途径都必须保障农民对土地的根本权益,保障农民的就业和生活,以二三产业发展为中介,让农民享受现代化的成果,这才是维护社会公平和稳定发展的基础,也是"四化"同步发展的基础。

(3)坚持工农协调、城乡协调原则,推动"四化"同步发展。在工业化发展的初期阶段,巴西采取的是重工抑农的发展政策,工业化的发展是以牺牲农业为代价的,这也成为之后巴西陷入困境的隐患,事实告诉我们,农业的发展是工业化和城镇化得以顺利推进的基础。因此,我国的"四化"的同步发展也必须协调好工农之间、城乡之间的关系。在工业化发展的过程中兼顾农业,一方面,通过工业化成果和科研技术不断改善农业生产条件和提高生产效率,反过来为非农产业发展创造剩余劳动力;另一方面,在大力发展高新技术产业的同时,合理发展劳动密集型产业,通过发展农村工业、推进中小企业扩大劳动力需求,解决好农民就业问题,提高农民生活水平,促进农民市民化和城乡一体化发展。

由于国情差异,日本、美国、巴西走的是完全不同的"四化"发展之路,但都能从不同角度给予我国一定的借鉴与启示。日本模式启示我们"四化"同步发展之路需要具有资源导向性和地区阶段差异性;美国模式经验是优先发展交通运输业等基础行业、重视科学研究和信息化建设,在市场机制下充分发挥政府的调控作用,以更好地促进"四化"同步发展;巴西模式启示我们充分发挥农业规模经济效应以发展农业,以解决好"三农"问题为先,坚持走工农协调、城乡协调的"四化"同步发展之路。

7.2 国内"四化"同步推进产业结构
优化升级的实践

7.2.1 湖北省"四化"同步推进产业结构优化升级的实践与经验借鉴

2007~2011 年湖北省工业化、信息化、城镇化、农业现代化"四化"同步发展水平一直稳步上升，2001~2006 年处于发展失调状态，2007 年以来处于同步协调发展状态，2011 年达到优质协调阶段；工业化、信息化、城镇化和农业现代化的驱动指数均为正，同为"四化"同步发展的驱动因素，其中工业化和信息化驱动指数较高，对"四化"同步发展的影响作用较强，城镇化和农业现代化驱动指数较低，对"四化"同步发展的影响作用较弱。[1] 其经验如下：

（1）提升工业化的龙头作用。

保持"四化"同步发展的良好势头，必须提升工业化发展的龙头作用。湖北省正处于工业化加速推进阶段，工业化发展是"四化"同步发展中影响程度最高的动力因子，需在保持"四化"同步推进的同时，充分发挥工业化的龙头作用。首先，注重推进支柱产业倍增计划、千亿产业提升计划和战略性新兴产业培育工程项目，强化产业支撑战略；其次，加快新型工业化基地建设，促进产业聚集形成，形成特色产业集群；再次，推动提高建筑业、现代服务业、旅游业、文化业、金融业、现代物流等产业的发展水平；最后，培育形成一批拥有自主品牌、创新能力强、辐射带动作用大的龙头企业集团带动发展。[2]

（2）大力推进经济社会信息化发展。

信息化是湖北省"四化"同步发展的重要驱动作用，基本建成覆盖全省、多网融合、安全可靠的综合信息基础设施平台，推动信息化和工业化深度融合。加

---

① 李仕波.工业化、信息化、城镇化和农业现代化的互动关系与同步发展［J］.湖北农业科学，2014（7）：1695-1699.

② 熊巍，祁春节.湖北省"四化"同步发展水平评价与对策研究［J］.科技进步与对策，2014（4）：130-135.

快发展信息产业，充分发挥湖北高校信息化人才储备丰富的优势，以及武汉·中国光谷在光电子信息领域的标志性品牌作用，重点推进软件、信息传输、数字内容等领域的发展，建设"数字湖北"工程。

（3）强化城镇化支撑作用。

实施《湖北省城镇化与城镇发展战略规划》，将城镇化作为扩大内需的重要途径，提高其对"四化"同步发展的驱动力。优化城镇空间布局，形成以城市群为主体、武汉大都市圈为龙头、襄阳大都市区和宜昌大都市区为两翼的"一主两副"引领模式和以区域中心城市为支撑、县城和中心镇为节点的现代城镇体系。完善城乡规划、基础设施、公共服务等一体化体制机制，促进城乡要素平等交换和公共资源均衡配置，形成以工促农、以城带乡、工农互惠、城乡一体的新型工农、城乡关系。

（4）夯实农业现代化基础。

"十三五"时期是推进湖北省农业农村科学发展、跨越式发展的关键时期，也是实现湖北省由农业大省向农业强省转变的攻坚重要时期。加快农业现代化建设，为"四化"同步发展提供动力支撑，湖北省采取了以下措施：①调整和优化农业产业结构，发挥水产、水果等产业区域优势，促进农产品规模化发展；②加强以水利为重点的农业基础设施建设，强化农业产业化基础；③以市场为导向，培育支柱产业、龙头企业和农产品商品生产基地；④选择合理适当的农业产业化组织形式；⑤大力发展社会化服务体系；⑥依靠科技进步，加大农业科技投入，不断提高农业产业化经营水平；⑦发展符合湖北省情的高新技术产业，推动农业产业化和农业现代化建设；⑧正确处理好各方面的利益关系。

7.2.2　安徽省"四化"同步推进产业结构优化升级的实践与经验借鉴

（1）安徽省"四化"同步推进产业结构优化升级的实践。

1）工业化。近年来，安徽省工业经济发展无论从总量上还是增量发展上，都有一定的进步。工业产业结构中，新型工业也在快速发展，废弃工业资源的利用与再加工工业的产值迅速提升，说明安徽省在工业发展中重视工业废弃资源的再利用和加工，这对于安徽省的工业可持续发展和循环经济发展具有重要的意义。与长三角地区相比，安徽省产业结构层次低，工业化发展阶段处于中期阶段，产业竞争力和带动能力不强；工业内部以劳动与资源密集型产业为主，企业规模小，产业集中度不高；产业结构效益差，工业吸纳就业能力低；环境污染严重。

2）城镇化。城镇人口规模快速增长。安徽省 2013 年城镇人口比例较 2000 年有大幅提高。安徽省的城镇化率逐年提高，城镇化速度明显加快，并且和全国的差距逐渐缩小。各县市区之间发展不平衡。据统计，铜陵市城镇化率达到 76%，位居全省第一。淮北、蚌埠和宣城三市居于全省第二层次，高于全省平均水平；马鞍山、芜湖、合肥和淮南城镇化率也超过 60%，属于农业地区的滁州、池州、巢湖、黄山、六安、安庆、宿州、亳州、阜阳各市城镇化水平低于全省平均水平，其中阜阳为 32%。安徽省城镇化水平呈"中间高、南北低"的态势，省内的城镇化水平区域分布不均衡。安徽省作为人口大省和农业大省，高速发展的城市与相对落后的农村形成鲜明对比，城乡和区域间差距呈现扩大趋势，土地城镇化大大快于人口城镇化，这些问题都制约了安徽城镇化进程。①

3）农业现代化。改革开放 40 年来，安徽省农业经济的规模、农业加工企业的数量、农业现代技术的运用都有明显的提高。机耕机播面积大幅增加，说明安徽省农业现代化发展水平已经有了明显的提高。安徽全省可耕地面积为 433.3 万公顷，其中 80% 是中低产田，并且近几年随着城镇化进程的推进，耕地面积逐年减少，农业基础设施比较薄弱，成为制约安徽省"四化"同步发展质量和效益的关键问题之一。

4）信息化。突出表现在中小企业信息化推进过程中普遍缺乏资金与人才，省内软件企业与传统企业在信息化改造上结合不紧。信息化立法滞后，通信基础设施建设在城区矛盾较突出，信息资源整合共享工作难度较大。在信息化方面，随着科学技术的发展，安徽省信息化推进工作越来越受到各方面的重视，信息产业取得了较快发展。但与相邻江苏省相比，安徽省的整体信息化水平存在较大差距。安徽省北部的信息化水平比中部相对较低，工业化与信息化相对薄弱。

（2）安徽省"四化"同步推进产业结构优化升级的经验借鉴。

1）推进新型城镇化，促进工业化与城镇化的互动，需要建设具有自身特色的城市群体。一要不断优化城市结构布局。安徽省城镇化的特点是中心城市不突出。县城和小城镇分布均匀。优先推进小城镇发展战略，发展县域经济，妥善规

---

① 王素侠. 安徽"四化"同步发展保障机制研究 [J]. 赤峰学院学报（哲学社会科学版），2014（11）：132-134.

划县城建设,将县城建设成为小城市,加快重点城镇和中心城镇建设。促进小城镇经济发展。建设绿色城镇,为人民提供舒适的生活环境。在推进城镇化进程中,要注重保护环境和节约资源,走可持续发展道路。安徽省作为农民工输出大省,许多外出工作的农民普遍发现在他们工作的城市很难成为公民。他们回到家乡后,大多有一定的经济基础和专业技能,有的有一定的经商和创业经验。他们大多希望留在城市发展,必须注意这些人,尽力帮助他们获得公民权,以推动城镇化进程。城镇化和工业化是密切相关的。①

2)加快工业化与信息化融合技术的发展,走新型工业化道路,主要从以下几个方面促进工业化与信息化融合的发展:一是加快技术创新。企业在技术创新过程中发挥着主导作用。因此,政府应大力支持企业的自主创新,帮助企业解决资金紧张、人力不足、技术不足的问题,为企业建立良好的融资环境。二是加强科技人才队伍建设。信息技术的发展需要大量的科技人才。因此,有必要加强大学和企业的教育和培训。政府应参与企业和大学的人才培养过程,培养符合社会经济发展需要的人才。走新型工业化道路。继续通过信息化推进工业化,提升传统产业水平,加快信息技术一体化应用,利用信息技术促进生产服务的发展,提高信息产业支持综合发展的能力,从而促进产业结构的整体优化和升级。

3)推进农业现代化,实现城镇化和农业现代化相互协调发展,必须在机械化、水利化、电气化的基础上实现农业现代化,在农业生产过程中广泛应用信息技术,加快农业生产方式的转变。推进农业科技进步和技术创新,提高土地生产率、资源利用率和劳动生产效率,提高农业现代化水平。推进农业现代化的关键是促进城乡统筹发展,实现城镇化和农业现代化协调发展,增强农村经济发展的活力,缩小城乡差距,促进城乡共同繁荣。加快完善城乡一体化体系和机制,推进城乡规划、基础设施建设、公共服务融合,促进城乡因素平等交流、公共资源均衡配置。

4)推进与信息化、工业化、城镇化相互融合。促进"四化"同步发展对于加快转变经济发展方式、促进经济持续增长具有重要的作用,农业现代化又是"四化"同步发展的基础。"四化"同步发展的本质是"四化"在发展过程中实现联动,工业化反映了一个地区的经济发展程度,是"四化"发展过程中的总动力,为城镇化提供了大量的资金和物质条件,推动着城镇化进程,同时工业化为

---

① 唐建兵. 皖北"四化"统筹发展存在的问题及对策研究 [J]. 湖北工程学院学报,2018(1):124–128.

农业现代化提供大量的物质装备，农业机械化、水利化、电气化和化学化都离不开工业化，工业化为信息化的发展提供了大量的资金和人才支持。信息化的发展渗透于其他三化之中。城镇化为工业化过程中生产出来的商品提供了广阔的交易平台，实现农业现代化必须要以推进城镇化为基础。农业现代化在"四化"发展过程中既是重点也是难点，因此促进"四化"同步发展，要把发展农业现代化作为着力点，以此来转变城镇化和工业化的发展方式，加强工业化、城镇化和信息化对农业现代化的支撑作用，实现"四化"同步发展。

5）要深入推进区域协调发展。以黄山为代表的皖南经济实力薄弱，"四化"发展速度滞后。以阜阳为代表的安徽北部工业化和城镇化发展速度相对缓慢，但农业发展速度较快。省会合肥位于中国的中部，经济发展水平明显高于其他地区，"四化"同步发展水平最高。

"四化"同步发展的根本在于发展，重点在于协调。因此，安徽省各地要因地制宜，重点突破，统筹推进，坚持协调发展的原则，发挥"四化"同步发展的相互促进协调效应。

7.2.3 长三角地区"四化"同步推进产业结构优化升级的实践与经验借鉴

长江三角洲作为我国最大的经济开发区，主要包括上海、江苏的9个城市和浙江的8个城市。近些年又把安徽的8个城市扩增进来，总共26市，面积21.17万平方公里，总人口达1.5亿人，其优越的区位优势使其成为亚太地区重要的国际门户。长江三角洲也是我国对外开放程度最高的地区，水陆交通十分便利，商品经济发达，工业基础相当雄厚。它为"四化"的同步发展提供了良好的外部环境，初步形成了独特的发展模式。

近年来，上海作为主导经济的扩散效应逐步增强，为江苏、浙江省区的经济发展创造了更好的条件。长江三角洲各城市之间的互动日益频繁，区域发展的联动效应日益明显。工业化、城镇化、信息化、农业现代化建设取得积极进展。特别是上海世博会和上海自由贸易试验区率先建立后，形成了以上海为核心分工完整的城市化体系，城市间经济合作更加便捷频繁。自党的十八大正式把"四化"提上议事日程以来，长江三角洲地区一直以信息技术为契机，促进信息化与工业化的深度融合，工业化与城镇化的良性互动，以及城镇化与农业现代化的协调。工业化、信息化、城镇化和农业现代化的同步协调取得了好的成效。

（1）工业化。

依托其优越的地理区位、雄厚的物质基础和相对开明的发展环境，长江三角洲已成为中国最发达、发展最快的工业化地区。党的十七大报告提出了新型工业化的战略方针，长江三角洲亟须提高创新能力、着力改善生态环境，加快产业升级，提高居民生活质量。新形势下，传统的"粗放型"工业化道路已不再适合经济发展。长江三角洲凭借自身的发展需求和独特的区位优势，逐步形成了以创新驱动引领投资驱动为特征的工业化模式。

2013 年，两省人均 GDP 达到 23161 元，是 2010 年的 1.29 倍，年均增长率为 8.86%。2013 年，规模以上工业企业利润、税收总额和主要营业收入分别达到 23166.96 亿元和 2289.71 亿元，分别是 2010 年的 1.28 倍和 1.31 倍，年平均增长率分别达到 8.58% 和 9.42%。工业化规模继续稳步扩大。在产业结构方面，上海、江苏、浙江的产业结构更加协调，第三产业在经济中的主导作用得到加强。尤其是在 2012 年，上海第三产业的增加值首次超过了 GDP 的 60%。金融服务业、高端信息服务业等领域发展迅速，并逐渐形成以服务业经济为主的产业结构。长江三角洲产业集群的快速崛起，实现了以特色经济为基础的城市快速发展。例如，从上海到南京的沿江产业带形成了原材料、汽车制造和重化工的工业走廊；在濒临东海的沿海产业带，长江三角洲地区集中了中国最大的河流和海港群。从上海南部到杭州湾北部，宁波、舟山、镇海、绍兴等地区形成了地理优势优越、沿海资源丰富的产业带，已逐渐发展成为长江三角洲地区最重要的原材料和能源产业带。主导产业以石化、冶金、钢铁等重工业为主。此外，长江三角洲创新体系的建设和完善，大幅提高了本地区科技创新引导工业化进程的能力。根据《中国区域创新能力报告（2013）》，2013 年两省一市的区域创新能力在老三角地区排名前五，其中江苏、上海、浙江分别位居第一、第四和第五。尤其是 2009~2013 年连续 5 年位居区域创新能力第一。创新因素丰富，科技支撑的主导作用得到了很好的发挥。

（2）信息化。

信息产业作为一种知识密集型特色产业，对区域经济的增长以及产业结构的优化升级发挥着至关重要的作用，特别是经济增长方式由传统的粗放型转变为符合时代要求的集约型，自然也离不开信息技术的支持。国家统计局公布的各区域信息化发展的相关指数成为衡量地区信息化水平高低的一个重要指标。《2013 年中国信息化发展指数（Ⅱ）研究报告》显示，2012 年中国的信息化水平得到继续提升,信息化发展总指数达到 0.756,相比上年提升 0.024。其中上海的信息化发展总指数为 1.008,位居全国第二;浙江省为 0.855;位居第四;江苏省为 0.844,位居第六(见表 7-1)。

表 7-1　2006~2012 年全国及长三角地区的信息化发展总指数（Ⅱ）变化

年份 地区	2006	2007	2008	2009	2010	2011	2012
全国	0.611	0.633	0.654	0.681	0.707	0.732	0.756
上海	0.871	0.906	0.931	0.961	0.961	0.982	1.008
浙江	0.700	0.731	0.759	0.785	0.806	0.828	0.855
江苏	0.655	0.690	0.713	0.745	0.782	0.815	0.844

数据来源:《中国信息化发展指数（Ⅱ）研究报告（2007~2013）》。

　　根据《2013 年中国信息化发展指数（Ⅱ）研究报告》中对全国信息化发展水平的区域等级划分标准（高水平地区、中高水平地区、中等水平地区、中低水平地区、低水平地区），长三角各地区均处于信息化发展的高水平地区,各地的信息化发展总指数逐年稳步提升。同时通过表 7-2 可以看出,无论是在总指数还是在 5 个分类指数中,上海都高于浙江与江苏,同时虽然浙江在总指数上高于江苏,但是浙江省的产业技术指数、知识支撑指数与发展效果指数还是比不上江苏。相比 2011 年,上海、浙江、江苏三地的信息化发展总指数的增长速度分别达到 2.65%、3.26%、3.56%,江苏增长速度最快,且高于全国 3.28% 的平均水平。长三角地区成为全国信息化高度发展地区,三个地区的信息化产业也逐步形成了错位竞争、优势互补、互利共赢的发展态势,为转型时期的长三角区域一体化建设奠定了基础。

表 7-2　2012 年全国及长三角地区的信息化发展总指数（Ⅱ）与各分类指数

项目 地区	总指数	基础设施 指数	产业技术 指数	应用消费 指数	知识支撑 指数	发展效果 指数
全国	0.756	0.479	1.009	0.707	0.840	0.744
上海	1.008	0.857	1.205	0.937	1.069	0.973
浙江	0.855	0.744	1.083	0.845	0.829	0.773
江苏	0.844	0.632	1.146	0.793	0.854	0.793

数据来源:《中国信息化发展指数（Ⅱ）研究报告（2013）》。

（3）城镇化。

长江三角洲地区是我国第一个跨行政区发展区域。近年来，城市规模迅速扩大，城镇在数量和质量上都有了很大的发展，地区城镇化水平也提升到新的高度，人民生活水平明显提高。长江三角洲独特的地理优势和发展特点，在短期内吸引了大量国内外生产要素，尤其是产业集聚为沿海地区的经济发展奠定了坚实的基础。同时，以上海城市群、杭州、宁波城市群和南京城市群为特征的分布格局逐渐成熟，这为长江三角洲地区城镇的发展提供了巨大的空间，有效地促进了该地区城镇化的发展。

2006~2013 年，上海市、浙江省和江苏省的城镇化水平远高于全国平均水平（见图 7-1）。特别是 2012 年，上海城镇化水平达到全国水平的 1.7 倍。近年来，上海城镇化水平一直是长江三角洲地区的最高水平。[①] 2013 年，长江三角洲地区总体城镇化率达到 66.7%，城镇化水平在中国各大经济圈居领先地位。其中，江苏省城镇化进程中增幅最大，7 年提高了 11 个百分点。这主要是因为南京、徐州、大都会区的建设加快了江苏省与安徽省协同发展和产业转移，吸引了大量农村劳动力逐步向城市转移，加快了江苏省以人为中心的城镇化进程。从总体上看，2006~2013 年，长三角地区城镇化水平有了较大提高。城镇化的趋势比较好，在我国属于比较高的水平。

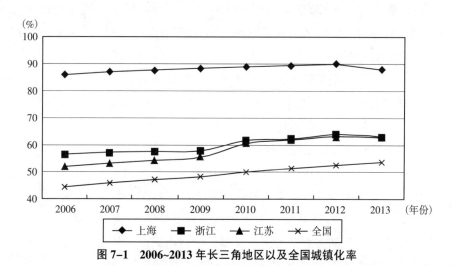

图 7-1　2006~2013 年长三角地区以及全国城镇化率

① 王忠燕，王庆喜. 浙江省县域"四化"同步发展的时空分异特征 [J]. 科技与经济，2017（6）：6-8.

（4）农业现代化。

近年来，随着区域特色经济的快速发展，长江三角洲地区的传统农业生产管理方式逐渐发生根本变化，转向"工业化、机械化、外向型、品牌化、规模化"，同时，以"多元化"为特色的现代农业也快速发展。随着农业科技的不断推广，高端、优质农产品的数量不断增加。观光农业、生态农业、城市农业等新型农业发展模式逐渐出现，引领长江三角洲地区逐步走上多元化的现代农业发展道路。

新技术的引进和新型发展模式的出现，使长江三角洲地区的农业现代化水平显著提高。一是提高了综合粮食产出的能力。2013 年，上海、浙江、江苏粮食总产量分别达到 14.5 万吨、733.95 万吨、3422.9 万吨，长江三角洲地区达到 4271.08 万吨，比上年增长 6.41 万吨。二是农业机械化水平明显提高。近年来，长江三角洲地区农业机械化的发展相对较快。例如，江苏省机械耕作面积由 2005 年的 3923 公顷增加到 2013 年的 5947.94 公顷；机电灌溉面积为 3390.48 公顷，占有效灌溉面积的 89.6%；农业信息化覆盖率高达 80%，综合农业机械化水平高达 76%，远高于全国平均水平的 57%。农业科技进步贡献率达到 62.3%，居全国首位。三是农业生产经营方式逐步向标准化、品牌化、合作化方向发展。越来越多的企业致力于产品的深加工技术，提高了产品的科技含量。同时，产品的附加值也提高了，还扩大了产品的市场空间。以 2013 年为例，浙江省农业总产值达 1336.79 亿元，是 2005 年总产量的两倍。在保持粮食稳定生产的基础上，加快发展农业主导产业，充分发挥优势产业的带动作用，初步形成茶叶、桑蚕、蔬菜、水果、猪等产业带。四是农业的产业化和外向型程度逐步提高。以上海为例，近年来，上海凭借其得天独厚的地理优势和优越的发展资源，加快了工商资本与农业的良性结合。以国外市场为导向，2013 年上海郊区农产品出口比重达到 84.5%，农产品出口比重达到 12.71 亿元，农产品质量不断提高。

（5）产业集群与县域经济发展。

工业化、信息化、城镇化、农业现代化的同步发展离不开工业的支撑，工业自然成为"四化"同步发展的重要基础。随着本地区产业集聚程度的不同，长三角地区产业集群在当前区域经济发展中逐渐形成并发展成为一种普遍的社会现象。如上海市浦东区的高新技术产业集群、苏州市的电子信息和丝织品集群、温州乐清市柳石镇的低压电器、资利镇的童装集群以及义乌的小商品、宁波的服装、海宁的皮革集群等。

近年来，县域经济的发展引起了越来越多学者的关注。他们认为，县域经济是以农村为腹地、以乡镇为纽带、资源相对集中的区域经济板块。这一自然特征可以更有效地与产业集群的集中相融合。因此，产业集群成为发展县域经济的新途径，也成为实现"四化"同步发展的强大推动力。产业集群的经济发展理论更注重区域分工的作用，注重区域各要素和资源的整合，尤其要在技术进步和创新中发挥强大的作用。县级产业集群正在逐步适应城镇化发展趋势，实现工业化与城镇化的良性互动，逐步提高产业集聚效应，形成产业集群与城镇化的相互促进和协同发展关系。

（6）典型案例——江苏苏州县域产业集群。

苏州位于长江三角洲中部，江苏省东南部，上海以东，浙江以南，辖常熟、张家港、太仓、昆山、吴江5个县级市。它也是江苏省最发达的中心城市。在改革的经济发展浪潮中，苏州率先认识到产业集群的重要地位，不断增加投资，依靠区域经济的发展特点聚集相关产业，并通过产业链聚集相关企业，加强企业间的合作与交流，目的是把苏州建设成为一个高度区域性的产业集群。经过多年的发展，陆续形成了几个具有特色的县域产业集群。到目前为止，产业集群已成为苏州市县域经济发展的典型特征，也成为促进苏州市经济增长的重要途径。

发展模式之间存在着明显的差异，其实施路径和结果也各不相同。但各种模式所体现的"四化"作用发展的基本规律是一致的。综合比较长三角地区"四化"的典型模式，我们发现"四化"之间有一个共同的规律：工业化是"四化"的强大推动力，推动城镇、信息产业和现代农业的发展，推动现代化进程。信息化是"四化"同步发展的助推器。信息化与工业化的深度融合，信息化与城镇化的相互协调，农业现代化的技术创新，都充分体现了信息化的渗透、覆盖和拉动。城镇化是"四化"同步发展的重点。城镇化落后于工业化，成为实现"四化"同步的突出瓶颈。明确界定每个城市的发展目标无疑已成为重中之重。农业现代化是"四化"同步发展的基础。工业化和城镇化的发展离不开农业现代化的支撑。

（7）经验借鉴。

1）重视产业规划机制。第一，以政府为主导，制定与城市职能相适应的城市产业发展规划，鼓励新兴产业发展。长江三角洲各省政府应在现行法律法规的基础上，与地方有关部门协调，制定配套政策措施和法规，合理配置各城市产业资源。依法制定一些具体的规则和计划，促进城市间的协作。尤其是近年来，长江三角洲地区信息产业发展迅速，各类电子、商业企业不断崛起。在原有"三化"的基础上，鼓励信息化发展，调整城市发展道路，不断完善信息政策体系和发展战略。推进信息化标准化应用和互联网信息共享，加强信息基础设施、信息安全、电子商务和政府信息公开建设，为信息化的发展创造良好环境。

第二，重视区域发展特点，合理规划布局，适时引导产业结构优化升级。由于环境资源禀赋的不同，各区域形成了独特的经济发展模式。因此，城市和工业规划应根据区域发展特点进行。规划具有区域特色的产业，制定科学的产业激励政策，引导优势产业发展，促进区域经济全面发展，适时鼓励劳动密集型产业发展，特别是支持中小企业发展，完善服务业政策体系和环境，全面推动城市服务业特别是大城市各类现代服务业发展，并努力提高第三产业的比重。制定产业项目集中布局优惠政策，鼓励企业联合兼并，引导乡镇企业联合发展。

第三，引导产业规模化、园区化发展，通过产业集群的发展促进城镇的合理扩张和城市群的形成。例如，从上海南部一直延伸到杭州湾北部的绍兴、舟山、宁波等地的工业一体化发展，已使其成为长江三角洲重要的能源和原材料基地，有效推动地方经济发展。积极引导长江三角洲地区产业的大规模发展和园区的发展，促进产业带的大规模形成，以产业发展和布局为纽带，充分发挥其带动作用和集聚作用，促进城市群的形成。这样就可以保证各地区"四化"的均衡发展。

2）区域协作机制。工业化、信息化、城镇化和农业现代化不是独立的个体。它们之间有着千丝万缕的联系，并通过要素资源的流动相互促进和限制。"四化"的同步发展，需要通过劳动、土地、资本等生产要素的优化配置，需要逐步实现以工代赈，以市、乡为中心的农业发展的美好格局，实现城乡人民共同富裕，城乡经济共同繁荣。实现加快农业现代化进程和推进以人为核心的新型城镇化，全社会稳定、和谐、可持续发展。因此，为了有效地实现有限资源的优化配置，促进不同地区的共同发展，有必要加强区域间的合作，实现更大规模的资源共享。区域协调机制为"四化"同步发展提供了良好的发展环境和完善的公共服务，在"四化"同步发展进程中发挥了越来越重要的作用。

一方面，为加强本地区"四化"同步发展的各方面管理协调，提高同步推进的效率，长江三角洲地区必须改革原有的行政管理体制，建设更加理想的政府。政府各部门的职责应当明确、一致。同时，要加强协调能力，有效动员各方力量，提高工作效率。要始终坚持为人民服务的基本原则，以公开、公平、有序、高效的方式发展政府管理方式和行政运行体制，及时发现"四化"同步发展过程中的关键问题和困难。要真正为人民着想，始终与群众保持密切联系，政府、部门和居民就会形成新的合作互助局面。

另一方面,鉴于长江三角洲地区"四化"发展不平衡,也需要加强地区联系,协调各行业发展规划和地区安排,打破地方行政壁垒,实现区域协调发展。上海、杭州、苏州、宁波、无锡等城市,以其优越的地理优势或特色产业集群驱动,同时具有较高水平的"四化"同步发展,这在很大程度上实现了区域经济的协调发展,但江苏省北部和浙江省西南部的一些城市面临着更多的挑战,实施过程相对缓慢。因此,我们不仅要重视上海、浙江、江苏等地区的合作,而且要重视各省之间根据区域发展现实和地理毗邻原则进行的互动和交流。及时建立城市资源共享、城市规划、工业发展的区域协调机制,突破行政区域限制,降低"四化"协调成本。同时,还要培养地区共同发展意识,积极发挥大城市对周边地区的引领和调节作用。

7.2.4 西部地区"四化"同步推进产业结构优化升级的实践与经验借鉴

(1)西部地区"四化"同步推进产业结构优化升级的实践。

2005~2013 年,西部地区农业现代化进程加快,平均效率由 0.601 提高到 0.689,增长了 0.088,最低效率由 0.291 提高到 0.416,增长 0.125。这与 2006 年以来国家对粮食生产大力扶持有关,2006 年中国完全停止征收农业税,实行农民粮食补贴政策。同时,它也激发了农民种植粮食的积极性,促进了农民收入的增加。

2005~2013 年,工业化平均效率在 0.83 和 0.876 之间变化。西部地区已经进入了工业化快速发展的新阶段,从过去的广泛增长转变为密集增长。西部地区自然资源丰富,为西部地区工业化奠定了坚实的基础。

2005~2013 年,西部地区城镇化效率总体平均增速相对稳定,呈逐年小幅增长趋势。从 2005 年的 0.727 增至 2013 年的 0.752,增加了 0.025,增幅不大,但多年来其平均效率仍高于 0.74,2005~2007 年的平均效率低于 0.74。同时,最低城镇化效率保持在 0.436~0.572 相对稳定。西部地区信息化平均效率由 2003 年的 0.68 提高到 2013 年的 0.771,增长 13.38%,在"四化"中发展最快。"信息化"在 2007 年的"四化"中被推到国家战略高度。从计算效率的角度来看,2007~2008 年的增长率也是历年最快的。信息化可以促进其他"三化"高速发展,不仅加速工业化进程,而且对城镇化也有推动作用,同时还可以促进农业的现代化。

图 7-2 显示了 2005~2013 年工业化发展水平最高，农业现代化发展水平最低。2005~2008 年城镇化发展水平高于信息化发展水平，2009~2013 年信息化发展水平高于城镇化发展水平。由此可见，西部地区农业现代化发展水平的滞后，影响了"四化"的同步发展。

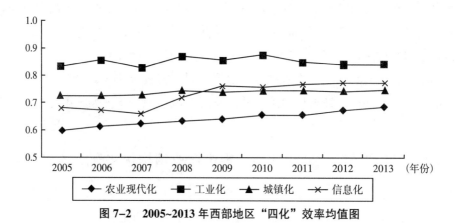

图 7-2　2005~2013 年西部地区"四化"效率均值图

由表 7-3 可见，2005 年西部地区"四化"同步发展类型上，陕西、甘肃、西藏等 12 个省区均未实现"四化"协调发展，12 个省区的"四化"均是不协调、无效的。随着时间的推移，西部地区"四化"的协调发展越来越好。2013 年，重庆和内蒙古"四化"的发展"协调且有效"。只有陕西、甘肃、西藏仍属于"不协调且无效"的发展类型，占总量的 25%，比 2005 年减少 75%。其余省区的"四化"处于"协调且无效"或"不协调且有效"的发展状态。西部地区"四化"的协调发展在一定程度上得到了改善，有了更大的发展空间。从四川、云南、贵州、广西四个发展协调且无效的省区多年来的效率价值来看，四个省区发展不平衡的主要原因是农业现代化水平落后。从 2013 年西藏、陕西、甘肃三个省的效率值比较可以看出这一点。

表 7-3　西部地区的"四化"协调发展类型表

协调发展类型	2005 年	2013 年
协调且有效	—	重庆、内蒙古
协调且无效	—	四川、云南、贵州、广西
不协调且有效	—	宁夏、青海、新疆
不协调且无效	全部 12 个省区	陕西、甘肃、西藏

第一，2005~2013 年，西部地区"四化"的发展特点是农业现代化水平逐年提高，工业化水平波动加大，城镇化水平稳步提高，信息化水平持续提高。西部地区"四化"的总体发展水平不高。随着时间的推移，"四化"的协调发展水平越来越好，但地区间差异较大。农业现代化水平的滞后是"四化"同步发展不平衡的重要原因。

第二，农业固定资产投资和农业劳动力对促进"四化"效率有积极作用，其中农业固定资产投资对提高"四化"效率有明显作用；农业机械化、有效灌区、化肥施用量、农业劳动力素质提高对提高"四化"协调性具有积极作用。其中，农业机械化和有效灌区对西部地区"四化"的协调作用非常明显，农业劳动力素质不仅影响"四化"的效率，而且影响"四化"的协调程度。[①]

（2）经验借鉴。

一是扩大农业固定资产投资，优化和改善农业固定资产投资结构和环境。对于四川、云南、贵州、广西等目前在"四化"发展中协调不力的省区，要加大农村基础设施投资，有关部门应加大技术创新投入，提高农业整体竞争力。加强交通、通信、能源等农业基本生产条件等边远地区农业基础设施建设，提高本地区农业固定资产投资吸收能力。

二是推进农业机械化，提高有效灌溉率。对于宁夏、青海、新疆等"四化"发展不协调且有效的省份，要根据各省区的不同特点，推广先进、适宜的农业机械，鼓励农民使用农业机械，加强水利体制改革。为现有灌溉区和大规模开发提供高效节水灌溉发展机制。

三是提高农业就业人数和农业劳动力素质。对于陕西、甘肃、西藏等目前在"四化"中不协调的省区，要引导农业产业化和集约经营，提高农业规模经营效益，降低农业管理成本，引导农民在农村地区发展。制定一定的优惠政策，鼓励大学生到农村创业就业。同时，地方政府还可以建立专门的农业技术培训机构，对农民进行技术培训。

通过对美国、日本、巴西等国经济结构转型与实现城乡发展的经验借鉴及国内长三角地区、西部地区、皖北地区、湖北、安徽、浙江等省典型地区参考借鉴，东北地区与其他地区相比，不同之处在于东北地区拥有丰富的天然资源，东

---

① 顾先问. 地区"四化"协调发展的综合评价及影响因素的实证研究［D］. 合肥：合肥工业大学博士学位论文，2016.

北各省为资源型省份，无须大量进口原材料，而且丰富的劳动力资源，适合劳动密集型产业的发展。另外，在计划经济时期，东北地区拥有强大的技术研发能力，资金雄厚的大型国有企业、中小企业在东北地区都很多，所以东北地区完全具备发展当地经济的产业链条件。

第8章 东北地区"四化"同步推进县域产业结构优化升级的探索

8.1 县域经济在东北地区经济振兴中的重要性

县域经济是指在县级行政区划的地域和空间内统筹安排优化经济社会资源而形成的开放的、功能完备的、具有地域特色的区域经济。它以县城为中心,乡镇(尤其是建制镇)为纽带,广大农村为腹地,城乡兼容,区域广阔,资源丰富,区域经济特色明显,是我国社会经济功能较完整的基本单元。其发展壮大与否对于东北地区经济振兴具有十分重要的意义。

8.1.1 县域经济具有基础性作用

县域经济是国民经济的基本单元,是地方经济的实体。由于历史和现实的多种原因,县域经济成为国民经济的薄弱环节。但县域经济也是国民经济的关键环节,而制约全面建成小康社会的正是"三农"问题,县域是我国农业的主战场。县域经济是整个国民经济的战略储备,是促进未来经济发展的新力量。县域经济作为城市经济与农村经济、工业经济与农业经济、宏观经济与微观经济的结合,是地方经济发展的基础和支撑,是地方经济起飞的基础和保证;作为社会经济功能相对完备的综合经济单位,是我国国民经济体系的重要基础。县域经济的发展既是国民经济发展的重要基础,也是国家权力组织的可靠保障。县域经济的发展是增强国家经济实力的必然要求。资本问题是困扰东北经济振兴的一个大问题。依靠一定的增量资金,只能使困难企业暂时摆脱危机。当"再投资"效应完成后,企业可能会再次陷入困境。因此,单纯依靠外部"输血"不是振兴东北的出路，必须解决"造血"功能不良的问题。"造血"功能不良，主要表现在东北地区县域经济不发达，贫困人口占总人口的比例很大。在县域贫困的情况下，农村的工业化和城镇化难以推进，经济集聚效应难以形成。东北振兴必须尽快从传统经济向市场经济转变，用市场经济思维思考和处理问题。市场经济的本质在于具有"自我调节"的机制，在于充分发挥市场主体的积极性、主动性和创造性的制度环境。鉴于东北地区市场秩序尚不规范，一定程度的政府"理性调控"和干预仍是必要的。但这种干预应当是有限的，不应损害经济行为者的利益，也不能是行政垄断的自我复制和扩大。过去，东北地区的经济主体主要是国有企业。国有企业不是一个单一的经济组织，而是一个功能的社会生活单位，企业办学校、医院等各类生活保障服务，无所不包。国有企业改革的本质是从国家主导的经济向市场经济转变。国家主导的计划经济需要以集体行动为基础的社会行为，而市场经济则是以个人行为为核心的社会基础，市场化改革需要从集体行为向个人行为转变。市场经济应以市场为导向，可以突破人为划分的地域边界，打破自然条件、地理交通等限制，建立跨县域的经济协作网络，形成某一专业化生产中心。[①]

县域经济是民生经济，所以县域经济的发展不能依靠财政拨款或商业银行信贷资金，只能依靠自己，充分挖掘潜力，善用资源。从发展县域经济出发，是振兴东北经济，实现乡村振兴的基本路径。县域经济是民生改善的根本支撑点，县域的繁荣不仅有利于社会的稳定，减轻政府面临的社会压力，而且有利于改革和发展的推进。

8.1.2 发展县域经济有利于缩小东北地区城乡差距

改革开放以来，城乡差距的不断扩大成为影响东北地区全面、协调、可持续发展的重要问题之一。东北地区城乡差距拉大，主要表现在农村道路、学校、医院等公共设施建设，以及水、电、气、暖等基础设施建设等方面滞后，而许多乡村基础设施很落后，社会事业发展滞后，城乡发展不平衡，不协调状况十分突出，城乡居民收入差距扩大，以城乡居民人均收入为例，1985 年黑龙江省农村居民人均纯收入与城镇居民人均可支配收入之比为 1：1.86，1995 年扩大到 1：1.91，2005 年进一步扩大到 1：2.57；吉林省的相应数据分别为 1：1.47、1：

---

① 高启杰，赵竹村. 东北地区县域经济发展的意义、条件与制约因素分析 [J]. 农业经济与管理，2010（1）：21-28.

1.97、1∶2.66;辽宁省的相应数据为1∶1.45、1∶2.10、1∶2.47(分别根据《新中国五十五年统计丛刊 1949~2004》和《三省 2005 年国民经济和社会发展统计公报》计算)。城乡差距拉大的主要原因是农村发展缓慢,"三农"问题集中在县域。因此,县域经济的发展是缩小城乡差距的必然选择。

从某种意义上说,县域经济发展关系到实施乡村振兴战略,也符合振兴东北老工业基地战略的初衷。目前,东北地区县域乡居民收入差距较西部地区小,呈现出有利于城乡全面发展的趋势。然而,这并不意味着在未来的县域经济发展中没有城乡差距扩大的趋势和问题。在这样的情况下,我们应该抓住机遇,在城乡差距问题尚未突出的情况下,走一条促进县域经济发展、实现城乡经济社会全面发展的良性发展道路。[①]

8.1.3 发展县域经济有利于加快东北地区农业剩余劳动力转移

一是从解决"三农"问题的角度出发,发展县域经济,措施包括巩固农业,加强工业,大力发展第三产业,有利于农业和农村剩余劳动力的就地转移,直接增加农民的收入。东北地区作为重要的农业生产基地,加快农业现代化建设的任务也十分繁重。目前,家庭难以满足农业和农村经济发展的要求。农民难以增加收入,县(市)、乡(镇)也难以增加地方财政。从地区优势出发,加快农业现代化进程是当务之急。这客观地提出了加快剩余劳动力转移的迫切任务,县域经济的发展正好符合上述新形势的要求。

二是从激发城乡经济发展活力、扩大城乡就业等角度出发,发展县域经济,特别是民营经济,鼓励个体创业,加强造血功能,促进城乡繁荣,直接增加城乡居民收入。东北地区作为老工业基地,曾长期担负着弥补损失、增加利润的重任。城镇失业人口和下岗职工众多,城乡就业压力仍然很大。一方面,我们需要国家政策的支持来妥善安置这些工人;另一方面,我们需要关注劳动密集型产业的发展,增加普通工人的就业机会。县域经济结构不同于大城市沉重的经济结构,通过发展县域经济吸引更多劳动力就业已成为较好的战略选择。

三是从城乡关系更加紧密和建立统一、开放、竞争、有序的城乡劳动力市场的角度出发,城镇化和工业化对城乡劳动力流动提出了迫切的要求。在工业化和城镇化方面,2017 年三大产业的比例为 9.1∶39.3∶51.6。非农业产业增加值约

---

① 陈志德. 振兴东北老工业基地与县域经济发展 [J]. 经济纵横, 2004(2):29–31.

占国内生产总值的 90.90%，只有推进县域工业化，才能带动全国产业结构优化，县域的第一产业增加值比重至少要高出全国比重 5 个百分点，城镇化率达到 67.49%。但是，县域城镇化率只有 25%。从地区实际出发，结合县域经济的发展，加快县城、中心镇、小城镇的建设，促进人口和生产要素的集中，统筹城乡人力资源开发，有利于整个东北地区的振兴和发展。

8.1.4 发展县域经济有利于扩大东北地区市场有效需求

从东北地区和东部沿海地区比较来看，影响东北地区振兴和发展的因素之一是在扩大对外开放的同时，区域市场相对狭窄，当地有效需求不足，县域消费能力较弱。客观原因包括：区域人口密度较小，约 136 人/平方公里，约占山东省人口密度的 23%，江苏省人口密度的 18%，浙江省人口密度的 28%；城乡居民收入水平低，特别是农村居民现金收入低，购买力不足，农村消费品零售总额普遍小于沿海发达省份。目前，县（市）城乡居民消费有一定增长潜力，对主要工业产品的需求远未饱和。随着县域经济的发展，城镇居民的人均可支配收入和农村居民的人均纯收入将在今后大幅度增加，城乡消费市场对工业产品和服务产品的有效需求必将大大增加。

8.1.5 发展县域经济有利于东北经济结构战略性调整

经济结构的战略性调整是东北老工业基地振兴战略的内容之一。县域经济结构调整和优化与东北振兴息息相关，县域已成为充分发挥农业资源优势、加快工业化进程的重要载体。县域可以大力发展民营经济，实现农村工业化。可见，促进县域经济发展是东北老工业基地振兴战略的重要内容。此外，县域经济在发展中也逐步实现了自身的结构调整。这种县（市）级经济结构调整也是东北经济结构战略性调整的内容之一。传统上，大多数县的经济结构以第一产业为主，非农业产业发展滞后，难以适应区域经济结构战略性调整的要求。许多县（市）提出了"强工业县（市）"战略，逐步推进工业化，积极发展第三产业，特别是现代生产服务业，并在经济结构调整方面与整个区域经济结构的战略调整形成良性互动。同时，东北地区是全国重要的商品粮生产基地和现代化的农林生产基地。县域经济的发展要因地制宜，不能忽视农业的基本地位。要充分发挥东北地区大型农业资源优势，有效实现工业农业、城乡之间发展的良性互动，为振兴东北老工业基地提供重要条件。

8.1.6　发展县域经济有利于加快东北经济社会改革步伐

县域经济从地域的角度看，很大范围属于农村经济。促进县域经济发展，某种意义上就是促进农村经济发展。长期以来，制约我国农村经济社会发展的一个制度性因素是计划经济体制下形成的城乡二元体制。但由于统一、开放、竞争、有序的国内市场还没有建立起来，改革尚未能从根本上破除旧的体制。长期以来以农村税费改革为核心的国民收入分配关系改革，以及以促进农村生产关系与管理体制变革为核心的农村综合改革，日益形成工业反哺农业、城市支持农村、城乡一体化发展的科学发展局面。因此，新时期东北地区县域经济发展是在新的经济社会变革背景之下进行的全面发展，深化改革为县域经济发展创造了条件，在政策强力促进下的县域经济的发展，反过来为加快东北地区经济社会改革提供了新的动力。

8.2　东北地区县域产业结构存在的问题分析

东北地区作为老工业基地，工业化程度较高的县域中，以高污染、高能耗、高排放的"三高型"第二产业在县域产业结构中占据着主导地位，原本生态防护措施很弱的县域地区正面临着大中城市"三高型"企业向县域转移的威胁，因此，在保障东北地区县域经济发展的同时，实现县域产业结构优化势在必行。县域产业结构作为国家产业结构的基础，决定着我国的经济发展方式的根本转变。在经济发展的"新常态"下，东北地区县域产业结构的失衡限制了县域产业的可持续发展。因此，认识和研究东北地区县域产业结构不合理现状，对于推进东北地区县域产业结构升级十分必要。

8.2.1　县域产业结构不合理、层次低

在经济发展"新常态"下，东北地区县域经济发展陷入瓶颈，经济下行压力较大。

首先，东北地区产业结构的不合理发展导致了经济的严重衰退。通过对2014 年中国县域统计年鉴数据的计算，2013 年东北地区毗邻工矿区的县域产

业结构比为 0.19：0.48：0.33。其中，黑龙江省工矿区的县域产业结构比例为 0.26：0.39：0.35，吉林省为 0.179：0.45：0.371，辽宁省为 0.15：0.56：0.29。从以上数据可以看出，东北地区工矿区县域第二产业创造的产值增长大于第三产业和第一产业。东北地区工矿区的县域经济仍然以工业为主。根据经济和工业发展的演变规律，经济发展首先是由第一产业带动经济发展逐步向第二产业过渡，最后是第三产业带动经济发展，形成"三、二、一"的工业发展格局。一、二、三产业协调发展，产业结构达到最优状态。东北地区工矿区的县域经济仍然是"二、三、一"的产业发展格局，尚未达到以第三产业为主的阶段。第三产业在经济和社会发展中的作用没有得到充分发挥，产业结构尚未达到最优组合。

其次，东北县域产业水平较低。在经济"新常态"下，东北各县第一产业的发展多以传统经营方式为主，农产品附加值低，而与第二产业和第三产业的互动不足。农业机械化水平较高，但县域工业以传统工业为主，劳动密集型程度高，管理理念的缺乏，也限制了东北地区县域工业的深度发展。制造产业链位于低端。大多数企业主要从事简单的初级加工和装配制造。核心技术和配套设施需要对外引进和采购，县域制造业自主创新能力不足。第三产业的发展落后于沿海发达地区，范围多局限于餐饮娱乐服务。缺乏物流、信息咨询、技术服务、会展等高端第三产业。

8.2.2 产业发展方式粗放滞后

传统的东北县域工业发展模式十分广泛。从经济结构发展的角度看，第二产业是东北地区带动县域经济发展的主导产业，对带动县域经济具有重要作用。但是，其第二产业大部分是能源、矿产开发区业、建筑业、化学工业、食品加工业、木材加工和家具制造业、其他制造业。重化工占较大比重，轻工业和高技术产业比例较低。工业发展滞后。"三高一低"产业众多，内部产业构成不合理，技术创新活动不足，导致产业发展方式广泛，阻碍了东北各县产业结构的优化升级。

在经济"新常态"下，更加注重产业发展的质量和效率，但从企业管理水平和生产效率的角度来看，东北县域企业存在管理理念滞后的问题，基础管理薄弱，资源利用不足，生产效率低，企业整体管理水平低。目前，发达地区已呈现出企业与互联网的融合，企业管理的趋势逐渐走向智能化，颠覆了传统的企业管理和经营模式。从可持续发展的角度看，东北地区县域工业的发展，造成资源浪费，环境污染加剧，导致产业发展不可持续，必然阻碍产业升级和经济发展。但是，这些传统产业往往是东北地区县域经济的特色产业和支柱产业，不能轻易放弃。因此，有必要进行产业转型和升级，使东北地区的县域产业在经济结构调整的过渡期内发挥作用，不断促进县域绿色工业、农产品精加工、农业的发展以及新型服务业的发展，转变农村产业发展方式，缩小与发达地区的差距。

8.2.3　资源、技术、人才等生产要素配置不合理

在经济的 "新常态" 下，东北地区的县域产业应更多地依靠技术创新、优势资源的培育和人力资本质量的提高来实现产业升级。但传统的东北县域工业水平较低，工业发展所需的物质资源、劳动力、人力资本等生产要素继续集中在大中城市，资源配置不均。工业发展严重依赖资源，资源是制约东北地区县域产业结构升级的关键因素。此外，人力资本也是影响产业结构升级的一个重要因素。人力资本存量大和质量较高的经济部门和地区工业水平普遍较高，产业升级和转型速度较快。在经济 "新常态" 阶段，经济增长速度放缓，经济结构不断优化，增长动力多元化，高素质人才普遍进入工业发展水平较高的行业，造成基本经济部门的技术人才不足。东北县域产业的升级需要大量高素质的劳动力作为支撑。目前，东北地区，尤其是县域经济发展水平较低，人才严重流失，使得县域产业结构升级瓶颈较大。因此，在经济发展的 "新常态" 下调整东北地区的县域产业结构，有利于东北地区的县域经济发展。

8.2.4　传统思维模式限制了东北地区县域产业可持续发展

在经济发展 "新常态" 下，产业结构升级面临重大机遇和挑战。要实现产业结构的有效升级，就必须以 "新常态" 的观念来应对产业结构升级过程中的问题。创新型企业发展将在东北地区县域产业结构升级中发挥着重要作用。深化新常态在引导东北县域产业结构升级中的作用，在新常态思维下促进绿色产业发展，推动信息化与工业化、农业化相互融合。县域工业发展的小型化、专业化、绿色化和智能化是县域经济发展的主要领域。民营经济在东北地区县域经济中的作用不言而喻。然而，东北地区大多数民营企业家对未来企业发展的战略模式认识有限，传统思维观念根深蒂固，制约了民营企业向名牌企业和大型企业的转型和升级。在 2015 年中国绿色企业年会上，行业精英、学者和政府官员与会进行交流，讨论了 "新东北现象"，普遍认为东北经济低迷的主要原因仍是创新不足，

企业发展理念跟不上产业转型升级步伐。由此可见，传统思维模式对企业创新和产业转型升级仍有制约。

8.3 东北地区县域经济在"四化"同步推进中存在的问题

总体而言，东北地区县域经济在"四化"同步推进取得了一定的发展成果，但其整体水平仍然处于较低的阶段，在相互之间的融合机制和协调互动机制中仍存在很多问题。下面将分别就新型工业化、信息化、新型城镇化和农业现代化四个方面对"四化"同步推进中存在的问题进行阐述。

8.3.1 新型工业化发展水平明显滞后

作为东北老工业基地，东北地区的工业发展由来已久，拥有着良好的工业基础。但是伴随着新时期的信息技术和产业创新的发展，东北老工业基地的传统优势逐渐被其信息技术含量低的劣势所掩盖，东北地区的工业规模也随之萎缩，整体发展水平滞后。东北地区县域工业化滞后主要表现在两方面：

（1）东北地区县域经济的新型工业化与信息化融合度偏低。

根据分析，目前东北地区县域经济中的重工业比重严重失衡，工业增加值的单位能源消耗和污染程度较高。经济发展模式仍以煤炭、石油、机械等传统制造业为主。在缺乏自主研发技术含量高的智能数字产品，如数字传感器和控制器的情况下，对传统工业进行改造升级的任务十分艰巨。按照现行国际标准，工业发展进入中期，轻工产值与重工业的比例基本保持在 1∶1 左右。然后，东北地区作为老工业基地，工业生产以汽车、石化、钢铁等重工业为主。县域经济更是如此。工业发展结构呈现明显的重工业化，轻工业发展滞后。同时，信息技术在工业生产过程中应用不足，生产过程数字化程度低，人工智能控制技术尚未在工业生产线上普及。在工业企业管理中，信息化管理水平较低。企业内部在制定信息管理、人力资源规划和发展战略时，缺乏企业资源规划、企业资源规划、企业资源规划等现代信息管理技术的合理应用。

（2）东北地区县域经济的新型工业化对新型城镇化支撑不足。

这主要体现在新型工业化的发展对新型城镇化的支持不足。"没有生产的城市" 和 "分离生产的城市" 之间的不平衡非常突出。以吉林省为例，近年来全省共有 42 个县在工业发展上取得较大进步，但大多数企业仍处于大规模发展阶段，集聚效果不明显；全省共有 54 个工业园区，其中 1/4 远离城镇，工业发展与城市建设无法实现有效互动，同时造成基础设施建设重复和资源浪费。此外，由于交通运输等地理条件不利和缺乏原材料及配套协作企业等发展瓶颈的制约，很难对现有的县城周围零散分布的工业园区重新实现集聚发展，从而抑制了工业园区规模的扩大和产业升级。

8.3.2　对信息化发展不够重视

与大中城市相比，东北地区县域信息化发展起步晚，发展形式较为传统，整体水平较低，以传统的通信和邮电业务为主要的发展路径，缺乏对计算机、光纤技术等科技附加值高的现代信息技术的深度开发应用，这些特点制约了信息化技术对县域经济中其他产业的信息化改造，以实现优化和升级。主要表现在：

（1）对相关产业的优化升级不够深入。

信息化未能形成工业生产的系统转型。首先，作为创新主体，企业自主研发的信息技术能力极其薄弱。地方政府和企业的科技研发资金相对较少，信息化与其他相关产业整合平台缺失。据统计，2016 年，东北地区规模以上工业企业有效发明专利 22299 项，仅占全国水平的 2.90%；企业和具有核心竞争力的创新产品极为缺乏。2017 年，全国统一管理体制试点企业有 756 个，其中东北企业只有 40 个，县域一个没有。结果表明，东北地区与全国大部分地区的 "信息化融合" 程度仍存在较大差距。此外，信息化与工业化的融合应在许多领域全面进行，而东北各县域的信息化发展还处于初级阶段，科技含量低，应用形式简单。光纤通信技术、计算机技术、多媒体技术等信息技术与工业生产的结合不足，传统企业尚未形成利用现代信息技术系统管理生产的理念。因此，传统企业无法完成信息技术与工业发展系统的全面融合。

（2）缺乏信息化发展的专项配套政策。

信息化发展力度不足，社会重视度较低。信息产业作为典型的科技密集型产业，其发展需要巨大的前期研发资金投入和信息技术复合型人才的参与，否则就难以对其他产业的升级发挥提升机和倍增器的作用。对于东北地区县域信息行业的发展,缺乏相关政策鼓励和财政扶持,企业对信息化产品和技术的研发投入比例较低。

8.3.3 新型城镇化整体水平偏低

(1)城镇化进程慢,小城镇综合功能较弱。

城镇化建设明显不足,乡镇基础设施建设滞后,乡镇产业集群不足。推进县域城镇化,必须进一步加强产业支持。乡镇对农村经济社会发展的影响比较弱,农村剩余劳动力就地转移功能有待加强。小城镇发展不平衡,城乡建设规划和建设投入严重不足,村镇面貌相对落后。东北地区城镇化总体发展有良好的基础,土地连片集中,但存在人口城镇化落后于土地城镇化的现象,导致农民大规模向流动人口转型。由于体制上的限制和经济上的限制,他们无法因为土地的都市化而改变身份。数据显示,2001~2011年,东北地区城镇建成区面积增长56.9%,同期城镇人口仅增长6.9%。城市扩张的速度远快于城镇化的速度。同时,东北地区城镇吸收人口的能力薄弱。2017年,全国常住人口城镇化率为58.52%。吉林省的城镇化率略低于全国平均水平,辽宁省和黑龙江省均高于全国平均水平。辽宁省的城镇化率最高,达到67.49%;黑龙江省为59.40%;吉林省为56.65%,比全国平均水平低1.87个百分点。但是,县域城镇化率相对较低。因此,由于县城的面积小,工业发展缓慢,人口吸收能力极低,城市人口流向中心城市,而且县城的人口聚集效果不强,不可能形成县经济发展的"次核心",辐射周边乡镇发展的功能不足。

(2)城镇化与新型工业化的互动机制尚不成熟。

城镇化和工业化之间缺乏有效的良性互动。2017年,东北地区城市人均住房面积为29.03平方米,城市道路人均面积为11.9平方米,公园人均绿地面积为10.27平方米,均低于同期全国平均水平。虽然部分分布在偏远矿区、农业垦区和林区的。常住人口被算作户籍城镇人口,但他们的生活环境与农村地区更接近。同时,由于工业化水平低,东北地区城镇分化效应不强,农村剩余劳动力经常跳过周边城镇,到工业化程度较高的"核心城市"就业,使县市难以形成两极化中心,不能发挥"次核心"辐射效应。对于现代工业,城镇不仅需要提供传统意义上的资金和人力,而且需要提供信息技术与现代物流配送系统相结合的现代金融和信贷服务体系。东北地区城镇居民居住的特点是规模小,位置分散,现代服务业不发达,完全不能满足新型工业生产的需要。

（3）城镇化对农业现代化的支撑体系薄弱。

城镇化是服务业发展的平台，生产性服务对农业现代化的支持还有待加强。在农业现代化的发展过程中，各方面都需要城镇的支持。城镇化基础设施建设有利于农村生产服务体系完善，但各县域农村服务功能的退化和相关服务机构的缺乏，给农业现代化造成困难。资金不足，技术与信息服务缺乏都严重影响了农业现代化的发展。同时，县域政府对农业现代化重视不够，导致农业现代化政策方针和财政支持不足，发展形式单调。

8.3.4 农业现代化发展形式单一

东北地区农业现代化的发展势头日益增强，但形势并不乐观。东北地区农业现代化建设目前面临三大制约。一是农业基础设施落后，现有灌溉设施普遍存在标准低、配套设施差、严重老化、效率低下等问题，抗旱能力极差。二是耕地土质迅速下降，高肥力耕地迅速退化。目前东北黑土流失率接近50%，严重影响了耕地农作物的产量。三是农业劳动者的年龄构成"哑铃型"，高科技水平高、文化素质高的农民极为稀缺。由于大量青壮年劳动力转移到城市就业，妇女、儿童、老人成为农村的主要劳动力。教育水平低，年龄结构不合理，制约了满足农业现代化需要的高素质农民的培养。此外，农业现代化包括农业生产体系的现代化和农业管理体系的现代化。除上述三点发展的制约外，东北地区县域经济的农业现代化在"四方式协调"的发展和建设上还存在着明显的不足。主要表现为以下两点：

（1）农业现代化对新型城镇化的加速不足。

农业现代化还不足以助推县城新的工业化发展。一方面，东北地区的农业现代化发展相对稳定，并持续发展。这在一定程度上创造了农业机械的购买端，带动了各县域城市工业的需求。但是，东北地区的农业现代化仍然以机械化农业为主要形式，技术比较传统，比较单一，还不能带动县镇新型工业化的发展。农业管理体制落后，专业化程度不够。农作物产量虽高，但规模以上农业企业数量少，农产品深加工能力弱，农产品始终处于初级加工阶段，附加值低。农业企业的市场竞争力不高。另一方面，东北地区尚未建立起大规模、规范的土地流转市场，土地流转不足。同时，农村剩余劳动力转移速度缓慢。据统计，2012年吉林省土地流转面积为68万公顷，仅占全省家庭承包土地总面积的12.1%，比全国平均水平低9.4个百分点。根据相关理论和数据，现阶段，全国农村劳动力基本可以保持约 2 公顷土地的正常耕种。按年计算,全省只需 270 万农村劳动力就能够充分满足全省农业生产的需要。2012 年,吉林省农村劳动力为 750 万。农村剩余人口劳动力理论上已达 480 万人左右,城镇化发展差距巨大。

(2)农业现代化对工业化和信息化的需求拉动乏力。

农业现代化对工业化和信息化的需求不强,与城镇第三产业缺乏协调和互动。东北地区农业现代化建设基础良好,在全国平均水平之上,但按照农业现代化的总体标准,农业、种植业和采伐的总机械化率应当达到 85% 以上。同时,高精度农业变量控制技术、人工智能信息管理技术等高新技术在东北地区农业发展中的应用基本上是空白的,而且对县域信息产业没有有效的需求。此外,东北地区大型农场集约生产尚未开始,农业生产规模普遍较小。农业生产回报风险大,无法形成县域农业金融服务需求市场,不利于城乡金融服务体系发展。

8.4 "四化"同步推进县域产业结构优化升级的联动效应分析

8.4.1 以工业化升级支撑产业转型与结构优化

工业化升级带动产业转型与结构优化,有利于推动"四化"同步发展。国外"四化"同步发展的过程,都是为了实现人口的非农化转移,工业的发展,社会现代化的转变。随着工业化的发展,城乡的融合也随之发展。工业化在区域经济和社会发展的全过程中起到了事实上的推动作用,但是,单纯以工业化为发展引擎的"四维"发展模式逐渐成为城镇的"空洞化",必须同时推进农业现代化,加快发展信息技术。进一步明确区域发展目标的重要模式。受基础条件、资源禀赋、市场理念、人力资源质量、技术水平的影响,东北地区县域工业化总体水平落后。要突破这种发展桎梏,就必须推进东北地区工业化转型升级和产业结构调整,实现良性循环和发展。

(1)明确县域发展的主导产业和支柱产业。

明确县域发展的主导产业和支柱产业,了解产业背景,整合现有比较混乱的产权主体领域,并根据产业集群理论的相关原则,消除制约县域产业间调整和生产要素合理配置的各种制度性障碍。充分发挥各种因素和资源的潜力,根据县域资源因素的状况,制定县域产业调整政策,按照"资源集约化、生产经营专业化"的要求,整合区域优势资源。走工业生产专业化道路,利用信息服务实现工业产品和生产资源的社会化供求,打破专业生产的内部经济封闭状态,并以资源优势、政策支撑、产业管理、规模发展逐步引导县域产业的发展和转型。

(2)积极支持县域潜在产业。

除积极支持县域发展的主导产业外,还要利用信息技术大力改造县域衰退产业、积极支持县域潜在产业发展。在产业转型升级的过程中,既要大力推进县域工业化,推动城镇化,又要把农业现代化与剩余农业劳动力资源转移、培训职工技能和素质提升结合起来,使工业化成为县域经济起飞的主要引擎。

8.4.2　以特色城镇化聚合产业升级动力机制

从国际经验的角度来看,农村和城市的变化本质上是产业结构的非农产业性质所引发的农村生产要素的持续流动和集聚。农村的生产和生活方式逐步与城镇相融合,最终实现了经济与社会事业全面发展这两个不同的特点。在一个相互依存的县域,它们寻求整合发展和协调共生进程。这一过程伴随着生产力的发展,人口、资本、工业、技术、信息、物资等生产要素加速流动和聚集,形成以城镇为中心的特色化区域社会发展动力群。因此,城镇化进程既是社会经济发展转型的特殊阶段,也是城乡发展一体化的重要进程。

虽然东北地区城镇化的速度较快,但效果不明显。工业化带动的单一驱动机制,使东北地区城镇化进程难以为"四化"同步发展注入强大动力。从城镇化发展的角度来看,城镇化是工业化的直接延伸。工业化的发展带动了产业结构的转变和人口的转移,从而促进了城镇化的发展。然而,城镇化的发展不能在孤立的城市中进行,主要表现为人口流动、产业分工、产业结构、土地性质的变化等形式。在区域经济一体化发展的背景下,产业间分工促进了以产业为基础的人口空间再分配和以人口与产业为基础的土地空间再分配。因此,工业化作为城镇化发展的一个外在因素,其空间溢出效应可以促进合作区的形成。县域城镇化必须突出特色城镇化,以县城为中心,周边镇一定要做到"一镇一业",以特色产业为先导,具有完备的基础设施和公共服务功能产业园区。

(1)合理规划城市空间布局,完善城市发展体系。

在现有城市公共设施的基础上,合理规划城镇空间布局,完善城市发展体系，合理安排产业结构，调整区域产业布局，加强产业关联程度，延伸产业链，以平衡城镇内部结构，突出城市发展的特点。城镇作为吸收剩余农业人口、支持区域产业发展、促进物质信息交流的手段，其作用日益突出。同时充分发挥"更适合"城市建设的理念（好经营、好生活、好学习、好旅游、好延伸），城乡二元差别得到有效抑制。①

（2）走生态城镇和特色城镇发展之路。

东北地区县域城镇化的发展要抛弃东北地区的传统模式和发展理念，走生态城镇和特色城镇发展之路。通过建设生态城镇和特色城镇，因地制宜，充分发挥山区、水、林、田、土、矿等区域资源优势，建设特色化城镇。使特色城镇吸纳农业劳动力，聚集县域经济发展所需的"城市气""民望""财富气"，带动多种产业，促进信息和物资交流的聚合功能。正如亚里士多德所说：人们来到城市是为了生活，人们住在城镇里是为了生活得更好。显然，如果不调整东北地区城镇化发展的思路，不走生态城镇化和特色城镇化的发展道路，就难以成为人们生活、创业、生活的理想场所，形成健全的区域发展机制更加困难。

（3）提升区域信息化水平。

在生态城镇化过程中不仅要改变区域固有生活习俗、生产观念、生态资源消费模式、经济发展模式，而且要通过这些传统行为方式的改变调整区域工业化发展模式，提升区域农业现代化水平，在增强城镇本身固有的"聚集效应"和"规模效应"的同时提升区域信息化水平，缩短经济创新周期，加速新兴技术传播，有效改善区域经济增长方式。

8.4.3 以农业现代化夯实产业升级的重要基础

通过农业现代化实现农业的可持续发展，既是国家发展的重要基础产业和支撑产业，也是推进工业化、信息化和城镇化的主要重点和突破口。在"四化"协调发展的过程中，发达国家对农业现代化给予了足够的重视和支持，甚至把农业现代化作为平衡社会差异、扩大工业品消费市场的手段。在东北地区工业化转型升级中，要根据资源禀赋和比较优势，确定工业化发展的方向和目标，避免工业企业的同质化和重复，尤其避免占用耕地。实施互补资源、政策支持、市场竞

---

① 余文华.长三角地区"四化"同步发展的模式与推进机制研究［D］.杭州：浙江工业大学硕士学位论文，2015.

争、产业驱动、城市载体、农业支持和信息共享。同时，利用信息技术，加快东北地区现有县域工业园区改造进程，实现环境保护、生态文明和区域经济社会发展在工业化进程中的统一。我们要在"四化"同步发展的基础上，真正实现县域工业化与农业现代化相互协调、可持续发展。[①]

随着工业化和城镇化的发展，大量耕地资源转化为工业用地或城市用地，由于水和土地资源的限制，小规模农业发展的条件制约了农业生产效率的提高，尤其是在土地资源稀缺的地区。农业的大规模经营非常有限。要突破地域界限，实现区域间农业资源再分配和农业生产分工合作，发展特色农业和精细农业，农业生产更依赖于土地、地形、气候等因素，而邻近地区则由于历史背景或地理环境等因素而相对容易传播。农业生产效率的提高具有空间相关性和空间溢出效应，特别是农业机械化规模在区域间的发展和扩大，使周边地区的技术溢出效应更加明显。

从农业现代化的角度来看，农业现代化的发展主要体现在农业的高效、集约化和规模化经营上。因此，其发展还取决于工业化和科技水平的提高。但是，"四化"同步推进是县域经济社会发展进程中一个不可逾越的历史阶段。"四化"相互融合、协调、同步，对东北地区的县域社会经济发展的转型和实现现代化具有重要意义。

8.4.4　以信息化融合发展为产业升级助推器

（1）推动信息化与工业化的融合发展。

加强传统产业信息化建设，以信息技术提升产业水平，促进产业转型升级，实现信息化与工业化深度融合，促进电子商务与工农业发展融合，并推动产业集聚充分发挥网络空间，拓展县域工农业产品市场。在信息技术的推动下，推动传统产业向新兴产业转型，在传统产业转型过程中，大力发展现代科技、信息、物流、生态环保等新兴产业，使产业结构合理化。

（2）加快发展城镇智能，提高城镇现代化治理水平。

加强信息网络在城镇发展中的作用，加快城镇信息技术建设，建设现代化、多功能、网络化、智能化城镇，通过信息技术促进城镇化发展。加快城镇基础设

---

① 冯献，李宁辉，郭静利."四化同步"背景下我国农业现代化建设的发展思路与对策建议 [J]. 农业现代化研究，2014（1）：1–14.

施智能化发展，利用信息技术推进交通、通信、排水、防灾、环保、能源等城镇基础设施智能化建设。加快城镇管理智能化发展，推进政府办公、社区管理、医疗、社会福利、文化教育数据库建设，并大力发展城镇智能管理信息系统和管理平台，提高工作效率，促进城镇管理现代化。加快城镇产业智能发展，将信息化与城市产业发展结合起来，促进城镇商业、物流、金融、保险信息化。

（3）信息技术影响下的空间相互作用。

在信息技术方面，信息技术影响下的空间相互作用主要体现在物流向信息流的空间过渡上。随着工业化、城镇化和农业现代化的发展，信息化也不断与"三化"融合。目前县域的区域信息化水平相对较低，其信息化需求更多地来自于周边地区信息化的空间溢出，而信息化的推进使地方工业发展能够反映网络的特点。因此，产业链的空间分布也是网络化的，这为"四化"同步合作区的形成提供了可能。

（4）推动科技创新，加强农业信息化建设。

大力培养高素质的技术人才，鼓励农业研究人员下乡，建立农业科技园，推广先进农业生产技术，培育和改进农业生产品种。提高农业风险承受能力和市场竞争力，大力发展高新技术农业、休闲观光农业、生态农业等现代农业，转变农业发展方式。加快发展农业信息技术，打造农业生产至销售的全方位信息支撑平台，促进农业信息共享，促进农业信息技术发展。

8.5 促进东北地区县域"四化"同步推进的对策措施

东北地区是我国重要的粮食生产基地与老工业基地，其县域经济的发展自然在国民经济的发展中占有举足轻重的地位。要增强农产品安全保障能力，实现振兴乡村战略和加快县域工业化进程，关键是要推进东北地区县域经济发展的整体优化升级。近年来，东北地区县域经济的发展取得了一定的成绩，但仍存在着诸多问题，尤其是县域新型工业化、信息化、新型城镇化和农业现代化的发展的协调度不高，地区间的发展协调水平参差不齐，成为制约东北地区国民经济持续、健康、快速发展的瓶颈。因此，优化"四化"协调发展的互动机制，提升"四化"协调的整体发展水平,是新时期实现东北地区县域产业结构升级的关键。本节针对近年来存在的问题,探索促进东北地区县域"四化"同步推进的对策措施。

8.5.1 推进县城产业园功能转型,发展特色县域经济

东北地区大部分农业县的产业园,建园之初大多是为了改变农业县的面貌,为发展县域工业而建立起来的,在产业园区规划和建设中,没有考虑产业园设施配套应具备一定的城市功能。在"四化"同步推进中,产业园区的功能转型就成为一项紧迫的任务。县域产业园加上配套的服务机构与设施及园区居民区的配套商业和服务机构,应该按一个小镇来规划,使产业园区真正成为城镇的有机组成部分。规划部门、产业部门、建设部门与公共服务部门应该联合起来,共同编制和完善产业园区建设规划。产业园区应适当规划居住用地和公共设施用地,要按照城镇街道要求来规划,应有一些中高端商务和生活服务设施。产业园在产业选择上不要片面追求引进外来高技术企业,要充分发挥本地的特色优势,注重发展能结合县域优势的农产品深加工和农业服务业。总之,产业园区一定要根据每个县域内的自然资源、人口素质、财政实力、文化环境、生态环境、劳动力素质、政策环境等,选择自身的优势,在此基础上筛选产业园区内的主导产业及相应的配套产业,促进特色县域经济的发展。

8.5.2 推进农业产业化,延长农业产业链条

农业现代化是县域经济发展的根基,这个基础越宽厚、牢固,县域经济越有发展后劲和实力。农业产业化是农业现代化最重要的内容,只有通过农业产业化,农业生产才能建立起与工业化、城镇化的紧密联系。现代农业不同于传统农业,传统农业只在第一产业上做文章,现代农业要实现第一、第二、第三产业联动,形成农业的上、中、下游一体,产供加运销互促的完整的产业体系。农业产业化是在第一产业基础上融入了第二、第三产业,构建起一条包括第一、第二、第三产业的完整产业链。运用现代技术、现代管理、现代设备改造提升传统农业,又要发展以农产品为原料的加工业,更要发展为农业服务的生产服务业,构成新的产业体系(刘奇,2012)。推进农业产业化要构建现代农业经营体系。从东北地区来看,应以发展多种形式的规模经营为引领,培育新型农业经营主体,扶持发展种养大户和家庭农场,促进农民合作社规范发展,大力培养新型职业农

民，打造高素质现代农业生产经营者队伍。鼓励和支持工商资本下乡投资现代农业，促进农商联盟，健全农业社会化服务体系，培育壮大经营性服务组织和新型农业服务主体开展专业化、规模化服务，创新农业社会化服务机制，延伸农业产业链提升价值链，实现农业高效，农民增收。①

8.5.3 促进农村一二三产业融合，促进农业结构调整

拓宽农业增收渠道，就要加快农业产业链价值链建设，建立多种形式的利益联结机制，培育融合主体，拓宽农民增收渠道，更多地分享增值收益。在大力发展农业产业化经营中，要积极发展农产品加工业和农业生产性服务业。特色农产品加工业一定要起点高，重视产品质量，应用更多的现代化生产加工工艺和流程，创建品牌，引进人才，提高农产品的核心竞争力。应拓展农业功能，推进农业与旅游休闲、教育文化、健康养生等的深度融合，发展观光农业、体验农业、创意农业等新业态。大力发展农业电子商务，鼓励电商平台企业开展农村电商服务，形成线上线下融合，农产品进城与农资和消费品下乡双向流通格局。只有完善现代农产品市场，才能促进特色农产品加工业快速发展，加强农产品流通设施和市场建设，完善农村配送和综合服务网络，鼓励发展农村电商，也鼓励互联网企业建立产销衔接的农业服务平台。②

为适应消费结构升级的需要，使农业生产围绕市场需求进行生产，使农产品供给数量更充足，品种和质量更契合消费者需要，真正形成结构更加合理、保障更加有力的农产品有效供给。进一步优化农业产品结构、生产结构和产业结构，推动农业县的粮经饲统筹，农林牧结合，种养加一体化发展。因地制宜发展农区畜牧业，提高畜禽规模化养殖水平，实行畜禽废弃物无害化处理，资源化利用，做优做精粮食产业，适当发展水产和林果业，发展农业循环经济，为广大消费者提供品种多样、品质优良的无公害、绿色深加工的产品。通过发展特色农产品生产，提高农业质量和效益。

---

① 王轩.吉林省县域经济"四化协调"发展研究［D］.长春：吉林大学，2015.
② 任萃颖.吉林省县域经济转型发展研究［D］.长春：东北师范大学，2016.

8.5.4 发展农村现代服务业，推进农村工业化与农业现代化协同发展

发展农村现代服务业，推进农村工业化与农业现代化协同发展，要将功能导向与因地制宜有机结合起来，把乡村振兴战略与小城镇建设紧密结合起来，把小城镇建设与发展配套的生产性服务业和医疗卫生、教育事业紧密结合起来，大力发展农村现代服务业。由于城镇化与农业现代化的互动协调发展为农村现代服务业发展带来了发展机遇，为服务业优化升级开创了发展空间，小城镇建设也为农村现代服务业打造了平台，城镇化的发展也造就了农村一批高素质劳动力返乡创业，在农村和小城镇开创服务性企业，推动了农村现代服务的发展。在县域工业化与农业现代化协同发展中，也需要为农村单一的种养业向产前、产中、产后环节相连接和农林牧水产品生产、加工运销一体化产业链发展提供了技术服务、中间服务和各类社会化服务。推进县域农村工业化与农业现代化协同发展，需要加快发展农村现代服务业。发展农村现代服务业需要完善小城镇基础设施建设与服务功能，加快完善农村信息服务基础设施建设，完善农村科技服务手段，完善农村现代流通体系，完善农村金融保险服务功能，创新农村基本公共服务的体制机制，发展农村智力型服务业，打造全新的农村社会化服务体制，完善农村服务型人才使用和开发培养机制，以加快发展农村现代服务业。

8.5.5 重视资源生态环境保护，转变农业农村发展方式

人类进行的物质生产活动，本质上就是改变自然环境的状态，在此过程中，对生态环境也带来了影响。资源与生态环境是人类从事物质生产活动的投入品，也是人类赖以生存的外部环境，因此保护生态环境是县域"四化"同步发展与可持续推进的重要保障。在县域工业化、城镇化推进中，要积极推动资源节约和环境保护机制的建设，实现农村工业化、城镇化与人口资源、环境的协调和可持续发展。尤其在引进外来企业在县域投资时，把工业污染转移到县域的项目绝对不允许落地。县域周边是广大农村，大气、水资源、耕地需要严加保护，不能带来任何污染。县域在引进外来投资过程中，必须改变低价甚至免费提供工业用地、放松环境管制，允许企业对污染排放不进行处理，不达标的短视做法。要改变农业生产过度倚重农药、化肥、抗生素等的粗放式生产方式，高度重视农业生产对资源与生态环境的负面影响。发展绿色农业等新生态、发展循环经济，对县域工

业企业通过清洁生产、资源循环再利用等方式在农村经济发展过程中建设资源节约与生态环境保护机制，转变农业、农村发展方式，实现人与自然协调和可持续发展。

8.5.6 构建城际与县乡（镇）互联互通运输网络，降低物流成本

交通运输是国民经济重要的基础性、先导性产业，加快综合性交通运输体系现代化进程，将大幅度提高交通运输服务能力和水平，全面支撑和引领经济社会发展。东北地区很多农业县不靠近铁路线，市县之间及县际公路等级较低，县域内乡镇之间以及行政村与县乡镇之间很多不通等级公路，在雨季或春天冻土融化时出现路面翻浆，道路泥泞，很难行走。因此，构建城际与县乡（镇）互联互通运输网络，既能够有效降低物流成本，加快城市与县域之间要素流动，实现优化配置，又能保障县域"四化"同步推进的实现。

首先，要加强东北地区大部分农业县低等级普通国道升级改造和县域内农村公路网建设，尤其是沿边公路、口岸公路、贯通港口集疏运与铁路车站的公路建设，保障公路等级，加强公路养护管理。其次，实施交通运输基础设施绿色改造，大力倡导新型节能环保工艺和材料应用，积极推广新能源和清洁能源运输工具，强化节能减耗，强化运输服务各环境有机衔接，降低运输成本。再次，加快建设开放共享的公共信息系统，集物流、客流、信息流、资金流为一体的综合交通公共信息平台，构建开放式交通大数据中心。最后，鼓励社会资本投资县域交通，推动社会资本与政府合作（PPP）模式在县域交通建设中的应用。创新交通投融资模式，扩大交通直接融资规模。

8.5.7 推动城乡一体化发展，不断深化农村改革

我国城乡发展不平衡，不协调，问题依然存在，当务之急是加快推进城乡一体化发展。因此，既要推动城镇公共服务向农村延伸，又要推动城乡区域基本公共服务项目和标准统一衔接，逐步实现城乡基本公共服务制度并轨，标准统一。首先，把优质的教育、医疗文化资源放到县城和接纳农业转移人口较多的中心镇等。有条件地推动天然气向农村延伸，进一步加快农村自来水、电网、宽带、危房等设施改造。其次，加强农村垃圾和污水收集处理设施以及防洪、排涝设施建设，尤其是农村饮水安全，工作要高度重视和巩固落实。

8.5.8 加大人力资本投入，强化就业创业服务

县域经济发展最关键的问题是人才问题。习近平总书记深刻指出："当今世界的综合国力竞争，说到底是人才竞争，人才越来越成为推动经济社会发展的战略性资源，教育的基础性、失导性、全局性地位和作用更加凸显。"县域在面临"人口红利"趋弱形势下发挥人力优势的关键举措，是使绝大多数新增劳动力接受高中或中专教育，更多接受高等教育，尤其是高等职业教育。大力开展县域职业技能培训和创业带动就业。构建劳动者终身职业培训制度，重点抓好农村未升学的初高中毕业生等免费接受职业培训行动。推进企业新型学徒制及"互联网+职业培训"等新模式。在电子商务、社区服务、家庭服务、健康服务、养老服务等领域，推出就业扶持等相关政策。结合县域工业化、城镇化建设，按照分类推进、滚动实施的原则，大力开展支持农民工等人员返乡创业试点工作，通过融合政策和项目资源、龙头企业等市场资源、公益性培训机构等社会资源的"三次嫁接"，凝聚政府与市场合力，建设一批具有区域特色的返乡创业园区，培育一批具有发展潜力的特色产业带，带动返乡人员创业就业，创造更多就地就近就业机会。对于县域工业、农业、服务业的高端紧缺技能人才，可以通过订单、定向和定岗式到专业院校和企业进行培训，通过政府购买培训成果等方式鼓励社会力量开展各种职业技能培训，为县域提供各类专业人才。①

---

① 党的十九大报告学习辅导百问 [M]. 北京：党建读物出版社，2017：140.

第 9 章 东北地区"四化"同步推进产业结构优化升级的实现路径

"十三五"时期，国家实施新一轮东北等老工业基地振兴战略，东北地区发展现状距离实现振兴的目标尚有很大距离，全力推动新型工业化、信息化、城镇化和农业现代化的同步发展，是实现东北地区经济持续、协调、健康发展的内在要求。要发挥"四化"同步推进产业结构优化升级的联动效应，就要构筑能够实现产业结构优化升级的新路径。解决好有关体制机制问题，提升经济开放度，加快先进制造业和现代服务发展，加快信息化建设，推进以人为本、以人为核心的新型城镇化，加快农业现代化进程，构建现代基础设施网络，加大对资源型城市（地区）可持续发展以及政策创新等方面的支持力度，提高新的实现路径。

9.1 加快市场导向的体制机制改革，改善营商环境

9.1.1 以体制机制创新推进"四化"同步发展

与沿海发达地区相比，东北地区体制机制问题比较严重，因而也造成了营商环境差，外资和国内其他地区的投资商对东北地区投资信心不足，本地区的资金与人才也往沿海发达地区流动。东北地区现存体制和机制对面临的新形势新任务不适应，并且出现较多制度漏洞和制度缺失，旧制度束缚了新事物的成长壮大，一些好的制度并没有得到有效贯彻执行，甚至流于形式等。因此，必须通过深化改革，破除一切不合时宜的思想观念和体制机制弊端，突破利益固化的藩篱，构建起系统完备、科学规范、运行有效的制度体系。从党的十八大以来，全面依法

治国，已成为国家治理的一场深刻革命，坚持例行法治，推进科学立法，严格执法，公正司法，全民守法，要把依法治国的理念深入到东北地区的体制机制、创新工作中来，要充分调动广大干部在体制机制创新中的积极性和主动性，为此也需要建立一套行之有效的激励机制，在把权力关进制度笼子里的同时，为想干事、能干事的干部创造条件，到企业和农村去挂职锻炼或蹲点调研，实现政府官员从政策制度、政策制定者到政策执行人角色转变，以利于更好地为相关政策制度的制定，做出前期规划和准备。从东北地区来看，政府对资源的直接配置过多，对微观经济活动的干预仍然较多，公共服务供给不均衡，市场监管和社会管理仍然相对薄弱，今后要花大力气推进政企分开，政资分开，政事分开，政府与市场中介组织分开，把不该由政府管理的事项交给市场或社会，把该由政府管理的事项切实管住管好，这是一场从理念到体制的深刻变革，是一场刀刃向内的自我革命。

转变政府职能是深化行政体制改革的核心，把减少行政审批作为职能转变的突破口，用政府权力的减法换取市场和社会活力的加法，激发市场和社会主体的创造活力，增强经济发展内生动力，要创新政府管理方式，切实加强对市场主体、市场活动的事中事后监管，提升政府服务，提高监管的有效性、针对性，使市场活动活而不乱。健全监督机制，强化责任追究，从制度上保证全面正确履行政府职能。要深化政务分开，让人民群众更好地监督政府，特别是要接受社会民众和新闻舆论监督。

9.1.2　以发展观念创新推进"四化"同步发展

（1）推进各级领导干部思想观念的改变与创新。

党的路线方针确定以后，干部就成为重要因素。领导干部的思想觉悟与思想观念将直接影响到该领导干部所带领的那个领域的经济与社会发展事业。我国改革开放 40 年来，传统又落后的陈旧思想观念在部分领导干部脑海中依旧挥之不去，尤其是基层干部，官僚主义，封建主义残留尚有余存，这也为推进"四化"同步发展带来阻碍。因此促进各级领导干部思想观念创新，要排在突出位置。要坚持以人民为中心，坚持立党为公，执政为民。一切为了群众，一切依靠群众，让老百姓过上幸福的生活是我们党一切工作的出发点和落脚点。领导干部必须深入到工厂、矿山、林区、农村，从实践中来到实践中去，让理论在实践中得以运用，才能形成创新型发展理念。尤其是东北老工业基地"等、靠、要"的思想是行不通的，市场竞争的法则是适者生存，要适应与掌握市场经济规律，增强发展自信，坚持变中求新、变中求进、变中突破，着力完善体制机制创新。

（2）普通群众也要转变思想观念，要自立自强。

东北地区的广大普通职工和农民与沿海地区普通群众相比较，缺乏吃苦耐劳精神，缺乏靠自我奋斗改变自己命运的思想观念。东北地区资源丰富，耕地多，广大农民认为日子过得去就行，不寻求致富门路；广大下岗职工多少年来也是得过且过，没有创业创新思想。相比之下，浙江省资源贫乏，耕地极少，改革开放以来，靠民营经济起家，通过广大人民群众的多年奋斗，已经成为发达的经济大省，人民生活水平也居于全国前列。要激发广大群众，自主自强，通过自身努力改变命运的热情，有关部门既应大力健全均等化、专业化、标准化的公共就业创业服务体系，也要对被忽视的群众开展低技能劳动者就业新起点行动，鼓励市场需求广、就业容量大，就业门槛低的生活性服务业发展，吸纳更多中低技能劳动者就业，以强化就业创业服务，把人民群众的积极性创造性都发挥出来。

9.1.3　改善营商环境

对于区域外投资商而言，都认为东北地区营商环境差，因而就有了"投资不过山海关"的说法。在改革开放之初，广东省就提出"要放水养鱼"，扶持广大民营经济发展，让外商投资企业能够放心投资、长期发展，能够不断扩大再生产，这些都得益于营造了良好的投资环境。

东北地区一些市县在引进一些国内或境外投资时，存在"管、卡、压"做法，不是"放水养鱼"，而是"竭泽而渔"。投资环境差，最终导致引进外来投资效果也不大。习近平总书记在党的十九大报告中指出"构建亲清新型政商关系，促进非公有制经济健康发展和非公有制经济人士健康成长"。新型政商关系，新就新在"亲、清"两字上。亲就是亲近，强调双方真诚交流；"清"就是清白，要求彼此光明磊落。做到"亲"，就是要坦荡真诚同民营企业家接触和交往，真心实意支持民营经济和外商企业发展。做到"清"就是同民营企业家和外商打交道不能有贪心、私心，不能以权谋私，不搞权钱交易。构建新型政商关系，就是要把该放的权放到位，该营造的环境营造好，让投资商家有投资热情和信心，企业家有用武之地，更好地发挥政府服务经济的作用。

9.2 提升开放型经济水平，培育国际竞争新优势

9.2.1 深度融入全球经济，提升开放型经济水平

我国与全球化已形成你中有我，我中有你的格局，推进与全球经济体系的深度融合，也是拓展大国经济发展空间的必然要求。东北地区与沿海发达地区相比，开放水平低，在新一轮全面开放中，尚有很大拓展空间。东北地区应主动融入，积极参与"一带一路"建设，加强与周边国家的基础设施互联互通，努力将东北地区打造成为我国向北开放的重要窗口和东北亚地区合作的中心枢纽。[①] 建设面向俄、日、韩等国家的对外合作平台，建设好中蒙俄经济走廊，实现东北地区经济振兴与俄罗斯远东和西伯利亚地区开发战备的互动与合作共赢。推进中俄边境自贸区建设，建设好哈尔滨—满洲里—俄罗斯—欧洲，哈尔滨—绥芬河—海参崴—日本海，长春—延吉—晖春—日本海等陆上及陆海丝路带，推动东北地区与京津冀地区融合发展，建立若干产业合作与创新转化平台，支持辽宁西部加快发展，打造成对接京津冀协同发展战略的先行区。

9.2.2 培育国际竞争新优势

（1）加快转变对外经济发展方式。

东北地区要巩固传统市场优势，积极拓展海外新市场，综合发挥对外投资和利用外资联动效应，促进东北地区更多具有竞争优势的产品和服务出口。重点培育以技术、品牌、质量、服务为核心的出口竞争新优势，提高中高端商品出口比例，提升本地区产业在全球价值链中的地位。以服务业为重点，放宽外资投入领域，优化服务贸易结构，创新服务贸易模式，提升服务贸易国际竞争力。建设好辽宁省自由贸易试验区，为东北地区全面深化改革和扩大开放探索可推广的新途径。推行准入前国民待遇加负面清单的外资管理模式，大幅度减少外资限制性措施，通过营造高标准国际营商环境吸引外资，提升利用外资质量，更好地发挥外

---

① 党的十九大报告学习辅导百问 [M]. 北京：党建读物出版社，2017：119–120.

资在促进东北地区产业技术创新和产业升级方面的积极作用，使东北地区的产业和产品在国际市场上更具有竞争优势。

（2）积极促进国际产能合作优化产能和资源配置布局。

用全球视野配置资源、资产和各类要素，推动东北地区装备制造业"走出去"，农业"走出去"，石油、天然气、煤炭开采技术"走出去"，木材加工、石油化工、煤化工、医药、矿产开发、冶金、纺织服装等产业"走出去"，技术标准"走出去"，在国际产能合作上取得突破性进展。鼓励企业着眼于优化全球产业链布局，采取对外投资、工程总承包、共建产业园区等方式，加快石油化工、煤化工、航空、机械、电力冶金、建材、绿色农业等优势行业和产能"走出去"步伐。鼓励企业提升跟随性服务水平，在境外建立加工组装分销网络和售后服务体系，使东北地区中低端加工制造产品向高附加值环节拓展。在石油、天然气、铁矿、铅矿等领域，利用自身技术优势，加强与主要资源国的战略合作，同时要强化境外风险防控和权益保障机制建设，在提高对外开放水平中增强风险防范能力。

9.3　推动先进制造业和现代服务业加快发展

9.3.1　明确发展方向，加快制造业与现代服务业融合发展

《服务业创新发展纲要（2017~2025 年)》提出的"促进中国服务业与制造业相互促进"，不仅为现代服务业的发展找到了新思路，同时也指明了先进制造业发展的方向。《关于深化制造业与互联网一体化的指导意见》《关于积极推进互联网发展的指导意见》等一系列重要文件的发布表明国务院也大力倡导大力发展服务业制造业，由工业和信息化部、国家发改委、中国工程院联合发布的《发展服务型制造专项行动指南》，进一步明确了服务型制造业的发展方向和任务。

制造业与服务业融合的过程中势必会产生一些新业态，而这些新业态会涉及多个监管部门。因此，在新形势下，应创新监管模式，明确市场准入，减少行政干预，构建适应新业态、新标准、新模式的宽松环境。对于一些垄断性行业，要在推进混合所有制改革的背景下，引进民营资本和外资参与，加快消除行业垄断。此外，建立健全完善的配套政策，推进服务业与制造业融合至关重要。例

如，简化行政审批手续，并综合运用产业发展政策，推动现代服务业与先进制造业均衡发展。同时统一行业政策标准，放宽交叉行业准入标准，营造公平的竞争环境，推动生产型制造业向服务型转变。

政府制定相应的产业政策和财政税收政策，为制造业的服务化转型提供指导。政府作为经济结构调整和引导升级者，应制定政策调整制造业与服务业升级战略，为引导投资和经济转型升级创造良好的政策环境。

加快推进制造业转型升级，促进信息技术向市场、设计、生产环节渗透，生产方式向柔性化、智能化、数字化、精细化转变。强化制造业基础能力，前瞻性部署其技术攻关，突破一批基础和共性关键技术，提高自主研发能力和核心竞争力。促进制造业生产链条从加工制造环节向研发、设计、品牌、营销、售后服务、再制造等环节延伸，推动制造业的服务化，进而实现高附加值化。以企业为主体，通过并购重组，有序转移、集群集聚等引导制造业向集中度高、分工细化、协作紧密方向发展，在化解产能过剩中推动传统制造业转型升级。

要推动服务业细化专业分工，提高创新能力，增强服务功能，促进生产性服务业向价值链高端延伸，为智能制造和《中国制造2025》发展纲要提供强有力支持。

9.3.2 扩大市场需求，侧重供给层面改革

服务业与制造业的互促共进要从需求与供给两方面发力。第一，通过提高自主创新能力，扩大市场对现代服务业与先进制造业的需求。目前我国已经从模仿排浪式消费转变为个性化消费，可以加大研发资金的投入，建立产、学、研一体的创新体系和协同机制，加快科研成果转化。第二，淘汰落后技术和产能，发展高端产业。对于一些粗放式发展的行业禁止新企业进入，逐渐淘汰对资源过度消耗、污染环境的夕阳产业，在一些技术禀赋丰富、创新要素集聚的地区，优先发展金融、咨询、研发设计、高端设备制造、生物技术等高端产业。第三，深化对外开放，推动加工贸易转型升级。加工贸易转型升级是推进两业融合的重要途径，借此推动贸易产业向产业链两端拓展，从而提高各种资源的利用效率，走集约化发展路径，并进一步带动国内服务配套能力。

9.3.3 落实产业集群战略，建立互动发展机制

通过差别性税收政策，引导产业转型。鼓励大中型制造业企业向服务化过

渡，通过技术升级逐步向产业链两端延伸，注重品牌营销、市场开拓、技术研发；鼓励制造企业剥离与服务相关的业务，建立专业的服务部门，依附产业链整合配套的服务业务部，进一步推进服务精细化、专业化、市场化；鼓励制造业企业从一般的制造加工向自主研发延伸，逐渐占据微笑曲线两端。

大力发展 "制造外包" 与 "服务外包"。由于我国工资、原材料、土地租金等要素成本不断提升，中国制造业要加快 "走出去" 步伐，通过直接投资或者离岸外包，在控制研发、设计、物流等环节的同时，把加工和组装等环节转移到巴基斯坦、越南、柬埔寨等国家，使自身占据价值链两端的高附加值环节，实现制造业转型升级。与此同时，要提高 "引进来" 水平，通过承接先进的 "服务外包"，例如引入拥有先进管理理念和高端技术的大型跨国公司在我国设立研发中心、分支机构等，或者是与产业链上下游优秀跨国企业加强合作，学习国际领先水平的技术、管理模式，从而为产业互动融合提供技术、资本、智力方面的支持。

现代服务业与先进制造业都具有产业集群的特征，纵观国际经验，凡是服务业发达、集群程度高的地区，其制造业也相对比较发达，竞争力比较强。因此，建设各类产业园区、产业集聚区是落实产业集群战略的有效途径。第一，在产业集群中应是集成高端制造与现代服务功能的产业链集合，两者不仅能共享基础设施、人力资源、市场规模效益，还能够有效降低双方交易成本，有利于提升全产业链价值。第二，科学规划引导产业集群的建设，围绕制造业集群发展相关需求的服务业体系，如金融、租赁、信息咨询、物流等，形成产业共融、市场共享、资源共用的互动发展格局。第三，尊重企业自主选择，改变过去单一依靠土地、税收优惠政策发展产业园区的方式，让市场在资源分配中起决定性作用，做到市场集聚、自发形成、自我发展。

9.4 全面加快信息化建设

东北地区 "四化" 同步推进产业结构优化升级中最具有潜力的发展因素是信息化，但与此同时东北地区的信息化技术也比较薄弱。大力发展信息技术，促进信息化与工业化、城镇化和农业现代化的融合发展，能加速推进东北地区 "四化"同步推进产业结构优化升级的整体水平。东北地区的信息化发展，主要在信息技术的研发、信息人才的培养和研发资金的投入这三个方面。

9.4.1 加大信息技术的研发力度

提高信息技术在各个发展领域应用的深度和广度，利用信息技术对传统工业化生产的整个生产链进行优化升级，加速信息化建设与其他产业发展的融合，促进"四化"同步推进的产业结构转型升级。随着社会进步和科技发展，计算机信息技术对经济推动作用也越加明显。利用信息化人工智能技术来控制耕种和灌溉，改造农业生产方式；融合数字化控制传感技术到工业产品中，提高工业产品的使用性能；推广计算机网络到现代金融、物流等产业中，改善服务业的效率和水平。继续加快实施"宽带中国"战略，加快构建高速、融合、安全的下一代国家信息基础设施，提高网络智能化水平，为东北地区经济振业，发展信息经济提供支撑。加快构建现代信息技术产业体系，强化新一代信息技术开发，系统掌握基础技术元素，网络与信息安全及智能终端等领域的关键技术，推动移动互联网、云计算、大数据等技术创新和应用。实施"互联网+"行动计划，培育发展信息服务新业态，推动信息技术与传统产业融合创新发展。

9.4.2 各级政府应高度重视信息化发展，着力培养信息化复合型人才

（1）信息化与工业化、城镇化与农业现代化的深度融合是现阶段经济社会发展的客观要求，也是"四化"同步推进的任务。

国家提出要以信息化技术来对传统产业进行全面升级改造的发展背景下，地方政府应当以运用财政扶持和政策引导的方式实现信息化的全方位建设为主要职能，强化和完善自身的监督规范和规章制度，加强信息产业的标准化体系和第三方的服务体系的建设，为信息化规范有序的发展提供一个开放、灵活、竞争的市场环境。国家"十三五"规划纲要提出实施大数据战略，这是全面加快信息化工作的重点。一是要加快数据开放共享、深化数据创新应用。二是推进产业数据化，发展工业大数据、新兴产业大数据、农业农村大数据、创业创新大数据，深化大数据在各行业的创新应用，推动大数据与移动互联网、物联网、云计算的融合发展。三是推进数据产业化，加快海量数据存储、数据清洗、数据分析发掘、数据可视化、信息安全与隐私保护等领域技术攻关，建立和完善大数据产业公共

服务支撑体系。四是加快国家统一电子政务网络建设应用，完善审批监管、信用信息、公共资源交易、价格举报信息等平台建设。

（2）着力培养信息化复合型人才。

发展信息技术的关键，就是要培养大批高水平的信息技术复合型人才。吉林省教育资源相对充沛，应该用政策鼓励、财政支持的方法来引导科研院校与信息技术企业合作，加大对信息技术的研发和应用的资金投入，建立健全信息化人才的引进和培训的政策，完善信息化人才队伍的建设，以便满足经济社会发展的需要。推动建立企业与高等学校、科研院所合作培养信息化专业技术人才和应用服务人才机制。设立国内高层次信息领域人才引进标准，鼓励企业吸引海内外高层次人才。

9.5　推进以人为核心的新型城镇化

城镇化是工业化的发展载体，创造了需求，城镇化能够吸纳就业，推进城乡一体化发展，有利于农业现代化，城镇化对产业结构优化升级有强大推动作用，由于东北地区地域辽阔，中心城市很难辐射带动区域内所有地域。因此，作为"亚核心"的小城镇就成为改变城乡二元结构的关键因素。东北地区大中城市发展水平较高，但县域城镇化发展水平参差不齐，要根据各个地区的县域经济特征发挥好城镇化对县域经济的推动作用和对农村人口的吸纳作用，形成对东北地区经济发展的多级支撑，因地制宜地制定不同的策略来持续提高城镇化水平。①

9.5.1　要有序推进以农业转移人口市民化为核心的新型城镇化

中国农业转移人口规模大，市民化程度低、成本高、面临的障碍多。在新形势下，推进农业转移人口市民化需要双管齐下、标本兼治。一方面，要认真落实不同规模城镇的差别化落户政策，进一步放宽落户条件，分阶段解决那些有能力在城镇稳定就业和生活的农业转移人口落户城镇问题，不断提高户籍人口城镇化率。中央已经明确，到 2020 年要解决 1 亿左右农业转移人口和其他常住人口在

---

① 曲建兴，伊全胜. 推进 "以人为核心" 的新型城镇化建设［J］. 理论观察，2015（2）：84-85.

城镇落户问题,使户籍人口城镇化率提高到45%。1亿左右城镇居民的居住条件通过棚户区和危房改造得到明显改善,1亿左右人口在中西部地区就近城镇化,使城乡关系和城乡格局更加合理。从各地的实施情况看,目前难度较大、推进较慢的地区主要集中在大城市。这些大城市是农业转移人口的主要集聚地,需要市民化的人口规模大,但受地方财力和承载能力的限制,目前大多采取积分落户的办法。积分落户是政府不得已的选择,也是一种带有歧视性质的临时制度安排。这里的关键是要把市民化与城市规模控制区分开来,不能以规模控制作为抵制或延缓农业转移人口市民化的理由。城市规模控制应通过功能疏散来解决,要通过功能的疏散积极引导产业、设施和人口的疏散。因此,对大城市而言,也应该尽快放开落户限制,逐步实现城乡户籍制度并轨。另一方面,要将暂未落户的持有居住证的人口全部纳入基本公共服务保障范围,逐步扩大和提高持证人享有的基本公共服务种类和水平,尽快实现基本公共服务对常住人口全覆盖,使持证人最终能够享受与城镇居民同等的基本公共服务。从根本上讲,实现基本公共服务对常住人口全覆盖和均等化是解决市民化问题的治本之策。一旦实现了全覆盖和均等化目标,居住证制度作为一种临时性措施,将失去其存在的价值。

从政策取向来看,统筹推进新型城镇化与新农村建设。推进以人为核心的新型城镇化,必须牢固树立城乡统筹的理念,在城乡发展一体化的框架下,把新型城镇化与新农村建设有机结合起来,实行联动推进。首先,要加快推进城市基础设施和公共服务向农村延伸,鼓励城市资本、技术和人才下乡,促进城乡要素平等交换和公共资源均衡配置,让亿万农民共享城镇化的成果。其次,要统筹治理"城市病"和"农村病"。从病症上看,"城市病"主要体现为"膨胀","农村病"主要表现为"衰落""空心",这"一胀一衰"主要是城乡人口迁移不协调引起的。为此,要适应城乡人口变化的新趋势,把"城市病"与"农村病"的治理有机结合起来。其重要举措就是促进大城市的功能疏散,并借鉴德国等欧洲国家的经验,大力发展特色小城镇,强化村庄综合治理。此外,要维护好进城落户农民在农村的原有权益。要加快农村集体产权制度改革,进一步完善农村产权交易市场,推动农村各类产权流转和交易,使农民拥有的承包地、宅基地、住房等资源能够转变为资产,进而转变为资本。要通过市场化改革的途径,建立和完善进城落户农民对土地承包权、宅基地使用权和集体收益分配权依法自愿有偿退出的长效机制,以遏制城乡建设用地"双增长"。

9.5.2 要坚持以产业发展为支撑，生态集约为原则来推进城镇化

（1）推动新型城镇化的发展需要生产力水平的提高和相应的产业作为支撑。没有产业支撑，新型城镇化建设就只能是空中楼阁。城镇化的本质是一个自然的历史过程，是与经济发展相伴而生的客观现象，在新型城镇化战略思想的指导下，全国各地产业发展均面临着依据自身条件和外部环境进行产业更替、产业挖掘、产业优化、产业培育和产业升级等单一策略和组合策略的选择。此外，坚持以产业发展为支撑，也是推进以人为核心的城镇化的题中应有之义，因为就业是民生之本，只有让进城农民稳定、充分就业，才能真正地使农民市民化，优先发展基础产业，大力发展主导产业，适当保护弱质产业，积极调整衰退产业，形成工业、农业、服务产业、文化旅游产业等不同的城镇产业带动类型。应加快建立财政转移支付与农业转移人口市民化挂钩机制，城镇建设用地增加规模与吸纳农业转移人口落户数量挂钩机制。

（2）要坚持以生态集约为基本原则。随着新型城镇化的逐步推进以及人民生活水平的显著提高，人们对城镇化过程中的生态环境和生存质量的要求越来越高。在新型城镇化的进程中，人口向城镇的大规模集聚，必然导致自然资源和生态环境面临更加严峻的挑战。人多地少的基本国情，中期工业化的阶段性特征，以及面临的巨大城镇化历史任务，要求我们必须走绿色、低碳、循环、集约、智能的城镇化发展新路，不可能再走过度依赖资源开发和投资拉动的发展老路，要求我们要注重生态保护，注重资源与生态集约，同时要彰显城镇自身的人文历史，突出城镇历史文化传承和创新，协调环境、资源和人口之间的关系，打造新型宜居城镇，推进创新城市、绿色城市、人文城市、智慧城市建设。

9.5.3 要调整房地产开发经营政策，降低农民进城门槛

农民进城需要提高农民收入，特别是财产性收入。因此，要推进城乡要素平等交换和公共资源均衡配置。赋予农民更多财产权利，要依法保护进城落户人口的农村土地，承保经营权和宅基地用益物权，进一步完善农民承包地流转制度，宅基地有偿退出制度和集体经营性建设用地入市制度等。同时，也需要降低农民进城的门槛，让农民能够低成本地进入城镇生活定居。为此，必须调整房地产开发政策，降低房地产价格。

调整房地产开发政策，首要的是降低房地产开发的土地成本、取消房地产开

发企业的经营垄断。以市场化为导向的土地制度改革能够破除土地开发经营的政府一级市场垄断，消除土地财政，必然会降低城镇房地产开发的土地供应成本，从而降低城镇房产价格。而取消房地产开发企业的经营垄断，实行城镇房地产的多元化开发和建设则能够进一步降低城镇住房的价格，降低农民进城成本。在符合城镇规划的基础上，允许城镇居民、企事业单位自主购地建房、自由出租出售；允许非房地产开发企业或居民集资合作购地建设住房并向市场销售。如此，城镇房地产多元化开发的局面得以形成，房地产开发企业的经营垄断得以取消，城镇房地产价格必然下降。如果再配以房地产税对居民现有住房和开发经营过程中的房地产进行税收调节，房地产开发销售进度必将加快，囤积土地和房产待价而沽的现象也将消失，城镇房地产价格理性回归，农民进城的速度将进一步加快。

加大公租房和廉租房建设。住房不是普通商品，它既具有商品属性，也具有社会保障功能。全面的住房商品化在实现住房商品属性的同时却忽略了住房的社会属性，这是对政府应有社会责任的推托，也必将造成住房建设的大量资源浪费。无论是社会主义国家，还是西方发达资本主义国家，在住房建设上始终都有政府公共住房参与社会住房供应、调节居民住房需求。因此，我们必须加强公租房建设和廉租房建设。公租房只租不售，面向所有公共管理部门和所有企事业单位在当地工作以及在当地经商居住的无住房居民，租金价格略低于或基本等同于市场住房租金价格；廉租房面积较小，也是只租不售，租金价格较低，但只针对当地没有住房的低收入者家庭。

此外，还要合理安排，因地制宜地完善县域城镇化发展的科学规划，以县城为中心，建设一个基础设施完善、功能健全、区位优势明显的中心镇，逐渐完成产业整合，形成经济聚集的增长极，为整个县域经济中其他产业的发展提供保障。要坚持改革，完成包括户籍制度、金融制度、社会保障制度和医疗保险制度等在内的相关制度的变迁，平衡社会资源，完善城镇服务体系。整套社会服务保障体系的健全，有利于促进县城城镇二三产业对农业剩余劳动人口的稳定吸纳，并最终保证农村劳动人口的"市民化"，加速城乡融合。要加强城镇教育体系的完善。义务教育和职业培训，是改善县域城镇人力资源整体知识水平低的现状的有效途径，也是农业现代化建设的一个关键。要在继续普及农村基础教育，提升农村青少年整体素质的同时，持续加大成人教育和职业培训的投入，使得无论在长期还是短期，城镇中都有适当的人力资本流入。如此，中国的城镇化进程必将以更快的速度和规模全面展开，新型城镇化的目标也将在自由和谐中顺利实现。

9.6 加快农业现代化进程

农业现代化是县域经济工业化和城镇化发展的基础，同时也是信息化融合发展成果的应用领域。现阶段东北地区的县域经济的现代农业发展还是比较单一的，与工业化、信息化和城镇化的协调互动尚不明显。实现农业现代化，是"四化同步"发展的客观要求，也是经济社会稳定发展的保障。黑龙江省、吉林省以及辽宁省作为传统农业大省，要完成农业现代化的发展必须以"富民强县"为发展重点，以提高农民收入为核心，以改善农民财产性收入和转移性收入的方式为拓宽农民收入的途径。此外，还需要大力发展新型农村合作经济组织，实现农民土地股份制合作，完成适合东北地区现状的农村耕地集中化、规模化，大力发展东北地区的规模化集约化。

9.6.1 转变农业发展方式

转变农业发展方式，尽快从主要追求产量和依赖资源消耗的粗放经营转向质量和效益并重、注重提高农业竞争力、注重农业科技创新、注重可持续发展，走产出高效、产品安全、资源节约、环境友好的现代农业发展道路。

（1）必须加强科技投入，大力改善基础设施建设。一方面，必须加强科技投入，大力改善基础设施建设，保障农业现代化的软、硬件支持。持续推进农业产业化发展，优化重整农产品生产的产业链，完善农产品的物流配送体系，建设农产品精深加工基地，规范农产品批发零售市场，使农产品的种植生产、加工配送、销售服务一体化。另一方面，农业现代化其核心就是农业生产的科技化、信息化，先进的农业科学技术，是提高农业生产效率、改善农产品质量、降低资源能耗的有效保障。因此，只有加大对农业方面的人力和资金投入，才能满足农业现代化的软件需求，保持对农田水利建设专项资金的投入力度，改善农业生产的硬件条件。

（2）逐渐改善县域农业现代化的生产模式。以精密的智能化控制的耕种灌溉技术替代人工机械化的耕作，以完善的信息化服务体系来预知农业市场的风险，以多种生产营销模式相结合的方法来拓宽农产品的市场销路，例如发展与当地城镇化水平相协调的观光农业、城郊农业、旅游农业等，充分发掘农业的发展潜力。

（3）加大教育投入，提高农民的文化素质。农业现代化终究需要农民综合素质的提高，农民是农业的直接参与者和主要建设人，需要掌握农业技术知识、现代管理理念、市场运行规律等理论。只有农民整体文化水平提高了，才能彻底实现农业的现代化。所以，要大力改进农村地区的基础教育条件，完善职业技能培训体系，提高乡村成人教育水平。

9.6.2 保障国家粮食安全，促进农村一二三产业融合发展

东北地区是国家最重要的商品粮基地，保障国家粮食安全和主要农产品有效供给是东北地区发展现代农业的首要任务。要落实国家粮食安全战略，以确保谷物基本自给，口粮绝对安全为目标，提高粮食综合生产能力。坚持严格的耕地保护制度，坚持耕地红线，完善耕地占补平衡制度，全面推进建设占用耕地耕作层剥离再利用。实施耕地质量保护与提升行动，加强地力建设，强化东北黑土地保护和科学利用。在东北地区建立粮食生产功能区和重要农产品生产保护区，支持粮食生产区建设粮食生产核心区，完善利益补偿机制。

大力发展农业产业化经营，鼓励农民通过合作与联合方式发展规模种养业，积极发展农产品精深加工业和农业生产性服务业，以加快农业产业链和价值链建设，延伸产业链，提升价值链，推动农村一二三产业融合发展。建立和完善多种形式的利益联结机制，培育融合主体，创新融合方式，让农民更多地分享增值收益，拓宽农民增收渠道。拓展农业多种功能，推进农业与旅游休闲、教育文化、健康养生等深度融合，发展观光农业、体验农业、创意农业等新业态。

9.6.3 深化农村各项改革，完善发展现代农业的政策支持

继续深化土地承保经营制度改革，稳定农村土地承包关系，落实集体所有权，稳定农户承包权，放活土地经营权，完善"三权分置"办法，依法推进土地经营权有序流动。完善强农惠农富农政策，提高农业支持保护效能。建立农业农村投入稳定增长机制，优化财政支农支出结构，创新涉农资金投入方式和运行机制，推进资金整合统筹，提高农业补贴政策效能。完善补贴方式，逐步扩大

"绿箱"补贴规模和范围，调整改进"黄箱"政策。完善农机具购置补贴政策，向种粮农民、新型经营主体、生产区倾斜。建立耕地保护补偿制度，建立土地复垦激励约束机制。完善农产品价格和收储机制，健全农产品市场调整制度和市场体系，完善稻谷、小麦最低收购价政策，积极稳妥推进玉米价格形成机制和收储制度改革，建立玉米生产者补贴制度，以达到坚持市场化改革和农民利益并重的目的。要发挥各类金融机构支农作用，发展农村普惠金融，完善开发性金融、政策性金融，建设农业的长效机制。建立健全农业政策性信贷担保体系，完善农业保障制度，稳步扩大"保险十期试点"，扩大保险覆盖面，提高保障水平，建立健全农业保险大灾风险分散机制。

9.7　构建支撑"新四化"的现代基础设施网络

9.7.1　完善现代综合交通运输体系

坚持网络布局、智能化管理、综合服务、绿色发展，完善现代综合交通运输体系，建设国内国际互联互通、城乡覆盖广泛、枢纽节点功能提高的综合交通运输体系，以及综合高效的交通服务。

建设东西向、南北、东向的综合交通走廊，加强通道建设，建成东北对外交通走廊。建设优质快速网络，加快发展高速铁路网，完善国家公路网，合理建设地方公路，增强枢纽、支线机场功能。

完善覆盖面广的基本网络，加快东北地区铁路建设，推进省级公路质量提高和瓶颈路段建设，提高边境和内陆水运设施专业化水平，加强农村公路网建设，推进油气管道区域互联。完善邮政网络服务，加强快递基础设施建设，建设现代化、高效的城际交通。大力发展城镇区际铁路和城市（郊区）铁路，鼓励利用现有铁路运营城际列车，形成多层次轨道交通主干网。优先发展公共交通，加快发展城市轨道交通、快速公交等大容量公共交通，鼓励绿色旅游，促进互联网预订等定制交通发展，加强城市中心与公路的快速接触。加强城市停车设施建设，加强邮政、快递网络终端建设。

9.7.2　建设国际性综合交通枢纽

建设国际综合交通枢纽，提高国家、地区综合交通枢纽水平，加强东北重要铁路、公路枢纽建设，以辽、吉、黑、蒙东为依托，以哈尔滨、沈阳、长春为支点，连接满洲里至港澳台运输大通道、南北沿海运输大通道。推进边境重要港口建设，增加中心内外的辐射能力。完善枢纽综合服务功能，优化过境设施和运输网络，加强零距离客运与货运衔接，实现不同运输方式协调高效。充分发挥交通物流一体化的优势，提高交通物流的整体效率。

重点构建东北对外交通走廊和陆海丝绸之路走廊。建设满洲里—哈尔滨—绥芬河—海参崴高铁，哈尔滨—黑河—布拉格维申斯克高铁；哈尔滨—同江—哈巴罗夫斯克高铁，建设蒙古国乔巴山—内蒙古阿尔山—长春—珲春的中蒙出海大通道，远期阶段，中俄共同建设从中国黑河到布拉戈维申斯克，穿越东西伯利亚山地至白令海峡，经过阿拉斯加连接北美的铁路大通道。把哈尔滨航空港建成中国至北美航空物流最大的枢纽基地和东南亚赴北美的最大中转站，使东北地区成为亚太自贸区的重要节点和合作开发先导区。在产业合作方面，促进产业一体化发展，加强跨境并购重组协调支持，扩大龙头企业，扩大相互投资。建立产业链对接机制，增强区域产业整体竞争力。加快生态环境保护，以水和环境保护为重点，共同加强重点水域河湖管理，提高流域环境污染治理能力，加强生态保护。推进市场一体化，促进资金、人才、技术自由流动，引导产业合理集聚转移，开放国内贸易市场，构建区域统一市场。

9.7.3　建设现代能源体系，构建现代能源储运网络

推动能源结构优化升级。东北地区森林覆盖率较高，又是我国最大的绿色食品生产基地，煤炭消费占终端能源消费的比重较高，资源环境约束问题突出，大气污染形势严峻，加快能源结构调整，增加清洁能源供应迫在眉睫。推动清洁高效发展煤电，实施煤电节能减排，升级改造行动计划。改造提升传统煤化工产业，推进石油炼化转型升级。推进能源输送通道建设，加强从俄罗斯进口石油天然气的东北地区战略通道和配套干线管网建设。建设东北地区电力外送通道，强化东北电网"北电南送，西电东送"500千伏主网架，提高区域电网对区内电力资源优化配置的能力。加强电力系统调峰能力建设，提高可再生能源消纳能力。推动"互联网+"智慧能源发展。加快智能电网发展，推进智能变电站，智能调度系统建设。

9.8　加大对资源型城市（地区）可持续发展支持力度

9.8.1　改革和完善经济所有制结构，拓宽经济发展外向度

东北地区资源型城市多，资源型产业多。辽宁省 14 个地级城市中有 5 个资源型城市。黑龙江省 13 个地级市中有 7 个资源型城市，吉林省 9 个地级市中有 3 个资源型城市。绝大部分资源型城市是煤城，大庆是油城，伊春属于林区城市，大部分煤城都面临资源枯竭问题，大庆也面临油气减产，伊春等中小城市由于国家落实大小兴安岭林区和长白山林区生态保护，禁止伐木，林业工人转型为营林、造林，发展林下经济等。国家高度重视东北地区资源型城市转型问题，中央财政继续安排财政性转移支付支持资源枯竭城市解决历史遗留问题，鼓励地方设立资源型城市接续替代产业投资基金，加快研究支持资源枯竭城市转型的后续政策措施。

制度机制是制约资源型城市可持续发展的重要因素。在传统资源型城市发展过程中，所有制结构极为单一，全民所有制经济比重过大，导致民营经济等非公有制经济发展缓慢，整个资源型城市的经济发展缺乏内在动力。这种所有制结构在市场经济条件下表现出越来越多的弊端，其适应性严重不足。因此，单一所有制结构的改革调整和完善是资源型城市可持续发展的迫切需要，也是必须解决的问题。要从以下几个方面入手，有计划、有步骤地推进资源型城市合理、完善的所有制结构。一是转变单一国有经济所有制结构，积极建立和完善公有制为主、多元所有制共同发展的所有制结构。加强私营经济等非公有制经济的培育和发展，使之成为促进资源型城市经济发展的重要组成部分，甚至成为促进资源型城市经济增长的主要经济组成部分。二是建立和完善现代企业制度。一方面，对于资源型大企业，要通过政府和社会的力量，积极进行企业转型，全面推向市场，使之成为社会主义市场经济的主体。同时，完善公司治理结构，建立责任明确、所有权明确、流程畅通、保护严格的现代企业产权制度。另一方面，加快自由化步伐，加快中小企业改革步伐，实行多种形式的重组、合并、租赁、承包、合

资、破产、股份制。实现生产要素的合理流动和资源的优化配置，打破过去存在的僵化体制，最终促进产业结构的合理有效调整，调动资源型城市经济发展的活力。

对外开放可以大大提高一个国家或地区的经济发展速度。资源型城市开放尤为迫切。资源型城市在高度计划经济体制下发展壮大，与其他城市相比，其发展环境相对封闭，形成了相对落后的开放体系和开放理念。在这种情况下，再加上自身产业的特殊性，资源型城市在长期发展的过程中，自我积累程度降低，自我发展能力十分薄弱。资源型城市不能靠自身的封闭发展实现快速发展和可持续发展。因此，发展资源型城市的第一个战略是实施外向型战略。当前，世界各国和各地区都深刻认识到开放的重要性和其带来的巨大社会经济效益。因此，吸引外资的竞争也越发激烈。这就要求资源型城市努力创造良好的外商投资环境，积极制定有效的优惠政策，吸引大批外商投资企业的到来，利用外部先进技术和人才，实现自身经济的可持续发展。

9.8.2 通过经济产业结构的调整和优化，发展各具特色的转型模式

鉴于目前以资源为导向的城市经济发展过程中产业结构中的单一矛盾，以及以资源开发和简单加工为基础的单一粗放型产业发展模式所造成的经济衰退，最根本的解决办法是大规模优化资源型城市的产业结构。

（1）与国家和地区的经济结构相协调。

国家的生产力总体布局和产业政策，应当作为区域产业结构调整的重要参照和依据。每个资源型城市和地区都要根据本国国情选择优势产业，结合自身优势，努力实现与国家生产力布局和产业调整的协调，不失自身特色。

（2）利用增量调整来推动产业结构的调整和优化。

应采用增量调整来推动库存的调整和优化，主要是以增量作为突破，实现资源的优化配置。目前正在努力最大限度地扩大现有库存的影响。同时，注重增量调整，通过增量增长培育和发展主导产业，形成合理有效的产业结构。

（3）建立具有区域特点的经济和工业结构。

由于不同资源型城市和地区的资源类型、条件和社会经济发展水平的不同，各地区不可能按照相同的结构模式发展自己的经济。资源型城市和地区应以市场规律为导向，以经济效益为目标，通过分析比较优势，建立具有地方特色的产业结构体系。

（4）坚持市场需求。

要使企业市场主体功能发挥得淋漓尽致。作为市场主体，在市场竞争中，为了生存和发展，提高产品的市场占有份额，才能立于不败之地。突破地区限制，实现生产要素在国家和地区之间的流动是必然的趋势。因此，政府应制定一系列相关政策，正确引导和规范，大力推动和鼓励企业开展区域间联盟、重组和兼并。资源型城市可持续发展的重要途径是发展新型产业和接续替代产业。产业结构调整的一个重要组成部分是需要在城市中选择一个或多个主导产业。当前，大多资源型城市的主导产业是传统产业，这种局面在短期内还无法得到根本性改变。这种情况就要求资源型城市和地区不能全盘否定地抛弃原有产业，正确的做法是从自身实际出发，通过对传统产业进行改造和提升，使传统产业的基础性地位得到进一步巩固和提高，将传统产业的巨大潜力充分挖掘出来。同时，加快发展新兴和替代产业，这是资源型城市尤其是资源枯竭型城市可持续发展的大势所趋。通过对原有资源产业链条进行延伸，做好原材料的精深加工和能源的综合利用，提高资源综合开发程度，获取更大经济效益。通过积极引进学习和消化吸收新技术，大力发展新兴产业和替代产业。

9.8.3　加快再城镇化进程，培育新的经济增长点

受传统计划经济的长期影响，资源型城市存在着城市功能和企业功能的双重功能。这两套职能职责不明确，分工不明确。这也会导致资源型城市建设规划不足，城市基础设施落后，社会服务功能薄弱。要改变现状，有几件事需要做。首先，要坚持以人为本的核心思想，从实际生产生活出发，科学规划城市布局，严格划分生活区和生产区，并区分城市中的企业和政府职能。在基础设施建设的过程中，要尽力体现以人为本的思想。其次，加大城市基础设施建设的人力物力投入，提高生产区内道路、住宅、供水、电力等落后设施的地位。再次，树立城市建设新理念，积极鼓励私营经济等非公有制经济参与资源型城市基础设施建设。最后，大型资源型企业的社会功能完全由城市管理，可以大大减轻企业负担，提高生产效率，同时直接提高城市的社会服务能力，更好地加快资源型城市的再城镇化进程。

资源型城市经济衰退的主要原因是增长率下降，资源型城市缺乏新的经济增长点是造成资源型城市经济衰退的主要原因。积极培育新的经济增长点已成为资源型城市发展的迫切任务。

资源型城市经济增长点的培育也应遵循相关原则：第一，要重视与区域产业结构的协调。新经济增长点的选择不仅取决于政府的政策取向和主观假设，而且在很大程度上取决于地区产业结构的划分。第二，重视特色经济的发展。资源型城市发展的特殊性决定了资源本身对城市的影响很大，也在一定程度上决定了资源产业生产要素的结构。因此，资源型城市在选择新的经济增长点时，应优先发展能够充分发挥区域优势的特色产业，充分发挥地方比较优势。在坚持上述原则的前提下，我们可以采取各种措施来培育资源型城市的经济增长点。

（1）着力抓好项目建设为可持续发展培育发展动力。

资源型城市建设是资源型城市产业结构调整和新经济增长点培育的重要载体。因此，资源型城市要努力组织规划一批大型好项目。同时，要认真组织和实施建设，以项目带动经济发展，以项目带动城市产业结构的调整和升级。一方面，资源型城市要充分利用本地区大型企业的人才和技术优势，不断加大企业技术创新改造力度，努力开发和研究越来越多的新项目。另一方面，加强对外交流与合作，必须积极开展与国内高校、科研机构的交流与合作，做好项目开发和生产工作。大力做好重点工程前期工作，将工程前期工作的质量提高到新的水平。这是资源型城市调整产业结构、实现可持续发展的最基本、最现实的途径。

（2）建设和发展与区域经济相适应的高新技术产业。

建设和发展符合本地区经济发展条件的高新技术产业，积极培育新的经济增长点。充分发挥高新技术产业的经济和技术优势，同时大力推进传统产业技术改造，提高区域整体经济效益和结构水平，以便在新的基础上取得更大的突破。

（3）结构取向与技术取向相结合。

结构调整不仅要调整资源型城市资源产业存量，还要向主导产业和新兴产业注入和运用增量有效的资源，同时也通过培育新的经济增长点，促进产业结构的优化升级和整个经济的增长。资源型城市可以通过直接吸收国内外的新产品、技术和产业，培育新的经济增长点。对于老原材料和老能源基地，一些可以带来高附加值的技术，应适当选择作为其新的经济增长点。尽快从资源导向向结构导向转变，引导资源型城市经济向技术型和加工型转变。

（4）投资发展和支持服务业。

为了使资源型城市经济的产业结构更加合理，促进其经济发展，我们需要积极提高服务业的发展水平，以达到该地区经济发展所需的结构比例，同时，我们也需要及时处理服务业内部新兴产业和传统产业之间的关系。完成资源型城市经济结构调整，是当务之急。改善资源型城市的投资环境和生活环境，有效合理划分区域经济发展中的社会分工，创造良好的投资环境，不但可以提高第一产业和第二产业的劳动生产率，而且对大量的劳动就业问题和人民生活质量的提高具有重要而深远的意义。

9.9　以政策创新为动力助推 "四化" 同步发展

9.9.1　政府战略层面

选择发展东北地区的主导产业，为全省经济转型升级提供动力源泉。选择发展主导产业是一个重要的现实问题，产业结构升级，可以有效地拉动内需，带动产业发展，同时也有利于提高行业的竞争力。目前，电力、交通运输部门和冶金、化工等行业的改革是影响全省经济发展的 "薄弱" 行业。因此，为了选择重点产业的发展，应该优先发展电力行业和交通运输业。只有这些基础产业真正发展了，才能提供更好的条件，为其他行业的发展提供有力保障。东北地区未来的产业发展中，都应当把电力工业和交通运输业作为重点优先发展的主导产业。[①]

（1）财政资金政策。

我国目前的财政资金政策对 "四化" 同步发展促进作用尚未得到有效发挥，因此财政体制改革刻不容缓。首先，应积极筹措资金，重点支持公路、铁路等交通基础设施建设和治污、排污等生态环境工程建设，为 "四化" 同步发展创造良好的发展环境；其次，应加强地方财政对教育的支持力度，尤其是农村教育的支持力度，全面落实农村义务教育经费保障，加强中高等教育，促进高等教育与企业的合作，开展各项技术培训活动，培育高素质人才；再次，应加大农村财政支持力度，推进农村基础设施建设，落实农业优惠政策补贴，支持地区特色农业发展和农村服务支撑平台建设；最后，在合理监督和管理下，提高地方财政自主性。[②]

---

① 荣红霞，郭振. "四化" 协调推进黑龙江省经济结构转型升级的实践模式和政策选择 [J]. 哈尔滨商业大学学报（社会科学版），2015（3）：115-121.

② 荣红霞，郭振，郝泽源. 黑龙江省民营企业科技创新能力及经济转型升级研究 [J]. 金融理论与教学，2015（6）：53-56.

（2）投融资政策。

资金问题是"四化"发展的一大基础问题，资金问题的解决依赖于我国的投资金融体制，而我国的投资金融发展并不能满足"四化"发展的要求，其服务职能并没有得到充分的体现，因此，加快投资金融体制改革迫在眉睫，其中最为关键的是解决好投融资渠道的多样化以及金融资源的配置与效率问题。首先，建立政府、外资、企业、个人等多元化的投资体制，在政府投资的基础上，有计划地运用市场机制开发建设城乡基础设施建设；其次，实行民间投资、吸引外资、企业上市、发行债券、期货等多渠道的融资方式，合理引导资金投向实体经济，有效解决中小企业融资难的问题，为中小企业的发展提供更宽松的政策环境，降低企业的融资成本，加大对农业的金融支持力度，促进农业现代化的发展，同时提高对教育、文化、交通、通信等社会服务的金融效率等。

（3）产业发展政策。

由于我国具有人口众多、劳动力资源较为丰富的特点，应适当鼓励发展劳动密集型产业，解决就业问题，特别是对中小型的手工业、轻工业和服务业等，出台税收减免以及有关审批、融资、信贷、培训等一系列优惠和扶持政策；加快第三产业的发展，进一步完善三产发展环境，落实相关政策和措施，大力挖掘交通、旅游、信息、商品零售等就业潜力，广泛采用新技术、新方法推动城镇现代服务业发展，拓展劳动力就业空间；在城乡规划、产业规划中制定有利于产业集中发展的政策，形成诸如广东的专业镇或重庆、浙江、江苏等地的特色工业园区，避免分散布局，鼓励企业的合并与产业关联发展，以产业集群的形式促进城镇的发展和城市圈经济的发展；在全国产业布局的大前提下实行差异化的地方产业布局政策，例如，在东北地区，充分利用其地域优势和国外市场，大力发展外向型经济，依据其人才优势及资源劣势，大力发展高新技术产业，而在中东北地区，充分发挥其资源优势，大力发展农林牧业、劳动密集型产业和现代装备制造业。

另外，对各个省市地区而言，应明确不同地区发展水平区现状，在共性制度下实施差别化政策，注重区域政策的创新。不同城市的地理位置、资源禀赋和发展能力各不相同，影响"四化"发展的推动因素也存在很大差异，应充分发挥政府的行政职能，实施不同的扶持政策和推动政策，使"四化"的发展充分发挥出其地域优势与特色，走个性化发展的路子。与此同时，不断完善我国各地的人口、土地、金融、社会保障制度以及与之配套的行政体制改革。

9.9.2　具体政策层面

（1）工业化政策。

提升产业集群能力，加快产业整体升级，形成以大企业为主导的产业集群模型结构。产业集群模式，为促进区域经济结构转型升级以及推进城镇化进程中都起到了正向作用。通过产业集群模式使第二产业比例上升，同时有助于促进第三产业的发展，推动良性循环，使产业结构在该地区不断升级，逐步合理化。同时，由于产业集群的带动效应，使农村人口集中的小城镇，必然导致土地价格上涨，提高劳动力成本，也使得各地的偏远地区蔓延导致城镇化周边地区的产业集群。

目前东北地区产业集群的集中度并不高，存在集群竞争力不强的问题。东北地区拥有丰富的劳动力资源，这样可以发展劳动密集型产业集群模式，提升集群的竞争力。

黑龙江省的四大传统产业——能源工业、食品工业、石化工业、装备工业，目前已经具备了一定的产业发展基础，在一定时期内作为重要的支柱产业，发挥着重要作用。这对于传统产业进行技术改造升级，提升技术科技含量；加速黑龙江省工业化进程，推动第二产业结构的合理化发展；对于黑龙江省经济结构转型问题，实现科学与技术，信息技术和升级的产业化；对于相关增值产业提升，提高生产率，减少自然资源的消耗程度都能起到一定的推动作用。可以把食品加工、石油化工及相关产业作为重点选择，对这些传统行业和企业采用高科技创新，实现技术、设备和工艺升级改造。

同时，也要积极重点扶持例如电子信息、新型材料、生物制药等新兴行业的发展进程，提高其产业核心竞争力。东北地区工业化水平与其他地区相比而言相对较低，有必要借助高新技术产业的推动作用实现其后发优势。建立了高新技术产业集群组，积极支持外资新兴行业进入东北地区加强合作交流，大力引进新兴产业的核心技术，学习、交流、吸收、仿真、创新，重点加强这些行业企业的自主创新能力，促进其经济结构转型优化升级。

（2）信息化政策。

充分利用互联网与计算机技术的广泛应用，提升东北地区网络化、数字化进程。应高度重视农业信息化建设，打造绿色农业、特色农业、农业数字化的理念，按照国家和省政府的统一部署，建成农业信息网络平台，开通了农业信息网，并与天气、水、林业和网络连接，形成市、县、乡三级网络体系结构等相关部门。

（3）城镇化政策。

城镇化建设是工业化建设的基础条件，也是扩大内需的核心体现，同时也是经济结构调整的重要手段。着力抓好小城镇、旅游小镇、海滨城镇、新农村建设的典范村和"三优"文明城市建设目标。应初步形成以大城市为中心，城市外围为媒介，以小城镇挂靠城市规划的"金字塔"的形状和建设体系网。应着力把小城镇建设作为推进城镇化的重要手段，重点投资城镇和农垦、林业小城镇。进一步完善公共基础设施的建设，引导农民转移到城镇中去；引导林业职工向林业中心的转移，初步形成小城镇建设的布局。

（4）农业现代化政策。

黑龙江省作为一个农业大省，应充分利用农业自然资源的优势。有关研究结果表明，全省农业结构缺乏合理性，并且农业产业化中科技含量较低。目前，黑龙江省应积极加强优化农业结构，推进现代农业、农业科技的发展，以实现其农业产业化体系。建立农业科研基地，加大政府对农业的投入，提升农业竞争力，但由于现有的农业体系建设行业的问题和缺乏农业龙头企业，R&D 投入之间的合作和沟通是不够的，一般都是农产品的初级加工，缺乏深加工产品。在经济全球化的背景下，显然没有竞争力。因此，黑龙江省应以垦区建设为核心，整合全省农业生产资源及相关业务，形成产业集群，发挥农业生产和发展深加工的农业特色。依托丰富的省科学院高等教育资源，并负责技术研发和农产品的发展，积极培育一批农业龙头企业的竞争力，大力发展农产品的深层次加工，逐渐形成全省各地区自己的优势农业农产品生产基地和业务基地，以应对其技术引进、消化吸收再创新，形成了一系列新的农业产业链。

建立国家级农业品牌，实现由"大省农业"向"强省农业"的转变，以实现"农业强势崛起"。在保持稳定粮食生产基础上，建立食品、林、牧、渔等一系列农业生产基地，大力扶持产业化经营，提高优质稻种植面积，扩大优质稻生产的产量。

东北地区应大力发展生态农业、高效农业和特色农业。绿色农业、生态农业将是农业可持续发展的方向，应积极倡导以绿色消费和高效生态农业为主的农业发展优势，形成专业化的不同规模的农业生产区，形成农业产业化龙头与领先的农业区企业，提升农业科技，促进工业和商业的发展，并鼓励农产品的出口。对于农产品的出口，应给予更多的优惠政策，吸引更多的投资进入农业产业，提高农业产业化水平。

（5）区域发展政策。

东北地区作为一个资源丰富的省份，不应完全模仿沿海地区的经济结构升级模式，应清醒地意识到沿海以及中国香港的城市发展模式，已经出现了产业空洞化、产业结构不合理并有很强的依赖性的发展模式弊端。东北地区应该依靠自己的比较优势，建立以市场需求为导向，以提高竞争力为目标，着力培育和发展市场前景好、起点高的技术，良好的预期收益是区域经济发展及产业集群的重要因素。

积极支持东北地区率先发展。认真落实促进该区域的经济和社会发展的各项规划和有关政策。实施区域发展总体战略方针，重点发挥各地区的比较优势，有针对性地解决各地区发展中的突出矛盾和重要问题；针对区域经济社会发展差距扩大的趋势，加大协调的力度；重点加快完善公共财政体系建设，促进基本公共服务均等化发展进程。

总之，我们认为，东北地区应采取政府引导方式，通过劳动密集型产业的发展，承接产业转移，利用产业空间转移，形成价值链的跨区域分工，整合不同的比较优势地区，建立本地价值链分工的基础系统，逐步形成人才、技术和品牌优势，利用大企业的核心技术，形成先进分子，最终建立自己主导的价值分工体系的竞技模式。

第 10 章　东北地区"四化"同步推进产业结构优化升级的对策

通过"四化"自身发展和"四化"同步推进角度研究如何为"四化"同步推进东北地区产业结构优化升级构筑实现路径，并且从 8 个方面进行了论述。本章主要结合东北地区自身的优势，通过"四化"中相关联"两化"之间在融合或互动协调过程，寻求实现东北地区产业结构优化升级的实施对策。

10.1　新型工业化与信息化深度融合推进产业结构优化升级的对策

10.1.1　拓宽"两化"融合支撑能力和服务水平

信息产业是支撑"两化"融合发展的"装备部门"，信息产业的技术水平和创新能力影响"两化"融合的进程、深度和广度。

（1）政府应做好信息化与工业化相互融合的评估与服务工作。

国家已经成立了工业和信息化部，各省市都有工信委和工信局。政府主管部门需要对重点行业和重点地区的企业进行筛选，有针对性地选择一批最具潜力的工业，实行信息化深度融合，同时对新成立的企业要给予更多的关于进行信息化融合的指导与政策支持，为有进行"两化"深度融合意愿的企业提供咨询服务。政府支持相对独立的第三方机构为开展"两化"融合的中小企业提供咨询、业务指导，提高"两化"融合的效率，真正实现国家政策、社会投资需求与企业等多方主体的需求匹配。

（2）大力发展工业电子和软件。

一是要依托科技重大专项和技术改造，对东北地区有潜力的传统企业，推进其在信息技术与传统工业技术间的协同创新，尤其是加快汽车电子、船舶电子、机床电子等行业产品的开发和产业化。二是要大力发展高档数控系统、制造执行系统、工业控制系统、大型管理软件等工业软件，尽快实现工业软件国产化，提高国产工业软件、行业应用解决方案的市场竞争力。三是要组织开展重点行业、工业控制系统安全评估，建立重点产业工业控制系统安全预警和应急机制。如在采煤、化工、电网、供水、油气的生产、仓储安全等领域，运用信息技术建立工业控制系统，全面提高安全生产水平。

（3）提升一般工业产品的智能化水平。

一是要以数字化、智能化、网络化自动控制系统和装备为重点，支持关键智能基础共性技术、核心智能测控装置与部件以及重大智能制造集成装备等领域的技术突破，提高东北地区制造业重大技术装备自动化成套能力。二是要在重点行业推广具有自主知识产权的智能仪表、自动控制系统及关键执行和传动基础零部件以及大型成套流程型制造装备和离散型制造装备，加快推进智能装备产业技术与应用的协同发展。

（4）推动信息化与生产性服务业融合发展。

现代生产性服务业是高端制造产业的重要基础和支撑。推动大型工业企业基于供应链管理的电子商务协同应用，推动行业第三方电子商务服务平台向全流程电子商务服务升级。围绕研发设计、第三方物流、融资租赁、信息技术服务、节能环保服务、检验检测、商务咨询、工程咨询、法律会计、售后服务、人才服务、现代保险、信用评级等影响力大、带动作用强的生产性服务重点领域，加强与信息化融合，切实提高专业化水平，引领制造业向价值链高端提升。要做到：一是提升产业创新能力。在重视市场创新、经营模式、用户新需求的前提下，加强生产制造前端的研发设计。二是促进生产制造与服务融合，提高劳动生产率和资源配置效率，尽快将产业融合提升到一个新水平。三是改善售后服务。大力发展专业维护维修，积极发展附加值高的售后服务新业态，不断提高用户满意度，更深入了解用户新需求。四是增强产业发展，通过信息化提高企业服务水平，提升了产业技术知识含量，增强了制造业核心竞争力。

10.1.2 在"两化"融合中推广工业网络化生产新模式，培育平台化服务新业态

（1）在信息化下推广工业网络化生产新模式。

发挥东北老工业基地优势，加快机械、船舶、汽车、家电等离散行业生产装备智能化改造，推动全面感知、设备互联、数据集成、智能管控，促进生产过程的精准化、柔性化、敏捷化。加强石油化工、钢铁、有色、建材等流程行业先进过程控制和制造执行系统的全面部署和优化升级，推进能源管理中心建设，实现生产过程的集约高效、动态优化、安全可靠和绿色低碳。推进工业网络协同制造生产新模式，加快网络、控制系统、管理软件和数据平台的纵向集成，促进研发设计、智能装备、生产制造、检验验证、经营管理、市场营销等环节的无缝衔接和综合集成，实现全流程信息共享和业务协同。推动企业间研发设计、客户关系管理、供应链管理和营销服务等系统的横向集成，推进协同制造平台建设，提升产业链上下游企业间设计、制造、商务和资源协同能力。

工业化推广个性化定制。推动家电、家具、服装、家纺、建材家居等行业发展动态感知、实时响应消费需求的大规模个性化定制模式。鼓励飞机、船舶等行业提升高端产品和装备模块化设计、柔性化制造、定制化服务能力。支持发展面向中小企业的工业设计、模具开发和产品定制等在线服务，培育"互联网+"工业化与柔性制造系统下的新型手工作坊个性化定制等模式。在信息化下发展服务型制造业。积极发展工业设计，推动国家级和省级工业设计中心建设，不断提高面向产品、工艺和服务的自主创新设计能力。鼓励有条件的企业从主要提供产品向提供产品和服务转变。引导轨道交通装备、海洋工程装备、能源电力装备等行业拓展总集成总承包、交钥匙工程和租赁外包等新业务，提高为用户提供专业化系统解决方案能力。推动制造企业开展信息技术、物流、金融等服务业务剥离重组，鼓励合同能源管理、产品回收和再制造、排污权交易、碳交易等专业服务网络化发展。

（2）在"两化"融合中培育平台化服务新业态，推动产业价值链向高端跃升。

应培育基于互联网的产品服务。围绕提升智能产品在线服务能力，推动数字内容、电子商务、应用服务等业务资源整合，培育智慧家庭、智能家电、智能穿戴等领域的服务新业态。以有利于通过新的消费需求来推动供给体系质量的提升。深化物联网标识解析、工业云服务、工业大数据分析等在重点行业的应用，

支持食品、药品、危险品、特种设备、绿色建材等行业发展基于产品全生命周期的追溯监管、质量控制等服务新模式,综合运用物联标准网、网络通信、数据分析等技术跟踪和追溯产品在生产、加工、流通、销售等各责任主体及质量安全相关信息。构建智能监测监管体系,支持机械、汽车等行业发展产品在线维护、远程运维、智能供应链、协同研发等服务新业态。大力发展工业电子商务。引导大型制造企业采购销售平台向行业电子商务平台转型,提高企业供应链协同水平。引导第三方工业电子商务平台向网上交易、加工配送、技术服务、支付结算、供应链金融、大数据分析等综合服务延伸,提升平台运营服务能力。鼓励发展跨境工业电子商务,完善通关、检验检疫、结汇、退税等关键环节"单一窗口"综合服务体系。推动建设集信息发布、在线交易、数据分析、跟踪追溯等功能为一体的智能物流平台,提高面向工业领域供应链协同需求的物流响应能力。

10.1.3 深化信息技术集成应用,发展智能制造

智能制造是基于新一代信息技术的工业设计、生产、管理服务等制造活动各个环节中,具有信息深度自感知、智慧化自决策、精准控制自执行等功能的先进制造过程、系统及模式总称。

(1)构建支撑智能硬件产业化发展的技术体系。推动低功耗 CPU、高精度传感器、新型显示器件、轻量级操作系统等智能产业共性关键技术攻关,促进创新成果快速转化。支持重点领域智能产品、集成开发平台和解决方案的研发和产业化,支持虚拟现实、人工智能核心技术突破以及产品与应用创新。发展智能汽车、智慧医疗器械、智慧交通、智能建材家居等新型智能产品的测试验证环境、示范运行场景和基础数据平台,提升检测认证公共服务能力。做强智能制造关键技术装备,加快推动高档数控机床、工业机器人,增加制造装备、智能检测与装配装备、智能物流与仓储系统装备等关键技术装备的工程应用和产业化。优先支持航空航天、海洋工程、新材料等重点领域智能制造成套装备的研发和产业化,加快传统制造业生产设备的数字化、网络化和智能化改造。

(2)深化信息技术集成。加强传感器关键技术研发和产业化发展,提升传感器智能化、微型化和集成化技术水平。突破工业控制系统中核心芯片、伺服电机、驱动器、现场总线、工业以太网等关键器件和技术的发展瓶颈,加快推动可编程逻辑控制器、分布式控制系统、工控机系统以及数据采集与监视控制系统等的研发和产业化。加快工艺过程控制、特殊控制模块等核心芯片产业化,推进相

关领域嵌入式处理器的研发和规模应用。

（3）发展核心工业软硬件。突破虚拟仿真、人机交互、系统自治等关键共性技术发展瓶颈，夯实核心驱动控制软件、实时数据库、嵌入式系统等产业基础。提升计算机辅助设计与仿真、制造执行系统、企业资源计划、供应链管理、客户关系管理、产品全生命周期管理等系统软件的研发和产业化能力，加强软件定义和支撑制造业的基础性作用。支持信息物理系统（CPS）关键技术、网络、平台、应用环境的兼容适配、互联互通和互操作测试验证，推动工业软硬件与工业大数据平台、工业互联网、工业信息安全系统和智能装备的集成应用。

（4）提升工业云与大数据服务能力。围绕智能装备接入工业云的数据采集、网络连接和调度管理等重点环节，突破通信协议、数据接口、数据分析等关键技术，提升工业云平台系统解决方案供给能力。创新工业云服务内容与模式，推动工业设计模型、数字化模具、产品和装备维护知识库等制造资源集聚、开放和共享，鼓励培育基于工业云的新型生产组织模式。加快基于接口协议开放、数据全面集成、行业应用模型和开发工具共享的工业数据服务平台研发和推广应用，推动大数据在工业设计、生产制造、售后服务等产品全生命周期的应用，形成一批工业大数据解决方案，构建以新型工业操作系统和工业 APP 架构为核心的智能服务生态。

（5）推动工业互联网建设。提升宽带网络能力，积极部署全光网，推进 5G规模试验网建设和试商用进程。以下一代互联网示范城市、LTEv6 工程为抓手，推动 IPv6 在物联网、移动互联网中的应用。持续优化互联网骨干网，实现国内骨干直联点与交换中心协同发展，扩大内容分发网络覆盖范围，提升内容分发能力。推动工业互联网创新发展，开展工业互联网技术试验验证、工业互联网标识解析系统建设、工业互联网 IPv6 应用部署、工业互联网管理支撑平台等工作。加快推进工业以太网、短距离无线通信、4G/5G 等新一代工业互联网设备、技术研发与产业化。研究制定工业互联网网络安全防护标准，加强工业互联网网络安全技术手段建设，建立健全工业互联网网络安全保障体系。

逐步完善工业信息安全保障体系。围绕工控安全监管和企业工控安全防护水平提升，健全政策标准体系，研制工控安全审查、分级评估、智能产品关键信息安全标准及其验证平台。支持国家工业信息安全信息采集报送、在线监测以及测试、评估、验证等平台建设，加快形成工业信息安全信息采集、分析、评估和通报工作体系，建立工业信息安全监管体系。支持研发工业信息系统、产品检测技术和工具，开展社会化工业信息安全测评服务，提高智能工业产品的漏洞可发现、风险可防范能力，建立工业信息安全技术保障体系。推动企业建立工业信息安全保障工作机制。

10.1.4 实施"互联网+"行动计划推动"两化"融合的深化

（1）构建基于互联网+工业"双创"新体系，激发创业创新活力。

推动大企业"双创"发展。支持大型制造企业建立基于"互联网+工业化"的创业孵化、协同创新、网络众包和投融资等"双创"平台，推动构建基于平台的新型研发、生产、管理和服务模式，激发企业创业创新活力。鼓励大企业面向社会开放平台资源，不断丰富创业孵化、专业咨询、人才培训、检验检测、投融资等服务，促进创新要素集聚发展。围绕打造产业链竞争新优势，推动大企业加强与中小企业的专业分工、服务外包、订单生产等多种形式协作，形成资源富集、创新活跃、高效协同的产业创新集群；引导工业化与信息化融合推进产业结构向平台化、智慧化、生态化方向升级，培育形成低门槛、广覆盖、有活力的"双创"生态系统，促进生产与需求对接、传统产业与新兴产业融合、大企业与中小企业合作。

发展新型工业化与信息化融合的新型研发创新服务，推进产业结构优化升级，加快制造业创新中心建设，推动共性和前沿技术研发、转移扩散和首次商业化应用，打造贯穿创新链、产业链的创新生态系统。推动检验检测、测试认证、知识产权、技术交易等专业研发服务的在线化和平台化，促进研发成果转化和市场拓展。加强产学研合作，利用移动互联网、云计算、大数据等新一代信息技术及平台，发展虚拟在线、敏捷高效、按需供给的新型研发服务。

（2）发展现代互联网产业体系，推动"两化"融合。

"十三五"规划纲要提出实施"互联网+"行动计划，促进互联网深度广泛应用，带动生产组织方式变革，拓宽两化融合范围。一是加强"互联网+"新型应用基础设施建设，实施云计算工程，支持云服务平台建设，布局云计算大数据中心，推动制造业及金融现代物流等行业应用服务；实施物联网重大应用示范工程，利用物联网技术改造提升传统产业。二是加快推进基于互联网的各类创新培育，建立"互联网+"生态体系，以重大工程为抓手，在制造业、能源、交通、物流和农产品加工等重点领域，扶持培育骨干企业，充分发挥互联网在要素配置中的优化集成作用，促进工业、农业的质量和效率的提升，加快推动产业转型升级。三是放宽"两化"融合性产品和服务及市场推入机制，最大限度地减少事前准入限制，破除行业壁垒，规范并营造宽松包容发展环境。

（3）以大数据产业发展推动"两化"融合。

大数据的真正价值在数据分析和挖掘。对于巨量的数据，只有通过不断地加工、挖掘，才能推动数据资源共享开放和开发应用。大数据的出现推动了信息产业的发展。在"两化"深度融合背景下，推进产业数据化，发展工业大数据、新兴产业大数据、创业创新大数据，深化大数据在具体领域的创新应用，进而促进商业模式与服务业态创新，有利于推进产业价值链升级，有利于推进大数据与移动互联网、物联网、云计算的融合发展，也有利于推进数据产业化，形成安全可靠的大数据技术标准体系、健全的大数据产品体系和大数据产业公共服务支撑体系，进而通过大数据产业发展带动"两化"深度融合。

10.1.5　不断完善推动"两化"深度融合的政策和引导体系

"两化"融合发展需要信息产业发展的支撑，我国信息产业规模已位居世界前列，在一系列产品上也取得了重大突破，但核心技术和核心设备研究的生产能力偏弱。互联网基础设施的五大核心技术领域，即数据库技术、高性能计算机、操作系统、网络交换技术和信息资源库全部被国外巨头垄断。集成电路、芯片制造装备大部分依赖进口。这种局面制约了"两化"融合发展的国际竞争力的提升。东北地区推动"两化"深度融合，从政策层面：一是要加强核心的技术研发和标准建设，加大对核心技术和关键产品投入力度。通过进一步加大"863""973""科技重大专项"等对部分核心技术和关键产品的支持力度，打破核心技术和关键产品受制于人的局面。利用我国市场规模大的优势，积极推进标准化战略，鼓励产业界和用户更加积极地采用自主创新成果，通过巨大的国内市场带动芯制造等核心技术和新兴产业发展。二是要支持智慧型城市建设，推动"两化"融合。国家在 2013 年就把 90 个城市（区、镇）作为首批智慧城市试点，在 90 个试点城市中黑、吉、辽三省共有 7 个。今后还要增加试点城市数量，通过试点城市的发展，为工业化和信息化融合发展提供新的载体，通过国家发改委、工信部、住房和城乡建设部三部委联合进行政策支持将"两化"融合发展融入到智慧城市发展建设中，将"两化"融合发展与城镇化结合起来。三是要加快发展和完善行业信息化服务体系。加快建设一批主体多元化、服务便捷化、机制多样化的区域"两化"融合进服务中心。组织实施企业信息技术服务业务剥离重组示范工程，提升面向产业链和产业集群的行业信息化解决方案的提供能力和水平。通过引导资金、财政贴息、税收优惠等形式，支持面向地方产业集群发展的信息化技术和服务平台建设。四是要组织开展典型示范和行业评估工作。鼓励和支持地方树立示范企业，建立新型工业化和信息化深度融合试验区，积极推进区域开展"两化"融合评估工作。

10.2 新型工业化与城镇化良性互动推进产业结构优化升级的对策

工业化和城镇化的互动发展是产业结构优化升级的重要动因。就城镇化与工业化良性互动而言，两者是一种相互促进、相互依赖的互动发展关系。工业化是城镇化发展的推进动力，城镇化是工业化发展的空间延展；工业化是城镇化发展的重要手段，城镇化是工业化发展的基本保障；工业化是城镇化发展的内在要求，城镇化是工业化发展的空间载体。

10.2.1 科学推进产业集群发展加快产业结构优化升级

在现代经济的产业结构调整过程中，工业扮演着主导角色。东北产业结构中带有强烈的工业化超前发展特征。由于东北产业结构受制于工业，依托资源发展的重工业、传统工业比重较高，导致工业对整个产业结构升级的带动作用较弱。例如，东北是国家通用和专业设备、交通运输设备、航空制造等高加工度的装备工业基地，但目前落后于国内其他省市。以黑龙江省为例，工业化水平低带来生产性服务业滞后，与产业结构的发展模式没有紧密结合，工业化与城镇化互动性不强，城镇化发展没有融入工业化进程，产业相对分散。东北地区在供给侧结构调整下应该抓住机遇，加快转变经济发展方式，构建科学的"城镇化"与"工业化"融合的产业集群新体系，推进新型产业结构优化升级。

在城镇化的建设中，以工业化带动城镇化发展是各国普遍存在的规律，如何利用产业发展带动城镇化发展显得尤为重要。东北地区经济的结构不均衡、产业结构单一问题凸显，传统产业失去竞争优势、新兴产业缺失，导致东北地区经济无法找到新的经济"增长点"。在新常态背景下，产业集群是产业发展到一定阶段的规律，尤其是对东北地区城镇化尚未得到充分发展而言，通过科学构建"城镇化"与"工业化"融合的产业集群新体系，打造东北"再工业化"发展道路，彻底摆脱传统的高投入、高消耗、高污染、低效益、低产出的发展模式，从产业集群发展要素角度全方位转型，长期性、系统性、科学性构建"工业化"与"城镇化"相融合的"产业集群"，即由主要依靠第二产业转向三大产业协调发展；以工业化带动城镇化发展；加快现代生产性服务业和生活性服务业发展；为工业化中的现代制造业发展和城镇化中的农业人口转移拓展空间，促进产业结构与产业集群更替转移；由资源型比较优势转向集群型、高技术型产业优势，加快发展先进制造和战略性新兴产业，完善现代产业体系，为产业集群高度化发展提供支撑；自主创新驱动"工业化"与"城镇化"融合的"新型产业集群"，做大做强主导产业集群发展，提高东北地区产业核心竞争力和国际竞争力；由各自为政的行政属地化转向区域经济一体化发展，建立区域合作机制，借助产业集群的调整机会可以促进农村人口向城市转移，在产业集群地域建立"新城镇"，一方面促进工业化的资源要素的整合流动，另一方面也形成区域协调发展的新城镇化格局，最终实现"产城互促""以产兴城""产城融合"的新型产业结构优化升级。

10.2.2 重点发展高新技术产业和现代服务业，加快建设"两化融合"新型产业基地

从东北产业结构演进及结构状况分析，东北已经进入工业化中后期阶段，目前应该由高加工度向技术集约化转换升级。但从具有高加工度的装备制造业和高技术产业的发展情况看，东北工业结构向高技术化、高端化发展严重滞后。高技术产业所占比重是产业结构高级化和工业化发展阶段的重要标志之一。东北高新技术产业增长迟缓，产业结构高技术化程度不及全国平均一半的水平。同时，由于地域资源和产业发展历史相似，因此东北三省存在较强的产业结构同构性。加快东北地区产业结构优化升级，必须从整体区域发展角度确定主导产业以及重点发展的产业基地，建设先进装备制造业、北方精品钢材、现代石化、农产品加工、新型煤化工五大重点产业基地，重点发展高端装备、新能源、新材料、新能源汽车等七大战略性新兴产业。

装备制造业和原材料加工业是东北的两大优势产业，加快工业结构优化升级的重点是推进传统优势产业转型升级。第一，促进省域内和区域间产业整合，以重点产业园区和特色产业基地为载体，推进产业向集群化、规模化、高端化发

展，形成特色突出，具有自主技术、规模实力和竞争力的新兴产业基地；第二，加强区域间重点项目和重点产业的研发合作，尤其是增强装备制造业的研发设计、系统集成和设备成套能力，鼓励建立区域性技术研发战略联盟，攻克和掌握核心关键技术，加强区域性科技创新公共平台建设，提高区域产业整体创新能力。

加快培育和发展战略性新兴产业，对东北产业结构优化升级具有重大引领带动作用，关键是如何在新兴产业发展过程中，实现区域的分工协作、各有侧重、优势互补、良性竞争。第一，选择和确定进行区域合作的重点领域，如高端装备制造业、新能源和新材料等产业，这些产业既是三省共有的优势产业，同时也是市场前景广阔的领域；第二，加强区域协调和宏观指导，如运用区域协调机制，协商落实新兴产业规划，协商制定区域一体化产业发展政策，建立产业协作和配套服务化体系，促进新兴产业在区域内实现纵向和横向分工，优化资源配置，形成区域整体合力。

加快发展现代服务业是城镇化进程中东北地区产业结构调整的战略重点，对于增加就业、提高居民收入、完善现代产业体系，促进社会发展具有重要作用。第一，加快发展生产性服务业，重点发展现代物流服务业、高技术服务业、科技支撑服务业、商务服务业、金融服务业等；第二，大力发展生活性服务业，重点发展商贸、家政服务、旅游、文化和体育等服务业。

10.2.3 建立和完善工业化和城镇化制度体系，推进产业结构优化升级

在工业化和城镇化的发展过程中，由于市场的推动，使工业化总是滞后于城镇化，在产业结构方面由于东北的资源禀赋和区域文化存在较强的相似性导致产品结构具有一定的同质性和趋同性。体制环境和产业趋同在很大程度上影响了东北区域协调发展和产业结构的优化升级。因此，在工业化和城镇化的发展过程中一定需要建立完善的制度体系以推进产业结构优化升级。

工业化的政策体系包括产业的规划、利用税收等杠杆促进网络产业结构升级优化，鼓励科研创新与产业融合以通过能源支撑体系、现代交通运输以及人力资源支撑等体系促进产业发展；建立小微企业扶植政策和自主创新奖励基金政策，保障产业结构升级优化有资金保障和制度保障。城镇化的发展政策体系包括户籍制度的改革、社会福利保障制度的完善、投融资体制的形成发展等。工业化政策

体系与城镇化的政策体系中存在部分交叉的内容。通过工业化与城镇化交叉可以建立相互协调的制度体系。首先，在户籍制度方面通过工业化的发展需要新增就业人员，而就业人员如果是长期在城市务工的农民应该给予特殊的户籍或者居住证制度，使农民工成为在工业化建设中实现就业与户籍制度的融合；其次，工业化建设过程中人力资源的发展与城镇化进程中劳动力就业制度相结合，有针对性地培训技能型劳动力；最后，建立健全社会保障制度，实现社会保障体系城乡全覆盖，将有力促进工业化与城镇化协调互动。有关部门应为加入城镇的居民提供及时、有效的养老、医疗、子女教育等公共服务，为城镇化中的新成员提供同等待遇。

总体而言，通过深化和完善工业化与城镇化协调发展的制度体系，能够实现工业化与城镇化的同步推进与协调发展。通过工业化与城镇化的相互促进，推进东北地区产业结构优化升级。

10.2.4 "互联网+服务业"背景下实现城镇化与工业化"两轮并进"

"互联网+"代表一种新的经济形态，即充分发挥互联网在生产要素配置中的优化和集成作用，将互联网的创新成果深度融合于经济社会各领域之中，提升实体经济的创新力和生产力，形成更广泛的以互联网为基础设施和实现工具的经济发展新形态。"互联网+服务业"是产业的变革与社会转型，"两轮并进"是指"互联网+城镇化服务业"与工业化中的"互联网+生产性服务业"。目前而言，中国制造"补短板"重在发展生产性服务业，而东北地区产业结构优化就是通过在"互联网+"背景下，实现城镇化服务业与工业化进程中的生产性服务业"两轮"并进发展，实现城镇化与工业化良性互动推进产业结构优化升级。

我国城镇化的发展主要是通过第二产业来推动的，第三产业对我国的城镇化发展贡献甚微。但是，从欧美一些发达国家城镇化发展的经验来看，第三产业尤其是生产性服务业的发展在城镇化过程中同样具有重要的作用。城镇化转型升级，对发展生活性服务业提出新的要求。随着"80后""90后"等新生代社会群体成为主流人群，一方面对城镇服务品质的要求急剧增加，另一方面他们更加倾向于选择在服务业领域而非传统工业领域就业。过去靠重化工业起家的城市如果缺乏服务品质，人口就会流出。东北地区正是由于教育、健康、文化、养老、娱乐等生活性服务业的发展滞后，城镇化滞后于工业化进程的矛盾突出。自20世纪五六十年代以来，进入高收入阶段的国家无一例外地经历了一场向服务经济转型的结构性变革,即服务业的产值和就业贡献在经济社会发展中占据主导地位。"互联网+生产性服务业"是新工业革命时代的核心资源,目前已经有越来越多的企业依靠"互联网+"做强了生产性服务业,从东北地区实际情况来看,在"互联网+服务业"背景下,全面发展城镇服务业,尤其是推动城镇服务业与生产性服务业融合发展是实现产业结构升级的重要举措。

东北地区借助"互联网+服务业"发展机遇可通过以下三种方式实现城镇化与工业化良性互动实现产业结构优化升级:

第一,构建生产性服务业与城镇化服务业互补型融合发展模式。通过引导和推动城镇企业通过管理创新和业务流程再造,逐步将工业企业发展重点集中于技术研发、市场拓展和品牌运作方面,而将一些非核心的生产性服务环节剥离为社会化的专业服务,这样的专业服务可以促进城镇化服务业满足工业化生产性服务。有针对性地吸引国内或国外服务业进入东北地区,将工业化的单纯制造业集聚变为城镇集成制造业与服务功能的产业链集聚。鼓励规模大、信誉度高、服务质量好的企业实施跨地区、跨行业融合兼并重组,促进生产性服务业的集中化、大型化、组织化,建立信息共享平台,健全服务中介体系,鼓励其为广大中小微生产企业服务,实现城镇社会化服务与工业化的生产制造环节的"互补无缝"对接。第二,依托"互联网+服务业",实现生产性服务业与城镇化服务业延伸型融合发展模式。延伸型的融合模式对应的是延伸式的融合过程,一般来说是指生产性服务业对制造业价值链的延伸,这是一种单向式的融合方式,是在同一价值链上游或下游衍生出来的融合方式。"互联网+背景"下,制造企业在产品的生产过程中,随着产品开发及投入的增多,以及客户对于产业多元化的需求,必然会产生很多生产过程中的服务要求。因此,制造业企业可以根据生产过程中的服务要求,重新整合其相关价值链,自然就会将其产业链延伸到生产性服务业中,将生产过程的价值链拉长,在一定程度上辐射了产业链上的其他制造企业及生产性服务业。如此一来,城镇化服务业既能够拓展制造企业的新市场,还能够带动生产性服务业的发展。毫无疑问,这种延伸是基于产品实物的延伸,是基于用户导向的延伸,用户导向的多样化需求,必然使得生产性服务业分工细化,同时也拓展城镇化服务业的服务水平。第三,替补型融合模式。"互联网+服务业"通过大数据、信息网络等渠道可以获取工业化中的生产型服务业信息,因此城镇化服务业可以依托制造业集聚,扩大生产性服务业有效需求,形成支撑产业发展的规模经济和范围经济。按照集聚发展强化辐射的要求,综合考虑城镇建设、交通网络、居住环境、节能环保等社会经济发展趋势等因素，科学合理地划分生产性服务业不同功能区域，以功能区、集聚区建设为载体，实现园区化管理，专业化服务和社会化、市场化运作机制。通过规划布局、政策引导和必要财政支持等，由城镇化服务业替补完成工业化中的生产性服务业区域性集聚，从而达到城镇化与工业化良性互动推进产业结构升级。

10.2.5　拓宽中小城镇与县域经济融合发展思路，为工业化发展提供平台

中小城镇的发展是中国特色城镇化发展的重要方向。中等城镇是指县域，小城镇是指各县域具有一定规模的中心镇。当前，我国的大城市尤其是特大城市发展规模已经相当巨大，形成了世界上罕见的规模。而从城市良性发展角度来看，大城市的发展在带来正外部性时，也会带来诸如交通拥堵、承载能力超负荷等负效应，因此发展中小城镇是我国也是东北地区当前城镇化发展的重点。

东北地区作为老工业基地，中小城镇一直是缓慢或停滞发展，突出表现为人口流出严重。因此在推进以人为核心的城镇化进程中，一方面在推动大中小城市和小城镇协调发展中，一定要保持产业和城镇融合发展；另一方面拓展中小城镇与县域相融合新思路。在推动大中小城市和小城镇协调发展中，保持产业和城镇融合发展；在优化提升传统工业的同时，加速县域经济工业化进程。在"产城互动"中，其中的"城"更多的是指中小城镇，而其中的"产"更多的是指第二产业和生产性服务业。通过中小城镇的发展，工业企业有着全新的活力。并且，在中小城镇的发展过程中，企业不断分化形成新企业的速度更快。因此，发展中小城镇，能够为工业化发展提供全新的平台。

县域城区经济发展与繁荣对地区的经济发展具有重要的作用，中小城镇的发展需要服务业来推动，同时更需要工业化来推动。通过发展县域的工业和生产性服务业，吸引更多的农村剩余劳动力转向县域城区实现就地城镇化。这就要求县域工业经济发达，农村剩余劳动力转移之后能够在县域城区有着稳定的工作，从而实现真正的城镇化。县域经济的发展好坏，直接决定着城乡发展一体化的实施效果。通过加快县域工业化的进程，县域城区和整个县域经济的发展也将得到极大的推动，从而不断地吸引农村剩余劳动力的转移，并最终实现工业化与城镇化的良性互动。

在加快推进新型工业化进程中，要积极推进小城镇产业结构升级，着力培育

能够支撑小城镇产业发展的市场潜力大、带动性强的龙头企业和优势产业。将功能导向与因地制宜有机结合起来，充分利用本地区资源、区位、政策等优势，重点发展加工制造业。县域经济积极发展农林产品深加工业和特色轻纺工业，适度有序发展新型煤化工产业，重点发展一批"专、精、特"的中小型企业，提高专业化分工协作水平，大力发展服务业，包括生产性服务业以及餐饮、乡村旅游、批发零售等，积极运用高新技术改造传统产业，促进新型产业向中小城镇拓展。政府要加大对县域工业发展循环经济的财政投入力度和科技支持，发展县域工业决不能影响黑龙江的绿色、生态农业的发展，因而要健全和完善循环经济的法律和制度。把产业园区建设成生态产业园区，建立与完善生态环境补偿机制。

10.3 城镇化与农业现代化相互协调推进产业结构优化升级对策

农业现代化的发展是经济发展到一定阶段的必然要求，同时农业现代化又是城镇化进一步发展的基础。通过城镇化与农业现代化相互协调，能够推进东北地区产业结构优化升级。

10.3.1 新型特色城镇化与农业现代化互促共进实现产业结构优化升级

《国家新型城镇化规划（2014~2020 年)》明确了未来城镇化的发展路径、主要目标和战略任务，统筹相关领域制度和政策创新，东北地区应结合地方实际，突出地方特色，不仅要把大中小城市、小城镇发展好，还要建设新型农村社区，培育和扶持新型职业农民，加快农业现代化发展。大中小城镇协同发展、城乡统筹发展，应成为未来我国城镇化的核心原则。农业现代化的发展中农业产业化的发展是极其重要的组成部分，通过农业产业化的发展，因地制宜地发展小城镇。通过产业园区发展成产业新城，促进在县域内建设各具特色的小城镇，弥补我国现有城市体系中大中型城市过度、小城镇不足的缺陷。使县域主导产业从农业转变为工业和服务业，随之也优化农业产业结构，提高了农业生产率水平。

首先，在农业现代化的进程中，发展农产品加工业和农村化服务，使各地区在农业和工业方面逐步形成相对具有本地特色的产业，并借此形成小城镇的产业园区。小城镇的发展需要具有一些特色，而借助于农业现代化的发展也能够使小城镇发展二元结构状态更加具有特色，从而完善区域的城镇结构体系，推进城镇化的快速发展。东北地区农业现代化的进程本质是传统农业向现代农业的转型，这个转型实际上一方面有市场的力量在推动，另一方面也有政策的因素在拉动。新型城镇化可以是规模农业的出现改变原有城乡二元结构状态，通过土地制度改革、农村剩余劳动力向非农产业的转移、与企业相关联农业合作组织，发展规模有利于农业特色的新型城镇。其次，也可以通过发展科技农业推进农村一二三产业融合发展，现代农业一定是一场新的农业科技革命，生物农业在崛起，还有像精准农业、装备农业其实都是科技进步带来的。生物农业未来也许是十年、二十年甚至三十年的发展前景都是非常好的，拓宽现代农业范围，拓宽新型城镇化范围，创造品牌农业，即农产品品牌化。农产品品牌的形成，从农业全产业链源头上来讲需要优良品种的保证，在生产环节需要近于苛刻的质量安全保障，再加上持续的品牌运营，这样才能形成真正的品牌农业。品牌农业投入期相对较长，国内有很多农业企业都在走这条路。但是到目前为止全国性的、有比较大影响力的农产品品牌还不是很多。东北地区拥有得天独厚的绿色自然资源，可以创建优质农产品品牌，支持品牌化营销。

10.3.2 完善县域现代农业产业体系，加强其与大中城市联系互动

现代农业经济的发展离不开城市居民的消费，因此现代农业经济发展与大中型城市之间有着更加紧密的联系。通过大中城市的示范带动效应，逐步推进现代农业经济不断向高级化发展，逐步完善县域经济中的现代农业产业体系。

通常而言，现代农业经济的发展需要依靠城市的消费。与传统农业生产相比，现代农业不仅具有更高的生产效率，同时在农产品品质方面也是更胜一筹。黑龙江省现代农业经济中主要发展绿色农业、生态农业，并且在全国的绿色和生态农业中占据重要的地位。随着居民收入水平的提高，居民对绿色和生态农产品的需求会不断地增加。而大中型城市的居民收入水平相对较高，从而也首先成为绿色和生态农产品的消费主体。更为重要的是，现代农业产业体系的构建中，相关农业生产组织在农产品的深加工过程中需要与大中型城市一些相对较为成熟的食品精深加工企业和大型商贸集团形成战略合作与联盟，从而推动农业产业化向更高水平发展。

东北是我国的农业大省和农业强省，也是现代农业化走在前列的省份。通过现代农业产业体系的构建，东北的农业与大中城市有着更加紧密的关联，促进农业产业体系与大中型城市和小城镇产业相互关联与协同发展。

10.3.3 城镇产业结构优化与农村产业结构调整相结合

城镇化的过程不仅是人口城镇化的过程，同时产业结构也需要逐步优化。随着大量农村人口转移到城镇，城镇化的产业结构优化与农村产业结构的调整就成为紧密关联的过程。农村作为地区经济发展的重要组成部分，农村产业结构的调整直接影响着周边城镇地区的产业结构。

农村城镇化或者县域内农村人口就地城镇化是城镇化的一种形式，城镇产业结构的优化与农村产业结构优化有着很大的关联。随着农村产业化的推进，农村中的第二和第三产业的比重会不断增加，而很多与之相对应的第二和第三产业分布在小城镇更加具有经济性，这也促进了城镇化产业结构的优化。农业产业化进程，促进农业结构向一体化、专业化、科技化、生态化方向发展，从而也推动着城镇的结构不断优化。此外，城镇结构的不断优化尤其是服务业的快速发展也会推动农业经济的发展，从而在城镇化的过程中不断推动农村产业结构的逐步调整与优化。

东北城镇产业结构优化与农村产业结构调整相结合可以通过以下方式：第一，以建设国家现代农业示范区为引领，发展县域现代农业。东北地区有多个农业部认定的现代农业示范区，在保证国家粮食安全为首要目标的同时，加强农业基础设施建设，强化农业科技和装备支撑，完善农业信息化，创新农业经营机制，大力发展大宗精品农产品和特色农产品生产与加工，使小城镇成为绿色农产品生产、加工、集散及与此相关的前后向关联产业的基地。第二，加强县域城镇对农村的服务和辐射带动作用，把县域城镇作为东北地区城市群和大中城市与广大农村联系的纽带与桥梁，从而更好地实现城市的资金、信息、技术等生产要素向广大农村地区流动，加大城市对农村、农业的反哺能力和效果。第三，在城乡产业结构调整与优化过程中，以实施主体功能区域战略为契机，转变县域经济发展方式。实施主体功能区域战略有利于从源头上扭转生态环境恶化的趋势，防止大中城市高污染企业转移到县域。以促进县域城镇产业集聚为依托，以县（市）级产业园区为中心，鼓励乡镇园区与县（市）级园区协作配套，在产业园区内要坚持发展低碳经济、绿色经济与循环经济，转变县域经济发展方式，坚持实施主体功能区战略，实现城乡产业的绿色化发展。

10.3.4　促进城市基础设施和公共资源向农村延伸

比较而言，城市的基础设施以及公共资源远强于农村地区。在城镇化与农业现代化相互协调，推动城乡一体化的发展中，城市的基础设施以及公共资源需要逐步向农村地区延伸，推进城乡要素平等交换和公共资源均衡配置，从而促进农村地区的农业现代化更好地发展。

农业现代化的发展是建立在一定的农业基础设施基础之上的，同时还需要建设一些其他的基础设施。将城市基础设施向农村延伸，这本质上是对农民生活标准的一种提高，同时也是农业现代化的本质要求。农业现代化的发展需要农业产业化，而农业产业化则需要有工业化的标准，这种标准不仅是企业治理方面，同样包括一些公共资源和基础设施。而通过城市基础设施向农村延伸，将使农业的产业化发展变得更加可行。农业现代化的发展过程中，城市基础设施和公共资源向农村延伸后，不仅会改变农村地区的产业结构，同时也会改变整个地区的产业结构。

基础设施和一些公共服务部门归属于第三产业，而农业经济的发展和农业现代化在本质上同样需要基础设施和公共资源的支持。因此，随着农业地区经济的发展，农村地区的基础设施和公共服务部门不断增加，农村地区的第三产业比重也会增加，整个县域的产业结构就可以得到优化升级。

10.3.5　在农业现代化与农村工业化进程中推进农村服务业发展

我国经济改革始于农村。改革开放初期，农业与乡镇企业的发展对我国经济增长起到了巨大推动作用。目前县域经济仍撑起了全国经济总量的半壁江山。2010 年我国县域 GDP 总和为 199613 亿元，占全国 GDP 总量的 49.8%，其中第一产业占全国比重为 80%，第二产业占全国比重为 55%，第三产业占全国比重为 37%，可见县域经济已成为中国经济发展重要推动力。但是县域的流通业、商贸服务和社会服务业等产业发展还比较缓慢，占全国比重较低。

农林畜牧产品精深加工中需要更多生产性服务部门，通过这些服务部门农业现代化产业体系才能真正形成。与工业产品相比，农产品和加工农产品对运输、冷藏保鲜等有着更高的要求，从而也推动着农村物流业的发展，促进农村服务业比重的提升。此外，无论是农产品还是加工农产品，随着市场经济的发展，相关的批发零售业都会有着更多的发展。在农产品的批发零售业中，农村地区具有相对独特的接近资源的优势，因此可以发展出大中型的零售批发型企业以及一些中介企业，从而不断地推动农村服务业的发展。在农业现代化和农村工业化中，不仅农村地区的第二产业会得到快速发展，第三产业同样会有较快的发展。

农村地区的产业结构提升是整个地区产业升级的重要环节，尤其是在农业现代化和农村工业化的发展阶段，农村地区与农产品相关的服务业也会得到大幅提升，大力推进农村服务业发展，并最终促进农村地区的产业结构优化升级。

10.4 信息化与"两化"分别融合推进产业结构优化升级的对策

城镇化是把农村剩余劳动力转移出来到城镇非农产业就业的过程，当然也是实现城乡一体化、缩小城乡差距、解决贫富差距的最好办法。农业现代化是发展高效、精准农业的前提，核心目的是提高生产效率、降低生产成本、提高农民收入，把更多农民解放出来，走向真正的城镇化。"三化"之间是以信息化为平台载体，城镇化与农业现代化互为依托，在信息化平台上发展特色优势产业，优化农业产业结构，在城镇化进程中促进城乡经济互动协调、结构优化，实现城乡一体化。

10.4.1 信息化与新型城镇化融合推进产业结构优化升级的对策

在发展大数据，推动数据资源共享开放与开发应用和发展智慧城市方面，东北地区与沿海发达地区差距并不是很大。在信息化与城镇化融合推进过程中，要做到：

（1）在各类城市中要构建现代化通信骨干网络，提升高速传送灵活调度和智能适配功能。城镇地区要加快完成"光进铜退"改造，构建先进泛在的开线宽带网，因地制宜深入信息技术普及高速无线宽带，尽早推广第五代移动通信（5G），通过信息技术催生一些新兴产业，加快发展城镇信息服务业。

（2）广泛应用推广物联网。加快在各中心城市建设集物流、客流、信息流、资金流等为一体的综合公共信息平台，加大物联网及车联网的建设，推进物联网重大应用示范工程建设，广泛开展物联网技术集成应用和模式创新。

（3）建设公共云服务平台。在各大中心城市布局云计算和大数据中心，提升云计算解决方案的提供能力，为城市二三产业的升级提供支持。推动制造业、金融业、物流业、各类民生服务和医疗等重点领域云服务。

（4）以"互联网+"行动，推动城镇的"互联网+"创新创业，完善创新创业培育服务，搭建线上与线下结合的开放式服务载体。在协同制造、智慧能源、普惠金融、高效物流、电子商务、便捷交通、人工智能、地理信息、信用体系、文化旅游等方面可以拓宽"互联网+"行动的融合领域。加快二三产业的创新与优化。

（5）立足于新型城镇化与智慧城市建设，加快国家统一的电子政务网络建设应用，积极发展信息安全产业。完善行政审批监管、信用信息、公共资源交易、价格举报等平台建设，提高政府服务的质量和水平。积极发展信息安全产业，完善重要信息等级保护制度，健全重点行业、重点地区、重要信息系统条块融合的联动安全保障机制及产业化支撑能力，使信息安全产业为发展现代互联网产业体系构建网络空间安全和保密技术保障体系。

10.4.2　信息化与农业现代化融合推进产业结构优化升级的对策

信息化与农业现代化相互融合，主要包括以下方面：一是提高农业信息化水平；二是发展智慧农业，实施"互联网+"现代农业工程；三是实现农业的数字化管理与质量可溯源以及农业与信息服务业的全线融合，实现农业结构优化升级。

（1）大力推进农业信息化建设，实现农业产业升级。

发展现代农业对信息的需求呈现越来越迫切的趋势，农业现代化所需信息有：①自然资源信息，包括土地、水、生态环境、气象、灾害预报、病虫害防治等。②科学技术信息，包括现代农业生产技术及相关其他各类科技信息如互联网技信、电子商务、现代物流等知识。③农业生产资料信息包括种子、化肥、农药、农业机械、农用薄膜等。④农产品市场信息。⑤农业有关政策法规。⑥农业历史经验。⑦农业经济、社会信息。⑧劳动就业信息。建立起农业信息管理系统，推动信息技术与农业生产管理、经营管理、市场流通、资源环境、政策法规等融合。实施农业物联网区域试验工程，大力推进农业互联网应用，增强农业综合信息服务能力。鼓励互联网农业建立产销衔接的服务平台，加快发展千村万户的涉农电子商务服务等，提升产业要素，实现农业产业升级。

（2）发展智慧农业。

东北粮食主产区面临着重金属污染、化肥不合理使用，对土壤危害严重，引起酸度变化，肥力下降，土壤板结；过分使用化肥农药和使用的不规范破坏了生态平衡；农机废气、污染空气，对农林水产养殖产生有害影响等问题。气候因素如干旱、洪涝、秋旱霜威胁粮食产量和质量等。因而发展智慧农业，实施"互联网+"现代农业，对大田种植、畜禽养殖、渔业生产等进行互联网改造，建立起农业信息检测分析预警体系。包括：农业气象预警系统、农业病虫害预警系统、农业地方综合测评预警系统、农产品市场预警系统、农业生产资料预警系统等，真正做到科学种养。供给满足需求，科学地进行配方施肥、植保以及减灾防灾等，并建立健全农业保险火灾风险分散机制。

（3）实现农业数字化管理以优化农产品结构。

运用数字化技术推进农产品生产农药化肥使用测量化。为东北的绿色食品、有机农产品和地理标志品牌农产品提供质量可溯源的安全保障。如进超市的猪肉可追溯到圈栏、其他来源在冷库或批发流通环节的猪肉可以追溯到批次，实现各类追溯平台互联互通和监管信息共享。

10.4.3 信息化与城乡经济社会发展全面融合，推进产业结构优化升级对策

通过提升信息化服务水平与完善统一的公共信息服务平台，能够为城乡产业结构优化升级、促进城乡经济与社会发展营造良好的环境，要做到：

（1）提升城乡信息化服务水平。以云计算、云服务平台为支撑，整合城乡经济社会发展领域与信息化密切相关的国土资源、水文气象、产业发展、医疗卫生、科技文献、生态保护、疫情灾害控制、应急服务体系等相关领域的数据信息，建设综合信息服务数据库，全面提升信息采集、储存、处理、传递等方面综合服务能力和水平，为城乡经济社会一体化发展提供信息服务支撑保障。

（2）为促进城乡基本公共服务均等化，完善城乡统一公共服务信息平台。通过完善公共信息服务平台，以增强政府职责，提高公共服务共建能力和共享水平。构建八大平台：科技创新公共服务平台、人力资源服务平台、产业和企业公共服务平台、"三农"公共服务信息平台、市场化信息服务平台、政府云服务平台、电子商务服务平台、电子政务服务平台。

（3）运用信息化技术满足多样化公共服务需求，创新公共服务提供方式。

推动政储依法行政,在电子税务、便民司法、各类教育培训等方面提高服务质量与水平。从适应移动互联网、物联网大数据、云计算快递发展趋势的角度出发,鼓励各类市场主体创新服务方式,优化服务体验,提供高效便捷优质的服务。充分发挥市场机制作用,广泛吸引社会资本参与发展公共服务新业态,促进线上线下服务衔接,以增加公共服务供给,打造经济发展新引擎,加快城乡产业结构优化升级。

10.5 创新驱动模式下推进产业结构升级的对策

10.5.1 优化创新组织新体系,加快产业创新人才团队建设

(1)优化创新组织体系。

东北地区国有大型骨干企业较多,必须要深化国企改革,转换体制机制,进一步增强企业的创新能力。鼓励企业开展基础性、前沿性创新研究,强化企业技术创新的主导作用,使企业真正成为技术创新决策、研发投入、科研组织和成果转化主体。加大对创新型小微企业支持力度,支持科技型中小企业发展,引导中小微企业"专精特新"发展道路。东北地区有数量众多的高校、职业院校和科研院所,鼓励高校和科研院所全面参与国家创新体建设,形成政产学研用一体化创新网络。鼓励国有大企业与科技型中小企业开展协同创新,实现合作共赢。构建产业创新联盟,发展市场导向的新型研发机构,推动跨行业、跨领域的协同创新。在沈阳、长春、哈尔滨、大连等中心城市建设一批国家级产业创新中心和技术创新中心,进一步增强产业共性技术供给能力以适应产业升级的需求。营造良好的创新市场竞争环境,强化普惠性政策支持,鼓励企业发展新技术、新产品和新服务,以优化产品结构和产业结构。

(2)加快产业创新人才团队建设。

人才是经济社会发展的第一资源,创新人才"全球流动、全球配置、全球争夺"愈演愈烈。坚持人才优先发展战略,加快产业创新人才团队建设,是实施创新驱动战略的关键所在。创新驱动的形成,仅依靠个人力量是不够的,只有形成产业创新团队才能够切实推进创新驱动发展。在创新团队引进和建设中要重点引

进领军人才，通过企业引才和政府引才相结合方式来吸引人才。东北地区与沿海地区可以开展人才交流和对口支援。重点培育本地区产业创新人才队伍，促进应用型人才与理论型人才交叉融合。实施更加开放包容的人才政策，坚持人才"引进来"与"走出去"并举，完善外国人永久居留制度，放宽技术技能型创新人才取得永久居留权条件，鼓励归国留学人员学成归来，鼓励外籍华人加盟产业创新团队，开展协同创新。充分发挥市场配置人才资源的决定性作用，推动企业成为选才、引才、用才的主体。

（3）深化产业创新人才发展机制改革。

深化改革是产业创新人才发展的动力。在创新人才培养评价、激励、服务、保障机制上取得突破。要深化产教融合，避免"研究多、应用少，论文多、转化少"，产业创新人才与产业发展相脱节，引导、推动人才培养链与产业链、创新链有机衔接。创造公平自由的竞争氛围，广泛实行市场导向的人才激励政策，健全人才创新成果的收益分配机制，支持人才以知识、技能、管理等多种创新要素参与分配，完善服务人才创新创业的政策支持措施，最大限度激活创新人才发展内因。探索实行人才培养引进、服务保障的特殊政策，为人才发展解除后顾之忧。对于东北地区国有企业和民营企业而言，当务之急是需要培养造就一大批具有全球战略眼光、创新能力和社会责任感的企业家人才队伍，他们是推进产业创新的主心骨，要依法保护企业家的创新收益和财产权。充分发挥部门、地方、企业社会协同作用，合力把创新人才工程打造成"高精尖缺"人才发展广阔平台，成为人才创新创造、建工产业的"孵化器"助推器，有利于产业创新的继续推进。

10.5.2　营造跨界融合新生态，提高产业融合创新能力

创新跨界融合发展模式。支持互联网企业与制造企业合作，构建智能汽车、智能家电、数控机床、智能机器人等领域新的技术体系、标准规范、商业模式和产业生态。推动中小企业制造资源与互联网平台全面对接，实现研发设计、生产制造和物流配送等能力的在线发布、协同和交易，提升中小企业精准、柔性、高效的供给能力。支持制造企业与电子商务企业、物流企业、金融企业开展战略投资、品牌培育、网上销售、物流配送、供应链金融等领域的合作，整合线上线下交易资源，打造制造、商贸、物流、金融等高效协同的生产流通一体化新生态。

加快智慧集群建设。围绕制造业集聚区的集约化、网络化、品牌化提升改

造，加快电网、管网、交通、安防和通信网络等配套设施改造，实施"互联网+"产业集群行动，鼓励和支持有条件的地区开展智慧集群建设和试点，推动产品研发设计工具、生产设备及零配件等资源共享，实现制造业产业集群制造资源在线化、产能柔性化、产业链协同化，打造智慧集群。支持有条件的地方开展制造业与互联网融合政策创新试点，探索行业监管、数据开放、公共服务、人才培养等推进机制，形成制造业区域发展新模式。

研究制定引导企业互联网转型的新型能力框架体系和参考模型，分行业、分领域培育一批示范企业，加快构建开放式、扁平化、平台化的创新企业组织管理新模式，打造基于标准引领、创新驱动的企业核心竞争力。完善跨界融合管理体系、市场化服务体系，建立线上线下协同推进机制，加强政策引导和资金支持，加快形成跨界融合管理体系评定结果的市场化采信机制。

10.5.3　创新驱动基于"互联网+"的产业创新能力重构

"互联网+"指以互联网为主体的一整套技术（移动互联网、云计算、大数据、物联网）在我国产业创新能力跃迁与转型升级过程中应用、融合、扩散的过程。"互联网+"本质上是创新型技术的应用过程，也是传统互联网产业的转型升级过程。运用"互联网+"思维重构产业创新能力，突破土地、矿产等传统资源要素约束，以信息化促进工业创新能力提升、以工业化实施信息化创新发展方向，实现"互联网+"模式下产业原始创新、集成创新、引进、消化、吸收后的再创新以及管理创新。推动产业结构优化升级。通过"互联网+"和精益管理的创新软实力，推动东北地区制造业实现以科技创新推动的技术升级、产品升级及创新软实力推动的价值链升级，基于不同产业间的融合创新，产业转型升级不但会向纵向产业链延伸，而且还会向横向拓宽，从而改变原有产业升级路径依赖，进一步促进产业间创新整合发展，促进城镇化、信息化、工业化与产业紧密耦合，形成区域主导产业升级的创新网络。鼓励企业发展"互联网+工业"新业态，推动企业利用大数据、云计算和物联网等信息通信技术，增强企业创新能力，改造原有产品，开发新产品，搭建智能服务平台，促进传统产业结构升级。

10.5.4　营造良好的创新环境驱动产业升级与可持续发展

营造良好的创新环境。良好的创新环境首先需要创新要素的介入和组合，创新要素主要包括知识创新、技术创新、管理创新、企业组织结构创新、商业模式创新等。创新要素对传统产业进行改进和组合，可以从根本上改善传统产业，提高劳动者效率，提高投入产出比。健全的国家创新政策有利于激励创新活动的施行，同时调动科研人员的创新积极性，为创新产业的发展提供保障。构建公平开放透明的市场环境，由市场决定要素价格，保障消费者权益，促使企业从依靠过度消耗资源能源、低性能低成本低附加值的竞争，向依靠创新、实施差别化竞争转变。构建更加高效的科研体系，发挥科学技术研究对创新驱动的引领和支撑作用，增强高等院校、科研院所原始创新能力和转制科研院所的共性技术研发能力，充分发挥科研人员的创新价值。健全的技术创新市场导向机制既可以使资源得到优化配置、提高创新效率，又可以让创新成果很好地融入市场实现价值，有利于产业的整体可持续发展。

参考文献

［1］Audirac, I. Information technology and urban form: Challenges to smart growth ［J］. International Regional Science Review, 2005, 28 (2): 119–145.

［2］Bhaduri, Amit and Rune Skarstein. Effective demand and the terms of trade in a dual economy: A Kaldorianperspective ［J］. Cambridge Journal of Economics, 2003 (27): 583–595.

［3］Blunch, Niels–Hugo, and Dorte Verner. Sector growth and the dual economy model: Evidence from CôteD'Ivoire, Ghana, and Zimbabwe ［R］. World Bank Publications, 1999.

［4］Bruhart, Mathys. Sectoral Agglomeration Economies in a Panel of European Regions ［J］. Regional Science and Urban Economics, 2008.

［5］Chenery H. B., Syrquin M., Elkington H. Patterns of development, 1950–1970 ［M］. New York: Oxford University Press for the World Bank, 1975.

［6］Davis J. C., Henderson J. V. Evidence on the political economy of the urbanization process ［J］. Journal of Urban Economics, 2003 (53): 98–125.

［7］Dixit A. K., Stiglitz J. E. Monopolistic competition and optimum product diversity ［J］. The American Economic Review, 1977.

［8］Douglas Gollin, Remi Jedwab, Urbanization with and without industrialization ［J］. Journal of Economic Growth, 2016, 21 (1): 35–70.

［9］Eswaran, Mukesh and Ashok Kotwal. The role of service in the process of industrialization ［J］. Journal of Development Economics, 2002 (68): 401–402.

［10］Gaspar, J. and E. L. Glaeser. Information technology and the future of cities ［J］. Journal of Urban Economics, 1998, 43 (1): 136–156.

［11］Jie Li, Hui Zeng. The research of urbanization, industrialization and agricultural modernization's effect on food security ［J］. Studies in Sociology of Science, 2014, 5 (3).

[12] Jorgenson, Dale. Surplus agricultural labor and the development of a dual economy [J]. Oxford Economic Papers, 1967 (19): 288–312.

[13] Lewis W A. Economic development with unlimited supplies of labour [J]. The Manchester School, 1954, 22 (2): 139–191.

[14] Lucas, R. E. On the mechanics of economic development [J]. Journal of Monetary Economics, 1988, 22 (1): 3–42.

[15] Lynch, Kenneth Lynch. Rural–urban interaction in the developing world [M]. New York: Routledge, 2004.

[16] Mushtaq H. Khan. Knowledge, skills and organizational capabilities for structural transformation [J]. Structural Change and Economic Dynamics, 2018.

[17] Na Zhang. Urbanization, Industrialization and Urban–Rural Income Gap: Inspection by Panel VAR Based on the Provincial Panel Data [J]. Studies in Sociology of Science, 2016, 7 (1).

[18] Naoki Murakami. Changes in Japanese industrial structure and urbanization: Evidence from prefectural data [J]. Journal of the Asia Pacific Economy, 2015, 20 (3).

[19] Qian Forrest Zhang, Carlos Oya, Jingzhong Ye. Bringing agriculture back in: The central place of agrarian change in rural China studies [J]. Journal of Agrarian Change, 2015, 15 (3).

[20] Remi Jedwab, Luc Christiaensen, Marina Gindelsky. Demography, urbanization and development: Rural push, urban pull and···urban push? [J]. Journal of Urban Economics, 2015.

[21] Robert N. Gwynne. Industrialization and Urbanization in Latin America [M]. Taylor and Francis, 2017.

[22] Romer, P. M. Growth based on increasing returns due to specialization [J]. The American Economic Review, 1987, 77 (2): 56–62.

[23] Rondinelli, Dennis A. Secondary cities in developing countries: Policies for diffusing urbanization [M]. Beverly Hills: Sage Publications, 1983.

[24] Salehi–Isfahani, Djavad. Population pressure, intensification of agriculture, and rural–urban migration [J]. Journal of Development Economics, 1993 (40): 371–384.

[25] Satterthwaite, David and Cecilia Tacoli. The urban part of rural development: The role of small andintermediate urban centers in rural and regional development and poverty reduction [EB/OL]. Human Settlements Working Paper, International Institute for Environment and Development, May 2003.

[26] Sukkoo Kim. Industrialization and urbanization: Did the steam engine contribute to the growth of cities in the United States? [J]. Explorations in Economic History, 2005, 42 (4).

[27] Wang Yang, Wang Yan. Analysis on function orientation and development countermeasures of new agricultural business entities [J]. Journal of Northeast Agricultural University (English edition), 2016, 23 (2).

[28] Wei Chen, Yue Shen, Yanan Wang. Evaluation of economic transformation and upgrading of resource-based cities in Shaanxi province based on an improved TOPSIS method [J]. Sustainable Cities and Society, 2018 (37).

[29] Weiwei Shao, Zuhao Zhou, Jiahong Liu, Guiyu Yang, Jianhua Wang, Chenyao Xiang, Xiaolei Cao, Haizhen Liu. Changing mechanisms of agricultural water use in the urbanization and industrialization of China [J]. Water Policy, 2017, 19 (5).

[30] X. Han, P. L. Wu, W. L. Dong. An analysis on interaction mechanism of urbanization and industrial structure evolution in Shandong, China [J]. Procedia Environmental Sciences, 2012 (13).

[31] Yansui Liu, Zhichao Hu, Yuheng Li, Process and cause of urban-rural development transformation in the Bohai Rim Region, China, Journal of Geographical Sciences, 2014, 24 (6): 1147-1160.

[32] Yin Zhang, Gang Yang. A brief analysis on the development strategies for new-type urbanization simulated by demographic factors: Based on real evidence in Chongqing [J]. Canadian Social Science, 2014, 10 (5).

[33] Yuanyuan Yang, Yansui Liu, Yurui Li, Guoming Du. Quantifying spatio-temporal patterns of urban expansion in Beijing during 1985-2013 with rural-urban development transformation [J]. Land Use Policy, 2018 (74).

[34] Yurui Li, Jing Wang, Yansui Liu, Hualou Long. Problem regions and regional problems of socioeconomic development in China: A perspective from the coordinated development of industrialization, informatization, urbanization and agricultural

modernization [J]. Journal of Geographical Sciences, 2014, 24 (6): 1115-1130.

[35] Zhujun Jiang, Boqiang Lin. China's energy demand and its characteristics in the industrialization and urbanization process [J]. Energy Policy, 2012 (49).

[36] 陈芳. 新形势下产业结构转型升级的路径研究 [J]. 新经济, 2016 (11): 8-9.

[37] 陈佳贵, 黄群慧, 钟宏武. 中国地区工业化进程的综合评价和特征分析 [J]. 经济研究, 2006 (6): 4-15.

[38] 陈耀, 周洪霞. 中国工业化与城镇化协调性测度分析 [J]. 经济纵横, 2014 (6): 43-49.

[39] 陈志德. 振兴东北老工业基地与县域经济发展 [J]. 经济纵横, 2004 (2): 29-31.

[40] 程佳. 工业化、信息化、城镇化和农业现代化协调发展研究——以浙江为例 [D]. 杭州: 浙江工业大学, 2015.

[41] 程建方. 当代中国资源型城市可持续发展研究 [D]. 济南: 齐鲁工业大学, 2011.

[42] 程黎君. 新常态视阈下城镇化与农业现代化协同发展问题研究 [J]. 商业经济研究, 2015 (26): 35-37.

[43] 党的十八大报告辅导读本 [M]. 北京: 人民出版社, 2012.

[44] 党的十九大报告辅导读本 [M]. 北京: 人民出版社, 2017.

[45] 丁春玲, 刘静, 史晓娟. 金融创新促进产业结构转型升级研究 [J]. 山西财经大学学报, 2014, 36 (1): 31-32.

[46] 丁亮. 中国农业信息化与农业现代化协调发展研究 [D]. 西安: 西北农林科技大学, 2016.

[47] 董梅生, 杨德才. 工业化、信息化、城镇化和农业现代化互动关系研究——基于 VAR 模型 [J]. 农业技术经济, 2014 (4): 14-24.

[48] 杜传忠, 宁朝山, 刘新龙. 中国信息化与农业现代化协同发展及影响因素 [J]. 中国科技论坛, 2017 (8): 135-140.

[49] 方竹正. 积极推进经济结构调整与发展方式转变——基于我国需求结构视角的思考 [J]. 管理学刊, 2011, 24 (4): 28-33+107.

[50] 付宇. 湖南省新型工业化与农业现代化发展水平测度及协调性分析 [D]. 湘潭: 湘潭大学, 2014.

[51] 高启杰，赵竹村.东北地区县域经济发展的意义、条件与制约因素分析 [J].农业经济与管理，2010（1）：21–28.

[52] 辜胜阻.非农化与城镇化研究 [M].杭州：浙江人民出版社，1991.

[53] 郭存芝，罗琳琳，叶明.资源型城市可持续发展影响因素的实证分析 [J].中国人口·资源与环境，2014（8）：81–89.

[54] 郭剑雄.城镇化与中国农业的现代化 [J].经济问题，2003（11）：48–50.

[55] 郭克莎.中国工业化的进程、问题与出路 [J].中国社会科学，2000（3）：60–71+204.

[56] 郭其友.新型工业化与农业现代化 [J].科学咨询，2003（11）：12.

[57] 国家发改委.中华人民共和国国民经济和社会发展第十三个五年规划纲要辅导读本 [M].北京：人民出版社，2016.

[58] 韩长赋.加快推进农业现代化努力实现"三化"同步发展 [J].农业经济问题，2011，32（11）：4–7+110.

[59] 韩国明，张恒铭.我国新型城镇化与农业现代化协调发展空间分布差异研究 [J].吉林大学社会科学学报，2015，55（5）：36–46+172.

[60] 郝华勇.提升城镇化质量引领"四化"同步发展的路径探讨 [J].探索，2014（3）：82–87.

[61] 何要武.我国产业结构的转型升级：难点、重点与对策 [J].时代金融，2014（3）：23–24.

[62] 贺翀，肖功为.中部六省工业化、城镇化和农业现代化协调发展测度研究 [J].南通大学学报（社会科学版），2015，31（3）：16–22.

[63] 贺文华.新型城镇化与农业现代化协调发展研究 [J].山西农业大学学报（社会科学版），2017，16（8）：38–46.

[64] 赫修贵.城镇化和农业现代化协同推进研究 [J].理论探讨，2013（6）：96–99.

[65] 洪名勇.城镇化与工业化协调发展研究 [J].贵州大学学报（社会科学版），2011，29（6）：64–71.

[66] 胡志全，朱殿霄，侯丽薇，王东阳.实现我国工业化与农业现代化协调发展的探讨——基于生产三要素的比较 [J].农业经济问题，2016，37（7）：74–81+111.

[67] 黄安胜，许佳贤.工业化、信息化、城镇化、农业现代化发展水平评价

研究 [J]. 福州大学学报（哲学社会科学版），2013，27（6）：28-33.

　　[68] 黄国祯. "农业现代化"再界定 [J]. 农业现代化研究，2001（1）：40-50.

　　[69] 霍利斯·钱纳里，莫尔赛斯·赛尔昆. 发展的格局：1950~1970 [M]. 李小青译. 北京：中国财政经济出版社，1975.

　　[70] 贾云赟. 城镇化、工业化、农业现代化与经济增长关系研究 [J]. 城市发展研究，2012，19（12）：27-32+71.

　　[71] 江省身. 新型城镇化背景下我国工业化与农业现代化的互动发展 [J]. 社会科学家，2017（6）：85-89.

　　[72] 江学清. 皖北地区城镇化与农业现代化的协同发展研究 [D]. 淮南：安徽理工大学，2012.

　　[73] 姜爱林. 城镇化、工业化与信息化的互动关系研究 [J]. 经济纵横，2002（8）：32-37.

　　[74] 姜玉砚. "四化"同步进程中的产城融合研究 [D]. 太原：山西财经大学，2016.

　　[75] 蒋和平，崔凯. 我国粮食主产区农业现代化指标体系的构建和测算及发展水平评价 [J]. 农业现代化研究，2011，32（6）：646-651.

　　[76] 蒋和平，黄德林，郝利. 中国农业现代化发展水平的定量综合评价 [J]. 农业经济问题，2005（1）：52-60+69.

　　[77] 金碚. 全球竞争格局与中国产业发展趋势 [J]. 中国工业经济，2012（5）.

　　[78] 李宾，孔祥智. 工业化、城镇化对农业现代化的拉动作用研究 [J]. 经济学家，2016（8）：55-64.

　　[79] 李刚，魏佩瑶. 中国工业化与城镇化协调关系研究 [J]. 经济问题探索，2013（5）：72-79.

　　[80] 李琳，李宁，王星. 信息化与工业化融合实时测度研究 [J]. 情报科学，2013，31（5）：108-112.

　　[81] 李霞，朱艳婷. 城乡二元体制下工业化与城镇化协调发展研究 [J]. 四川大学学报（哲学社会科学版），2012（3）：109-115.

　　[82] 李晓钟. FDI 对我国产业结构转型升级的影响 [J]. 社会科学家，2014（9）：6-12.

　　[83] 李旭芳. 供给侧结构性改革背景下我国区域产业结构升级问题研究 [J]. 现代营销（下旬刊），2016（3）：155.

[84] 梁树广. 工业化、城镇化和农业现代化互动关系的实证研究 [J]. 经济论坛, 2013 (11): 156-162.

[85] 林高榜. 衡量城市化与工业化比较水平的新指标研究 [J]. 数量经济技术经济研究, 2007 (1): 46-55.

[86] 林淼, 赵鑫. 推动现代服务业和先进制造业互促共进 [J]. 中国发展观察, 2017 (Z3): 118-120+128.

[87] 刘德权, 邢玉升. "一带一路" 战略下东北地区产业结构转型升级研究 [J]. 求是学刊, 2016, 43 (3): 60-66.

[88] 刘盾, 胡培, 何鹏. 基于粗集与聚类分析的中国城市化评价模型 [J]. 西南交通大学学报 (社会科学版), 2009, 10 (1): 110-115.

[89] 刘国斌, 王彬. 东北振兴与县域经济发展的问题研究 [J]. 工业技术经济, 2007 (5): 18-20.

[90] 刘国斌, 王卓识. 生态文明理念下东北地区县域产业结构优化研究 [J]. 税务与经济, 2014 (4): 32-40.

[91] 刘国斌, 杨富田. "新常态" 下东北地区县域产业结构升级研究 [J]. 税务与经济, 2016 (2): 61-66.

[92] 刘卫平. 统筹城乡发展社会协同治理机制研究 [M]. 成都: 西南财经大学出版社, 2016.

[93] 楼培敏. 指标优化: 中国城市化面临的任务 [J]. 贵州社会科学, 2009 (11): 50-55.

[94] 迈克尔·托达罗. 经济发展 [M]. 北京: 中国经济出版社, 1999.

[95] 毛婷, 童鑫. 城镇化、工业化与农业现代化互动关系研究——以江西省为例 [J]. 淮阴师范学院学报 (自然科学版), 2016, 15 (1): 57-63.

[96] 秦伟平, 李晋. 建构新四化同步发展的创新驱动战略——基于政策演进的视角 [J]. 社会科学前沿, 2017, 6 (8).

[97] 曲建兴, 伊全胜. 推进 "以人为核心" 的新型城镇化建设 [J]. 理论观察, 2015 (2): 84-85.

[98] 任萃颖. 吉林省县域经济转型发展研究 [D]. 长春: 东北师范大学, 2016.

[99] 荣红霞, 郭振, 郝泽源. 黑龙江省民营企业科技创新能力及经济转型升级研究 [J]. 金融理论与教学, 2015 (6): 53-56.

[100] 荣红霞，郭振."四化"协调推进黑龙江省经济结构转型升级的实践模式和政策选择 [J].哈尔滨商业大学学报（社会科学版），2015（3）：115-121.

[101] 芮明杰.第三次工业革命与中国选择 [M].上海：上海辞书出版社，2013.

[102] 尚欣.吉林省 2001~2010 年农村城镇化和农业现代化协调分析 [J].长春理工大学学报（社会科学版），2012，25（5）：67-69.

[103] 舒季君.中国"四化"同步发展时空差异及其影响机理研究 [D].杭州：浙江工业大学，2015.

[104] 宋玉祥，满强.东北地区资源型城市经济结构转型研究 [J].世界地理研究，2008，17（4）：91-97.

[105] 速水佑次郎，弗农·拉坦.农业发展的国际分析 [M].郭熙保译.北京：社会科学出版社，1991.

[106] 孙德中."四化同步"测度与评价研究 [D].郑州：河南农业大学，2016.

[107] 孙云霞，叶金国.我国区域城镇化与农业现代化协调性评价研究 [J].社会科学论坛（学术研究卷），2009（5）：87-90.

[108] 唐清泉，李海威.我国产业结构转型升级的内在机制研究——基于广东 R&D 投入与产业结构的实证分析 [J].中山大学学报（社会科学版），2011，51（5）：191-199.

[109] 汪晓文，杜欣.中国城镇化与农业现代化协调发展的测度 [J].统计与决策，2015（8）：121-124.

[110] 王保安.中国经济结构失衡：基本特征、深层原因与对策建议 [J].财贸经济，2010（7）：8-12+136.

[111] 王贝.中国工业化、城镇化和农业现代化关系实证研究 [J].城市问题，2011（9）：21-25.

[112] 王富喜，孙海燕.山东省城镇化发展水平测度及其空间差异 [J].经济地理，2009，29（6）：921-924.

[113] 王玲杰.新型城镇化的综合测度与协调推进 [M].北京：经济管理出版社，2014.

[114] 王廷科.市场导向型产业结构问题研究 [J].兰州商学院学报，1998（2）：7.

[115] 王新利，肖艳雪. 农业现代化、城镇化、工业化、信息化协调发展评价研究——以黑龙江农垦为例 [J]. 农业技术经济，2015（6）：91-98.

[116] 王新娜. 城市化水平衡量方法的比较研究 [J]. 开发研究，2010（5）：92-95.

[117] 王轩. 吉林省县域经济"四化协调"发展研究 [D]. 长春：吉林大学，2015.

[118] 王展祥. 中国信息化与工业化互动发展机制研究 [D]. 武汉：武汉理工大学，2005.

[119] 王忠燕，王庆喜. 浙江省县域"四化"同步发展的时空分异特征研究 [J]. 科技与经济，2017（6）：6-8.

[120] 魏后凯. 坚持以人为核心推进新型城镇化 [J]. 中国农村经济，2016（10）：11-14.

[121] 吴国琴. FDI 影响我国产业结构转型升级的机制与对策分析 [J]. 统计与决策，2016（18）：151-154.

[122] 吴敬琏. 加快增长模式转型是我国彻底走出危机的必由之路 [J]. 中国流通经济，2011，25（1）：4-7.

[123] 吴耀，牛俊蜻，郝晋伟. 区域城镇化综合发展水平评价研究——以陕西省为例 [J]. 西北大学学报（自然科学版），2009，39（6）：1042-1047.

[124] 西蒙·库兹涅茨. 各国的经济增长 [M]. 北京：商务印书馆，1985.

[125] 夏春萍，刘文清. 农业现代化与城镇化、工业化协调发展关系的实证研究——基于 VAR 模型的计量分析 [J]. 农业技术经济，2012（5）：79-85.

[126] 夏正智. 推进以人为核心的新型城镇化 [J]. 经济研究导刊，2014（36）：170-173+179.

[127] 向鹏成，廖宗义，罗芸. 工业化与城镇化协调发展测度研究——以重庆市为例 [J]. 城市发展研究，2014，21（7）：16-22.

[128] 肖志雄. 安徽省四化同步发展的制约因素及路径选择 [J]. 贵州农业科学，2016，44（10）：156-159.

[129] 谢金萧. 东北地区"四化"同步发展推进产业结构优化升级研究 [D]. 哈尔滨：哈尔滨商业大学，2015.

[130] 熊巍，祁春节. 湖北省"四化"同步发展水平评价与对策研究 [J]. 科技进步与对策，2014（9）：130-132.

[131] 徐维祥，舒季君，唐根年. 中国工业化、信息化、城镇化和农业现代化协调发展的时空格局与动态演进 [J]. 经济学动态，2015（1）：76-85.

[132] 许轶旻. 信息化与工业化融合的影响因素研究 [D]. 南京：南京大学，2013.

[133] 严立冬，马期茂."三化"发展与中国经济增长的实证研究 [J]. 统计与决策，2012（9）：131-134.

[134] 杨大柱. 推进"四化同步"的实践与探索 [N]. 中国县域经济报，2013-09-05.

[135] 杨世箐. 新型工业化与农业现代化互动发展测度指标体系的构建 [J]. 统计与决策，2013（22）：67-70.

[136] 杨曙辉，宋天庆，陈怀军，欧阳作富. 工业化与城镇化对农业现代化建设的影响 [J]. 中国人口·资源与环境，2012，22（1）：398-403.

[137] 杨玉春，吴春雷. 加快我国产业结构转型升级的理论基础与路径导向——基于马克思再生产理论的视角 [J]. 山东社会科学，2013（7）：52-56.

[138] 叶仁道，黄玲丽. 工业化与信息化互动关系及影响因素分析 [J]. 杭州电子科技大学学报（社会科学版），2016，12（2）：7-11.

[139] 余文华. 长三角地区"四化"同步发展的模式与推进机制研究 [D]. 杭州：浙江工业大学，2015.

[140] 俞立平，潘云涛，武夷山. 工业化与信息化互动关系的实证研究 [J]. 中国软科学，2009（1）：34-40.

[141] 袁海，周晓唯. 中国工业化与城镇化协调分析 [J]. 统计与决策，2008（20）：122-124.

[142] 袁志刚，范剑勇. 1978 年以来中国的工业化进程及其地区差异分析 [J]. 管理世界，2003（7）：59-66.

[143] 曾超，钱晓颖. 我国农业现代化与新型城镇化发展关系研究 [J]. 农村金融研究，2013（12）：68-72.

[144] 曾福生，刘俊辉. 湖南省四化同步协调发展测度及其影响因素研究 [J]. 农业经济与管理，2018（1）：58-66.

[145] 张劼圻，郑建明. 信息化与工业化融合测度理论体系 [J]. 情报科学，2013，31（1）：36-39+45.

[146] 张杰. 中国产业结构转型升级中的障碍、困局与改革展望 [J]. 中国人

民大学学报，2016，30（5）：29-37.

[147] 张捷. 外向型工业化与二元经济结构的转变——对珠三角产业结构转型的思考 [J]. 学术研究，2008（7）：69-75+160.

[148] 张克进，段秋利. 河南信息化与城镇化融合发展研究 [J]. 河南科技，2013（12）：218-220.

[149] 张兰婷，洪功翔. 信息化推动工业化城镇化农业现代化发展实证研究 [J]. 安徽工业大学学报（社会科学版），2013，30（3）：3-6.

[150] 张林，冉光和，郑强. 农业现代化与工业化、信息化、城镇化的耦合协调发展研究 [J]. 农村经济，2015（8）：89-93.

[151] 张培刚. 农业与工业化 [M]. 武汉：华中工学院出版社，1984.

[152] 张平淡，袁赛，夏晓华. 基于农业现代化视角的五化协同发展影响因素分析 [J]. 经济地理，2017，37（3）：152-157.

[153] 赵国锋，段禄峰. 国外"四化"发展经验对中国东北地区"四化"同步发展的启示分析 [J]. 世界经济，2014（12）：53-55.

[154] 赵昕. 信息化与工业化互动机制研究 [D]. 北京：北京邮电大学，2015.

[155] 郑丽琳. 信息化水平测度研究综述 [J]. 合作经济与科技，2005（3）：60-61.

[156] 中国共产党第十八次全国代表大会文件汇编 [M]. 北京：人民出版社，2012.

[157] 中国共产党第十九次全国代表大会文件汇编 [M]. 北京：人民出版社，2017.

[158] 中国社科院工经所. 中国县域经济推动产业升级实践 [M]. 北京：社会科学文献出版社，2013.

[159] 仲二双. 黑龙江省新型城镇化和农业现代化协同发展研究 [D]. 哈尔滨：中共黑龙江省委党校，2015.

[160] 朱光华. 转变经济发展方式与调整经济结构 [J]. 南开大学学报（哲学社会科学版），2008（1）：77-79.

[161] 朱海玲，龚曙明. 中国工业化与城镇化联动和互动的研究 [J]. 统计与决策，2010（13）：112-114.

后 记

　　本项目是教育部人文社会科学规划基金项目:"四化"同步推进东北地区产业结构优化和转型升级研究（项目编号:13YJA790028）。本项目研究期间正值党的十八大,以习近平总书记为核心的党中央毫不动摇坚持和发展中国特色社会主义,勇于实践,善于创新,形成了一系列治国理政新理念、新思想、新战略,为在新时期深化改革开放,加快推进社会主义现代化建设提供了科学理论指导和行动指南。

　　本项目在前期的调研报告,专题咨询报告和发表的系列学术论文等成果基础上形成了书稿,以专著形式作为项目的最终成果。党的十九大报告再次强调坚持新发展理念,推动新型工业化、信息化、城镇化和农业现代化同步发展。本书针对东北地区经济振兴面临的问题,通过东北地区实施"四化"同步推进战略实现产业结构优化升级,进行了较为深入系统研究。

　　整个课题和书稿由课题负责人设计研究思路,提出研究计划和撰写提纲,初稿完成后由课题负责人负责总纂定稿。具体写作分工如下:第一章:李艳华（黑龙江东方学院）;第二章:郭振（哈尔滨商业大学）;第三章:刘丽梅（黑龙江农业工程职业学院）;第四章和第五章:周宜昕（哈尔滨商业大学）;第六章:付庆林（哈尔滨商业大学）;第七章和第九章:荣红霞（哈尔滨金融学院）;第八章:荣红霞（哈尔滨金融学院）和邱泽国（哈尔滨商业大学）;第十章:刘丽梅（黑龙江农业工程职业学院）和王丽娜（哈尔滨商业大学）。谢金箫参加了本书写作大纲的讨论,并收集和提供研究资料。周宜昕、付庆林、许林参加了书稿校对工作。本书仅是一项阶段性成果,其中存在的问题、不足甚至错误在所难免。我们真诚希望国内专家学者以及从事实际经济工作的各位同仁提出宝贵的批评意见。我们也将进一步推进和深化对这一问题的研究,后续研究成果将以论文形式发表。

郭　振

2018 年 8 月于哈尔滨